AIDE-MÉMOIRE D'HISTOIRE DE FRANCE

Tableaux chronologiques, cartes, notes, dictionnaire – index.

AIDE-MÉMOIRE D'HISTOIRE DE FRANCE

Jean Berthier

Bordas

Conception couverture et mise en pages : Bruno Loste.

Cartographie : Jean-François Dutilh.

Illustration de couverture : La bataille de Valmy, le 20 septembre 1792. Image d'Epinal de chez Pellerin, XIXe siècle. Bibliothèque nationale, Paris. Ph. Jeanbor © archives Photeb.

ISBN 2-04-018103-2

Avertissement

Cet ouvrage est un résumé de l'histoire politique de la Gaule du IIe siècle avant J.-C. à la France de nos jours. En préambule à cette période historique proprement dite ont été placés deux tableaux traitant la préhistoire et la protohistoire du territoire.

Il s'agit d'un aide-mémoire, sous forme de canevas aussi visuel que rédactionnel, indiquant l'essentiel sur un règne, un épisode, un fait ou un personnage tout en le situant dans son époque et son environnement.

Son but n'est pas de rendre compte des évolutions lentes mais de fournir un balisage du terrain historique, privilégiant la chronologie, et préalable à toute étude plus approfondie.

Il est constitué de 22 tableaux consacrés chacun à un siècle et complétés par des notes, des cartes et des tableaux généalogiques. Un ingénieux dictionnaire-index permet de rentrer par la date dans le corps de l'ouvrage et l'enrichit de précisions supplémentaires.

Ce découpage en siècles à été préféré à celui des périodes historiques classiques. Il correspond en effet à une classification mentale naturelle qui rend la consultation plus aisée ; par ailleurs, étant neutre et universel, il facilite les rapprochements avec d'autres domaines : histoire étrangère, littérature, etc.

Apprendre d'abord, mais ensuite retenir facilement, retrouver rapidement, situer pour mieux comprendre, telles sont les finalités de la présentation adoptée : c'est dire que cet ouvrage est destiné non seulement à l'élève qui doit organiser sa mémoire, mais aussi à l'amateur, lequel a souvent besoin, au gré de ses réflexions et de ses lectures, de rafraîchir la sienne.

Lecture des tableaux
(spécimen réduit)

Échelle du temps. Un débordement sur le siècle précédant ou suivant permet d'éviter de couper certains règnes.

Renvoi à un autre siècle, ou à une note : XV15.

Tous les événements sont situés à leur niveau chronologique avec rappel des dates. Politique intérieure à gauche, politique extérieure à droite.

La barre oblique marque l'opposition.

AIDE-MÉMOIRE D'HISTOIRE DE FRANCE

1490	**CHARLES VIII** Charles VIII ne laissant pas de fils, la couronne passe à la branche des Valois-Orléans 1 (voir aussi XV1)		1495 **Première guerre d'Italie** 2 1497 Conquête Naples et retraite
	1498		
1500	**LOUIS XII** Principal ministre : cardinal d'Amboise	1501 Échec à Mytilène d'une expédition navale contre les Turcs.	1499 Conquêtes du Milanais 1500 1501 Conquête et perte de Naples 1504
1510	*Héritier légitime du duché de Milan, Louis XII consacre son règne aux guerres d'Italie, pour se trouver finalement face à une coalition de l'Europe occidentale –la Sainte Ligue– qui le contraint à une évacuation totale de la péninsule.*		**GUERRES D'ITALIE** 1511 Formation Sainte Ligue 1513 Défaite de Novare. 1514 Évacuation. Traité de Dijon.
	1515		
1520	**FRANÇOIS Ier**	1519 Échec à l'élection impériale : Charles Quint empereur. 1520 Camp du Drap d'or : échec d'une tentative d'alliance avec Henri VIII.	1515 Victoire de Marignan Réannexion du Milanais 1521 Reprise des hostilités 3
1530	1522 Succession litigieuse de Suzanne de Bourbon 1524 Trahison et procès du connétable 1525 Régence de Louise de Savoie pendant la détention du roi 1530 Création du Collège de France 1534 Jacques Cartier explore le Canada	1531 Alliances avec les princes protestants allemands 1536 et avec le sultan Soliman II : traité des « capitulations ».	1524 Défaite de **Pavie** : François Ier prisonnier. 1529 Paix de Cambrai **GUERRES CONTRE CHARLES QUINT** 1536 Reprise de la guerre
1540	1538 Montmorency connétable 1539 Ordonnance de Villers-Cotterêts : création de l'état civil substitution du français au latin / actes administratifs	**LUTTE CONTRE LA RÉFORME** 4	1543 L'Angleterre s'allie à Charles Quint. 1544 Traité d'Ardres / Angleterre et traité de Crépy / Charles Quint.
	1547		
1550	**HENRI II**		

108

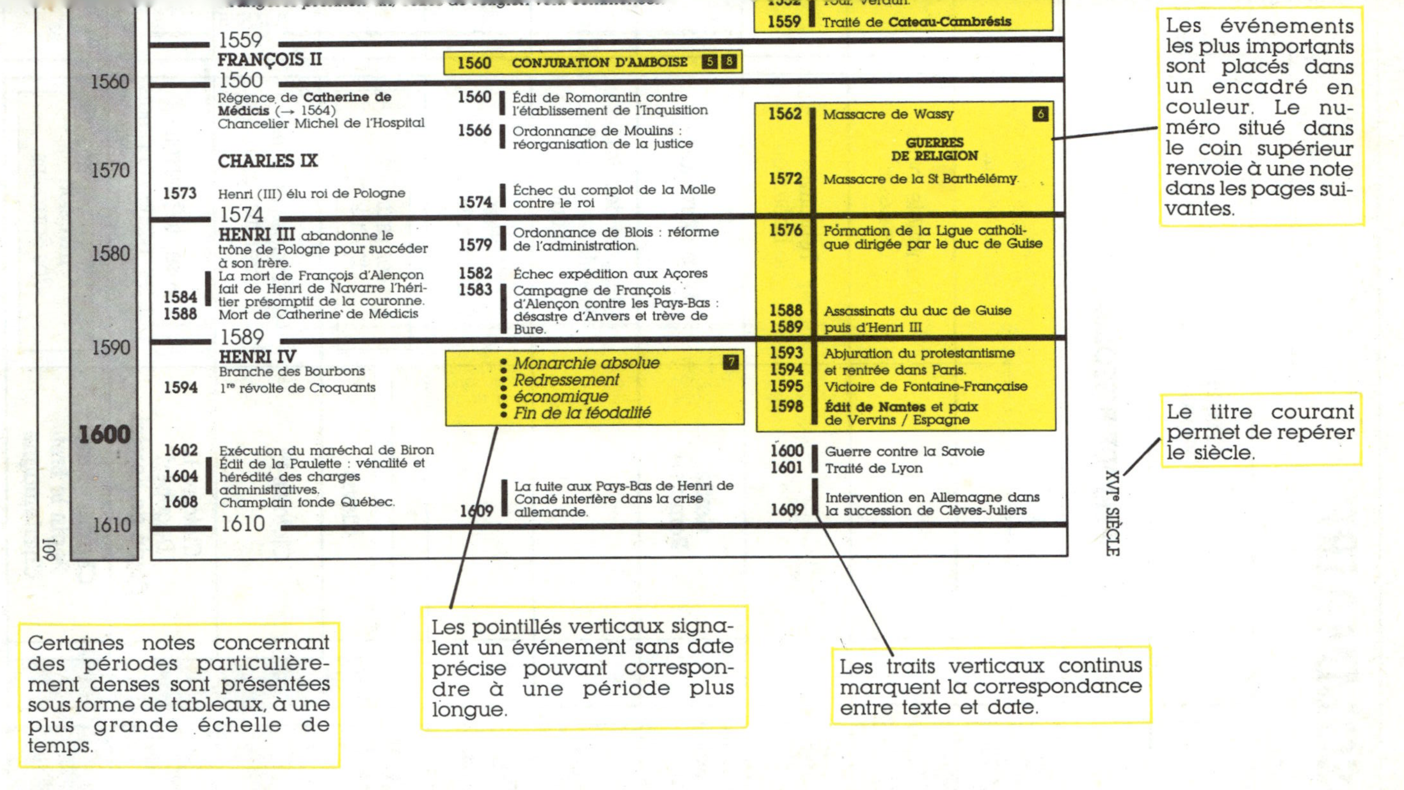
1559 Traité de Cateau-Cambrésis
1559
FRANÇOIS II
1560 CONJURATION D'AMBOISE 5 8
1560
Régence de Catherine de Médicis (→ 1564)
Chancelier Michel de l'Hospital
1560 Édit de Romorantin contre l'établissement de l'Inquisition
1566 Ordonnance de Moulins : réorganisation de la justice
1562 Massacre de Wassy 6
GUERRES DE RELIGION
CHARLES IX
1572 Massacre de la St Barthélémy
1573 Henri (III) élu roi de Pologne
1574 Échec du complot de la Molle contre le roi
1574
HENRI III abandonne le trône de Pologne pour succéder à son frère.
1576 Formation de la Ligue catholique dirigée par le duc de Guise
1579 Ordonnance de Blois : réforme de l'administration.
1582 Échec expédition aux Açores
1583 Campagne de François d'Alençon contre les Pays-Bas : désastre d'Anvers et trêve de Bure.
1584 La mort de François d'Alençon fait de Henri de Navarre l'héritier présomptif de la couronne.
1588 Mort de Catherine de Médicis
1588 Assassinats du duc de Guise
1589 puis d'Henri III
1589
HENRI IV
Branche des Bourbons
1594 1re révolte de Croquants
Monarchie absolue
Redressement économique
Fin de la féodalité 7
1593 Abjuration du protestantisme
1594 et rentrée dans Paris.
1595 Victoire de Fontaine-Française
1598 Édit de Nantes et paix de Vervins / Espagne
1602 Exécution du maréchal de Biron
1604 Édit de la Paulette : vénalité et hérédité des charges administratives.
1608 Champlain fonde Québec.
1609 La fuite aux Pays-Bas de Henri de Condé interfère dans la crise allemande.
1600 Guerre contre la Savoie
1601 Traité de Lyon
1609 Intervention en Allemagne dans la succession de Clèves-Juliers
1610
1560
1570
1580
1590
1600
1610
109
XVIe SIÈCLE
Les événements les plus importants sont placés dans un encadré en couleur. Le numéro situé dans le coin supérieur renvoie à une note dans les pages suivantes.
Le titre courant permet de repérer le siècle.
Les traits verticaux continus marquent la correspondance entre texte et date.
Les pointillés verticaux signalent un événement sans date précise pouvant correspondre à une période plus longue.
Certaines notes concernant des périodes particulièrement denses sont présentées sous forme de tableaux, à une plus grande échelle de temps.

SOMMAIRE

PRÉHISTOIRE

PRÉ
HISTOIRE

PROTO
HISTOIRE

PROTOHISTOIRE

PRÉHISTOIRE (Territoire français)

DÉBUT DE L'ÈRE QUATERNAIRE

ANNÉES

1,5 million

PALÉOLITHIQUE INFÉRIEUR

AUSTRALANTHROPIENS

HOMO HABILIS
(Origine : Afrique orientale Descendant de l'Australopithèque)

PLUS ANCIENNE PIERRE TAILLÉE — Chilhac
(datation douteuse)

1 million

GLACIATIONS PRINCIPALES

ARCHANTHROPIENS

900 000

DONAU

ABBEVILLIEN — Vallonet, Soleilhac

800 000

HOMO ERECTUS
(Origine : Tanganyika)

MAÎTRISE DU FEU

700 000

600 000

GUNZ

Sous-groupes :

500 000

Plus ancien foyer domestique — Terra Amata

PITHÉCANTHROPE
(Origine : Java)

400 000

MINDEL

ACHEULÉEN

300 000

SINANTHROPE
(Origine : Chine)

Plus anciens ossements humains — Montmaurin, Tautavel

200 000

ATLANTHROPE
(Origine : Afrique du Nord)

RISS

100 000

Date	Période	Homme	Culture	Sites
100 000 90 000 80 000 70 000 60 000 50 000 40 000	**PALÉOLITHIQUE MOYEN** WÜRM	**PALÉANTHROPIENS** **HOMO PRÉ-SAPIENS** (Origine : Asie) **H. DE NÉANDERTHAL** « homo sapiens neanderthalis » (Origine : Asie) Disparition inexpliquée	**MICOQUIEN** **MOUSTÉRIEN** Culte des morts	Fontéchevade Arcy-sur-Cure Le Moustier La Ferrassie Regourdou La Chapelle-aux-Saints La Quina
30 000 20 000 10 000	**PALÉOLITHIQUE SUPÉRIEUR** **ÂGE DU RENNE**	**NÉANTHROPIENS** Fossiles de référence : Homme de Chancelade, Homme de Grimaldi, **Homme de Cro-Magnon**	**MAGDALÉNIEN**	
9 000 8 000 7 000 6 000 5 000	**ÉPI-PALÉOLITHIQUE**	**HOMO SAPIENS** « homo sapiens sapiens » (origine : Moyen-Orient ?) **ANCÊTRE DIRECT DE L'HOMME MODERNE**	Naissance de l'art :	Lascaux Combarelles Font-de-Gaume Rouffignac
4 000 3 000 2 000	**NÉOLITHIQUE**	**RÉVOLUTION NÉOLITHIQUE** Agriculture. Élevage. Poterie. Tissage. Troc. Sédentarisation : villages.	**CARDIAL RUBANÉ** Première poterie	
1 000 0	**PROTOHISTOIRE** →	Voir tableau suivant.	**CHASSÉEN** **MÉGALITHISME**	Bretagne, Corse, Massif Central

PROTOHISTOIRE (Territoire français)

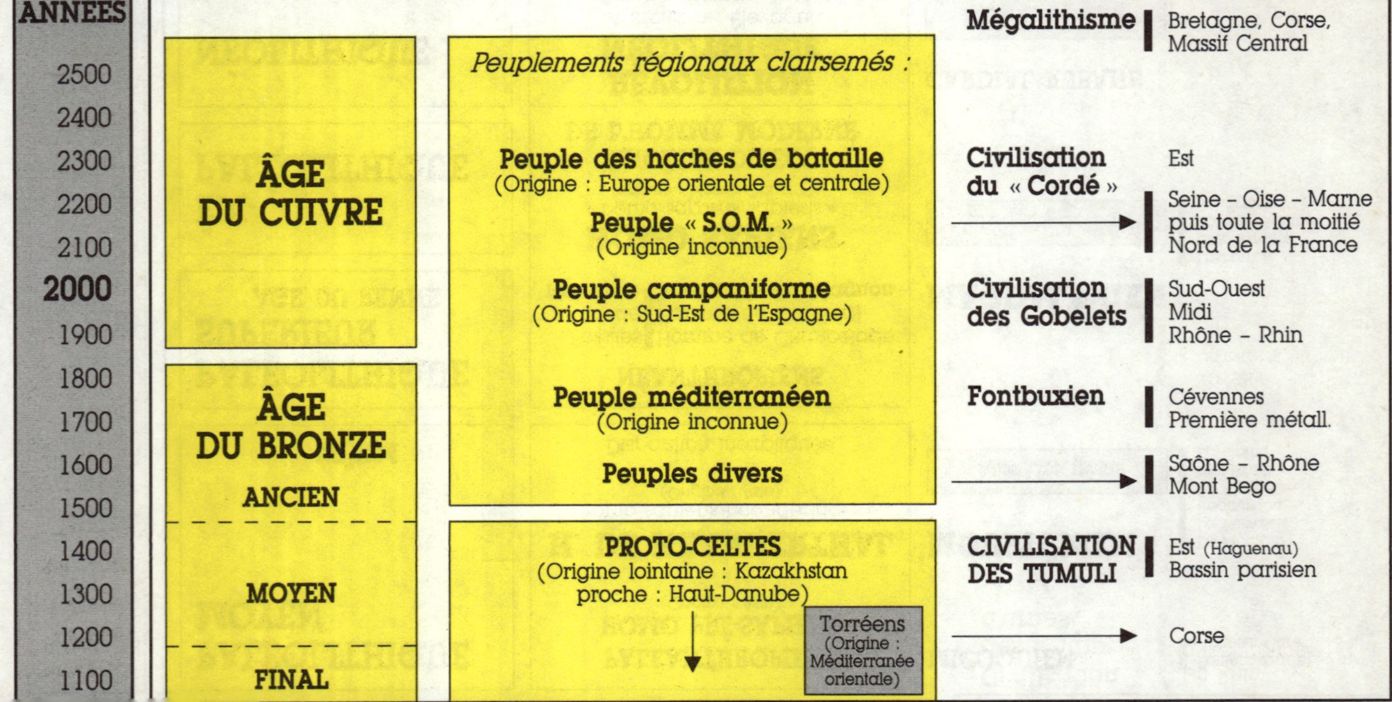

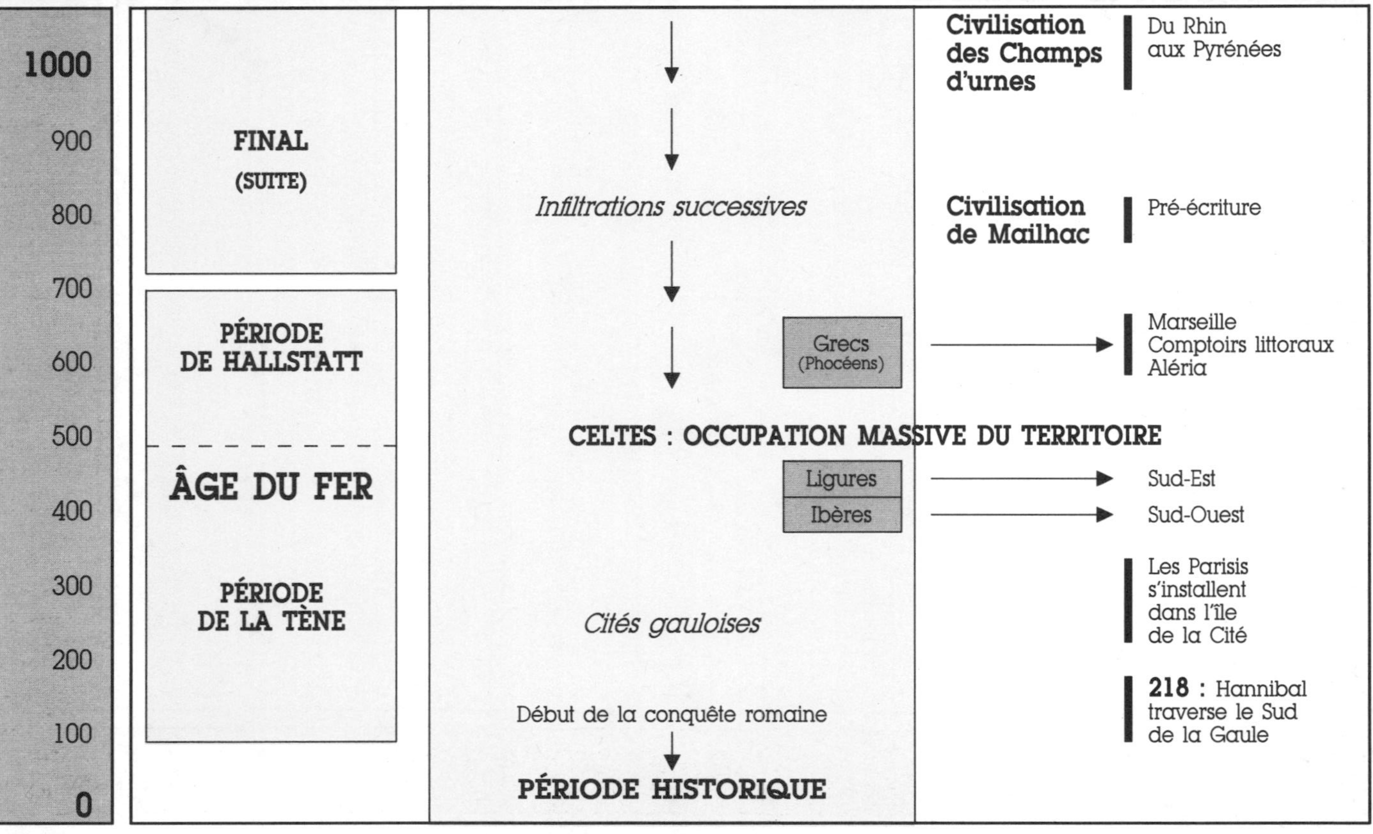
1000
900
800
700
600
500
400
300
200
100
0
FINAL
(SUITE)
PÉRIODE
DE HALLSTATT
ÂGE DU FER
PÉRIODE
DE LA TÈNE
Infiltrations successives
Grecs
(Phocéens)
CELTES : OCCUPATION MASSIVE DU TERRITOIRE
Ligures
Ibères
Cités gauloises
Début de la conquête romaine
PÉRIODE HISTORIQUE
Civilisation
des Champs
d'urnes
Du Rhin
aux Pyrénées
Civilisation
de Mailhac
Pré-écriture
Marseille
Comptoirs littoraux
Aléria
Sud-Est
Sud-Ouest
Les Parisis
s'installent
dans l'île
de la Cité
218 : Hannibal
traverse le Sud
de la Gaule

DEUXIÈME

IIe AV. J.-C.

SIÈCLE AV. J.-C.

– 210			
– 200			CONQUÊTE DE LA GAULE CISALPINE
– 190			RÉPUBLIQUE
– 180	GAULE INDÉPENDANTE		
– 170			
– 160			
– 150	154 PREMIÈRE INTERVENTION ROMAINE LIMITÉE	←	DESTRUCTION DE CARTHAGE
– 140			ROMAINE
– 130			
– 120	125 CONQUÊTE DE LA *PROVINCE* ROMAINE	←	
– 110			
– 100	INVASION DES CIMBRES ET DES TEUTONS		
– 90			

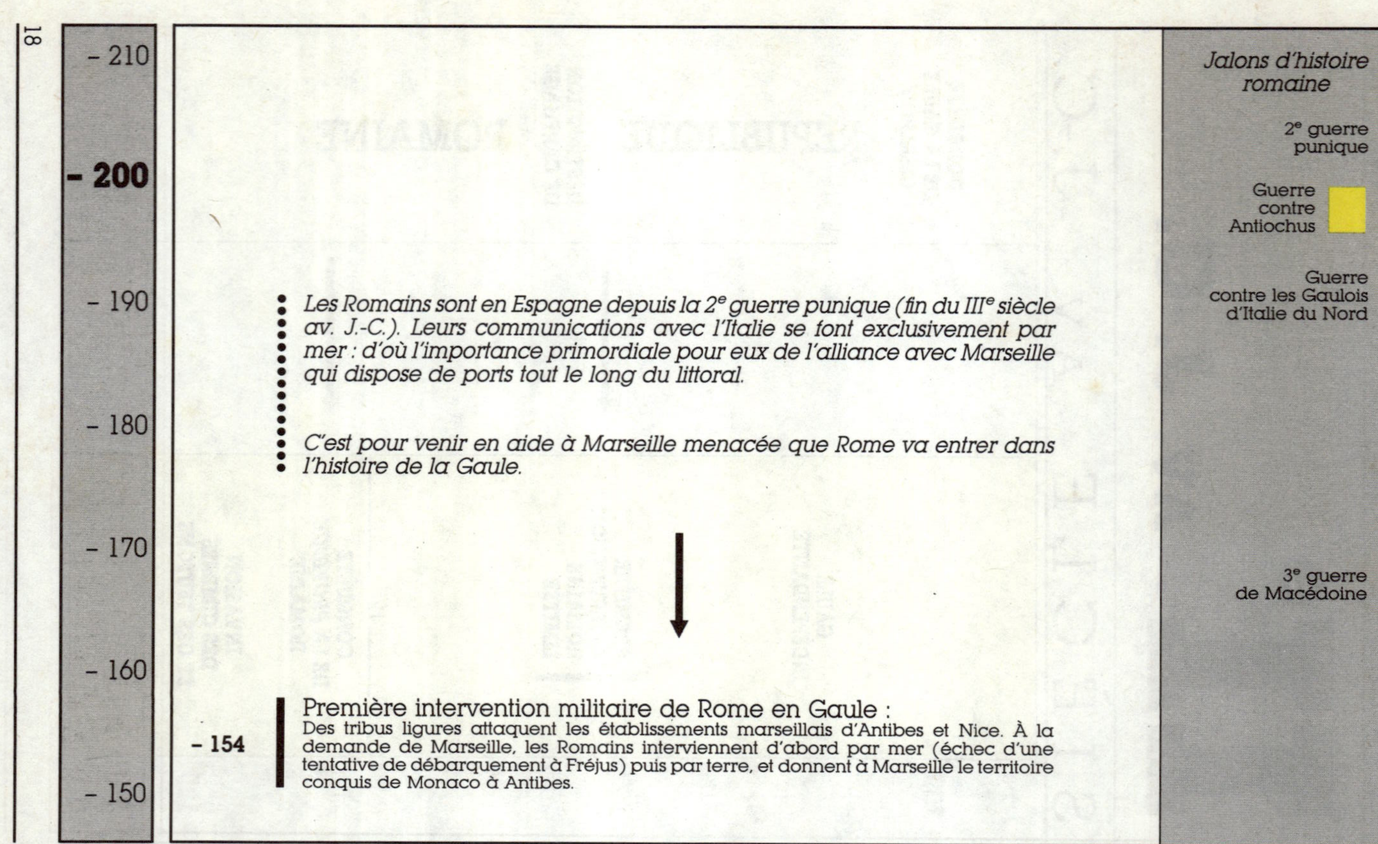

Les Romains sont en Espagne depuis la 2e guerre punique (fin du IIIe siècle av. J.-C.). Leurs communications avec l'Italie se font exclusivement par mer : d'où l'importance primordiale pour eux de l'alliance avec Marseille qui dispose de ports tout le long du littoral.

C'est pour venir en aide à Marseille menacée que Rome va entrer dans l'histoire de la Gaule.

- 154 Première intervention militaire de Rome en Gaule :
Des tribus ligures attaquent les établissements marseillais d'Antibes et Nice. À la demande de Marseille, les Romains interviennent d'abord par mer (échec d'une tentative de débarquement à Fréjus) puis par terre, et donnent à Marseille le territoire conquis de Monaco à Antibes.

- 150
- 140
- 130
- 120
- 110
- 100
- 90

CONQUÊTE DE LA *PROVINCE* ROMAINE :

Appelés de nouveau par Marseille, les Romains vont cette fois conserver le territoire conquis :

- 125 — **- 117**

Fulvius Flaccus passe les Alpes (Montgenèvre ?) et bat les Voconces et les Salyens.
Sextius détruit Entremont : les Salyens se replient chez les Allobroges.
Fondation d'Aix. Domitius défait les Allobroges sur la Sorgue.
Intervention des Arvernes (Bituitus) défaits à Bollène.
Fondation de Narbonne. Le territoire conquis est étendu jusqu'à la Garonne et aux Pyrénées (jonction avec l'Espagne romaine).

Construction de la Voie domitienne reliant l'Italie à l'Espagne.

- 109 — **- 101**

INVASION DES CIMBRES ET DES TEUTONS (+ Ambrons + Helvètes) :
Première invasion (109) jusqu'à la Garonne et retraite sur le Rhin (106).
Nouvelle migration (105) jusqu'en Aquitaine puis Espagne.

Repoussés par les Celtibères (103) ils remontent par l'Ouest jusqu'au nord de la Seine où ils sont contenus par les Belges.
En 102 attaque en tenaille contre l'Italie : les Teutons par la vallée du Rhône, les Cimbres par le Brenner. Marius (nouveau gouverneur de la *Province*) les écrase successivement à Aix (102) puis à Verceil (101).

Rome est délivrée du péril barbare, mais la Gaule sort ravagée de ces huit années d'invasion.

3e guerre punique
Destruction Carthage

1re guerre des esclaves

Les Gracques

Guerre contre Jugurtha

1 - CONQUÊTE DE LA *PROVINCE* ROMAINE (– 125/– 117). INVASIONS DES CIMBRES ET DES TEUTONS (– 109/– 101).

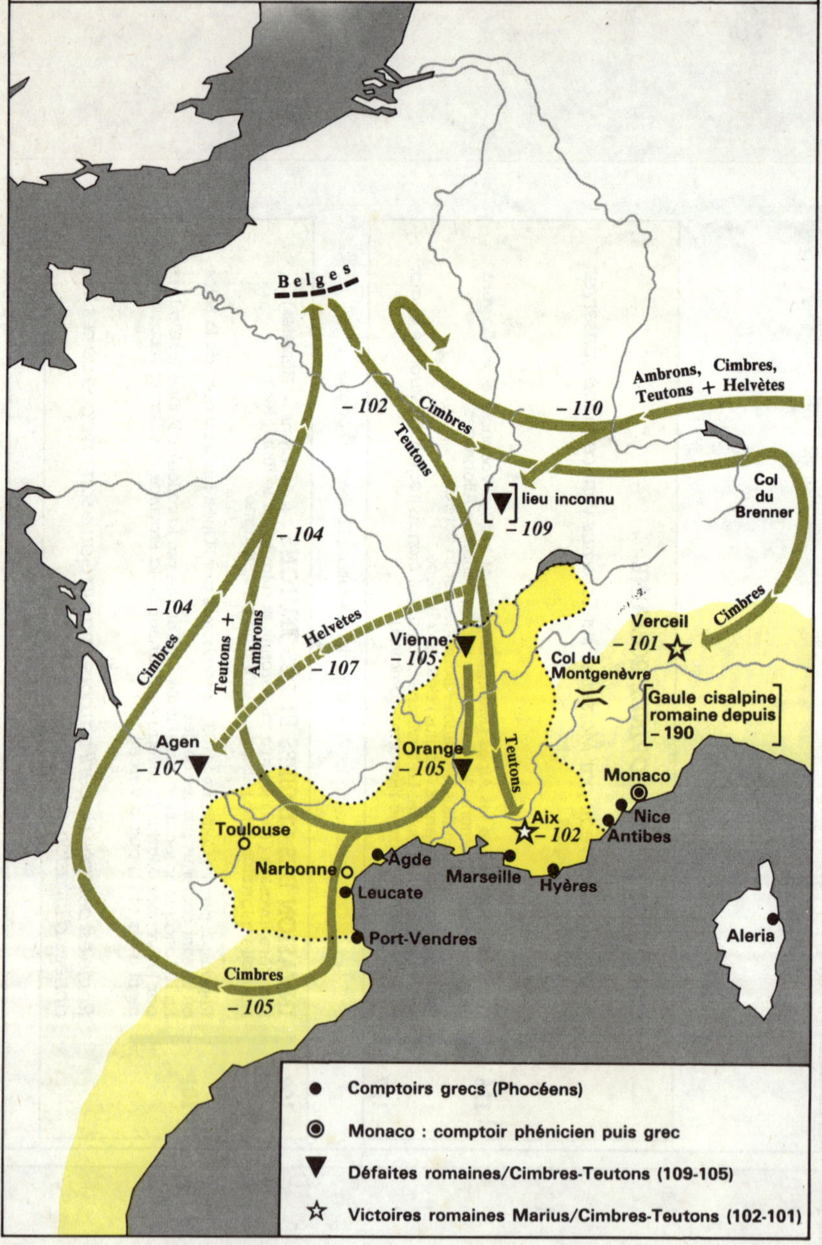

- ● Comptoirs grecs (Phocéens)
- ◉ Monaco : comptoir phénicien puis grec
- ▼ Défaites romaines/Cimbres-Teutons (109-105)
- ☆ Victoires romaines Marius/Cimbres-Teutons (102-101)

PREMIER

Ier AV. J.-C.

SIÈCLE AV. J.-C.

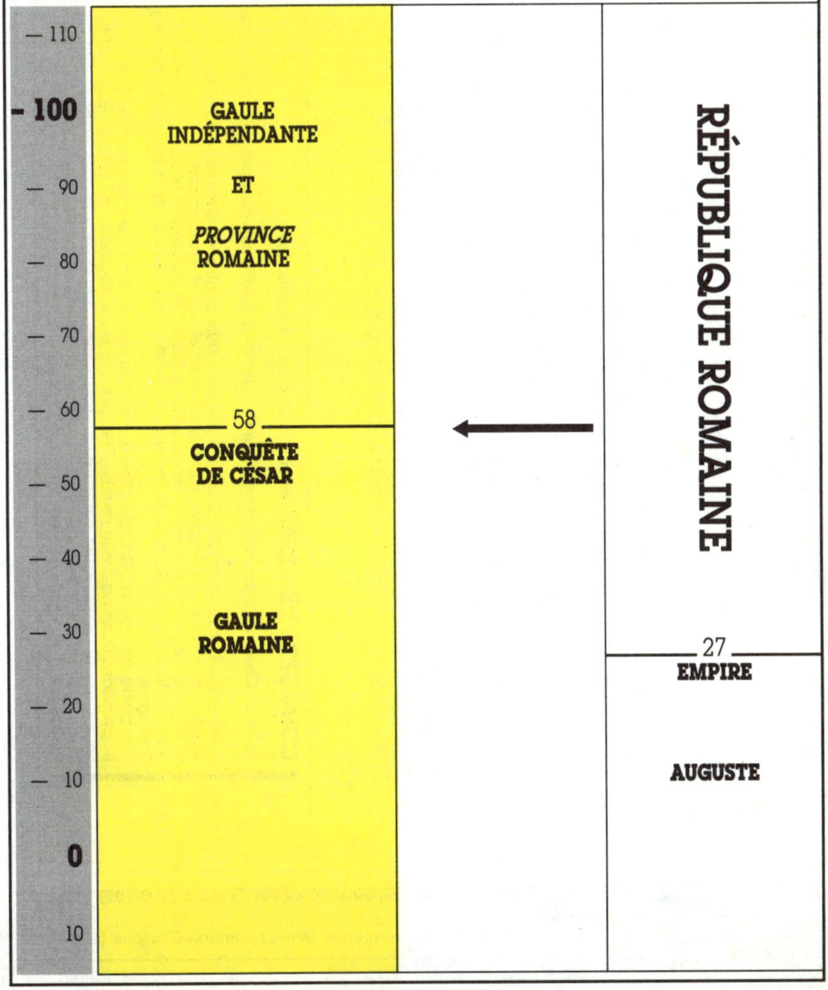

– 110			
– 100	GAULE INDÉPENDANTE ET *PROVINCE* ROMAINE		RÉPUBLIQUE ROMAINE
– 90			
– 80			
– 70			
– 60			
	58	←	
– 50	CONQUÊTE DE CÉSAR		
– 40			
– 30	GAULE ROMAINE		
			27 EMPIRE
– 20			
– 10			AUGUSTE
0			
10			

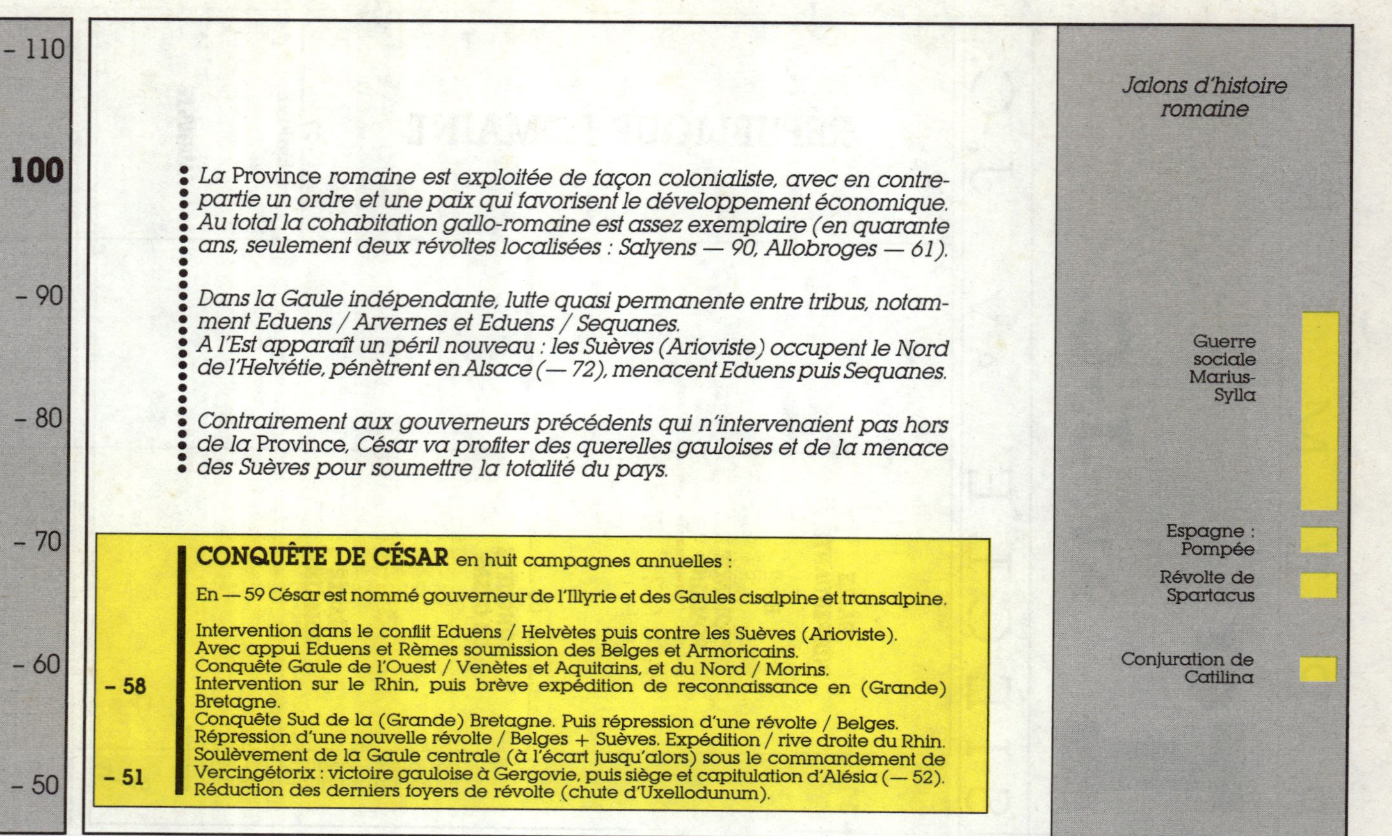

- 110

- 100

La Province *romaine est exploitée de façon colonialiste, avec en contrepartie un ordre et une paix qui favorisent le développement économique. Au total la cohabitation gallo-romaine est assez exemplaire (en quarante ans, seulement deux révoltes localisées : Salyens — 90, Allobroges — 61).*

- 90

Dans la Gaule indépendante, lutte quasi permanente entre tribus, notamment Eduens / Arvernes et Eduens / Sequanes.
A l'Est apparaît un péril nouveau : les Suèves (Arioviste) occupent le Nord de l'Helvétie, pénètrent en Alsace (— 72), menacent Eduens puis Sequanes.

- 80

Contrairement aux gouverneurs précédents qui n'intervenaient pas hors de la Province, *César va profiter des querelles gauloises et de la menace des Suèves pour soumettre la totalité du pays.*

- 70

CONQUÊTE DE CÉSAR en huit campagnes annuelles :

En — 59 César est nommé gouverneur de l'Illyrie et des Gaules cisalpine et transalpine.

- 60

- 58 Intervention dans le conflit Eduens / Helvètes puis contre les Suèves (Arioviste).
Avec appui Eduens et Rèmes soumission des Belges et Armoricains.
Conquête Gaule de l'Ouest / Venètes et Aquitains, et du Nord / Morins.
Intervention sur le Rhin, puis brève expédition de reconnaissance en (Grande) Bretagne.
Conquête Sud de la (Grande) Bretagne. Puis répression d'une révolte / Belges.
Répression d'une nouvelle révolte / Belges + Suèves. Expédition / rive droite du Rhin.
Soulèvement de la Gaule centrale (à l'écart jusqu'alors) sous le commandement de
- 51 Vercingétorix : victoire gauloise à Gergovie, puis siège et capitulation d'Alésia (— 52).
Réduction des derniers foyers de révolte (chute d'Uxellodunum).

- 50

Jalons d'histoire romaine

Guerre sociale Marius-Sylla

Espagne : Pompée

Révolte de Spartacus

Conjuration de Catilina

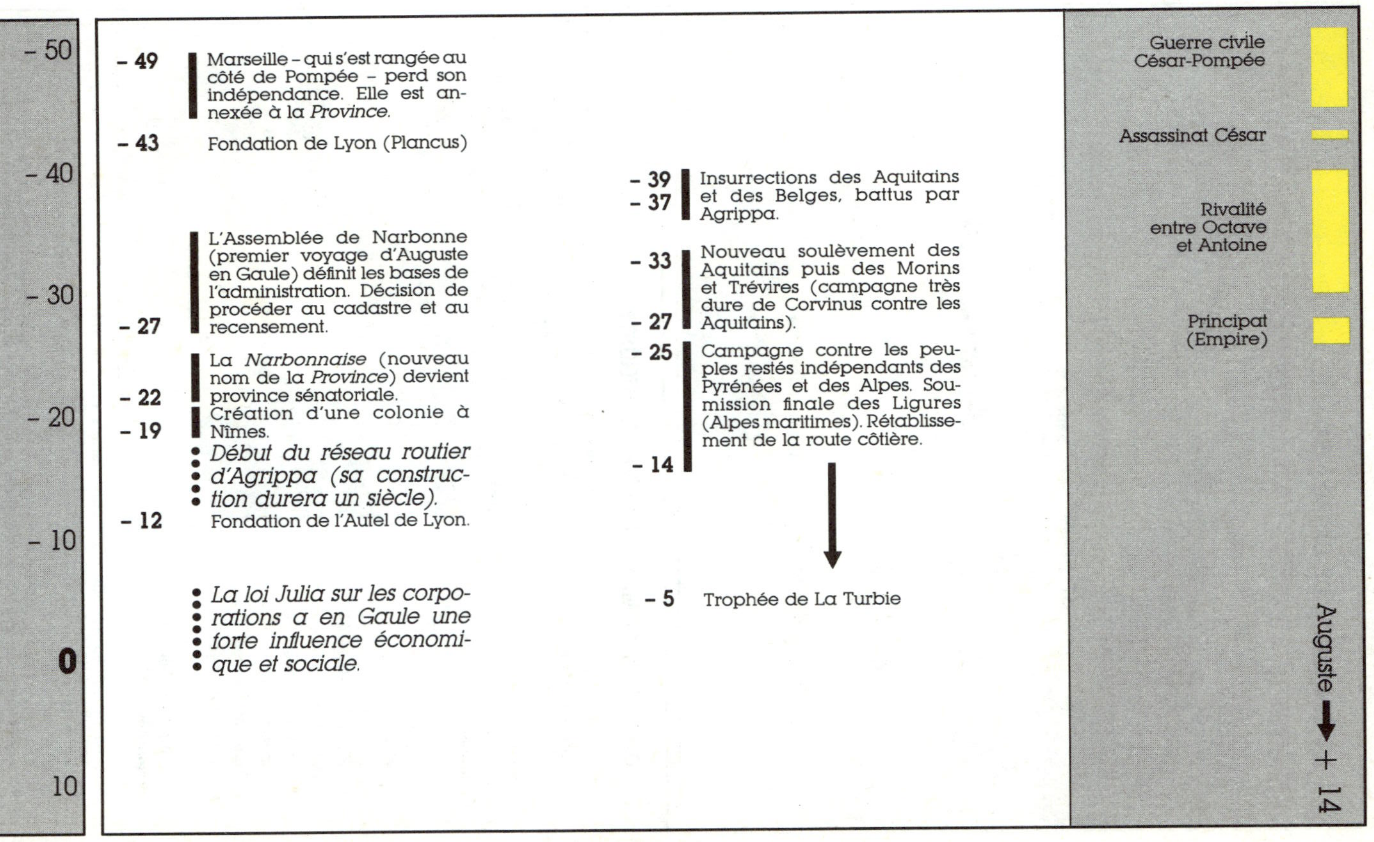
- 50
- 40
- 30
- 20
- 10
0
10
- 49 Marseille – qui s'est rangée au côté de Pompée – perd son indépendance. Elle est annexée à la *Province*.
- 43 Fondation de Lyon (Plancus)
- 27 L'Assemblée de Narbonne (premier voyage d'Auguste en Gaule) définit les bases de l'administration. Décision de procéder au cadastre et au recensement.
- 22 La *Narbonnaise* (nouveau nom de la *Province*) devient province sénatoriale.
- 19 Création d'une colonie à Nîmes.
Début du réseau routier d'Agrippa (sa construction durera un siècle).
- 12 Fondation de l'Autel de Lyon.
La loi Julia sur les corporations a en Gaule une forte influence économique et sociale.
- 39 - 37 Insurrections des Aquitains et des Belges, battus par Agrippa.
- 33 - 27 Nouveau soulèvement des Aquitains puis des Morins et Trévires (campagne très dure de Corvinus contre les Aquitains).
- 25 - 14 Campagne contre les peuples restés indépendants des Pyrénées et des Alpes. Soumission finale des Ligures (Alpes maritimes). Rétablissement de la route côtière.
- 5 Trophée de La Turbie
Guerre civile César-Pompée
Assassinat César
Rivalité entre Octave et Antoine
Principat (Empire)
Auguste → + 14

1 – LA CONQUÊTE DE CÉSAR (– 58/– 51).

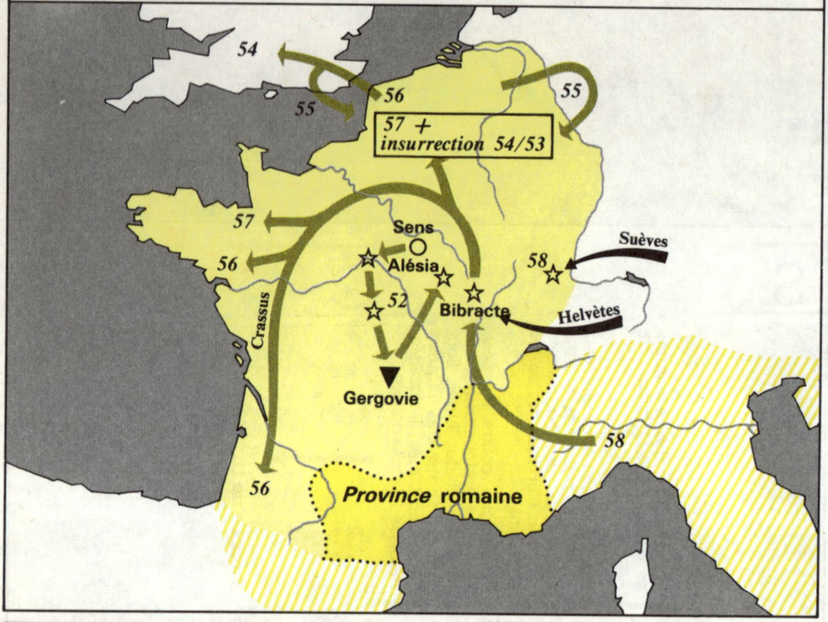

2 – DIVISIONS ADMINISTRATIVES D'AUGUSTE.

Province sénatoriale :

1 Narbonnaise (ex-*Province*)

Provinces impériales :

2 Aquitaine
3 Lyonnaise
4 Belgique
5 Germanie inférieure
6 Germanie supérieure
7 Alpes pennines
8 Alpes graies
9 Alpes cottiennes
10 Alpes maritimes

(Elles seront subdivisées ultérieurement.)

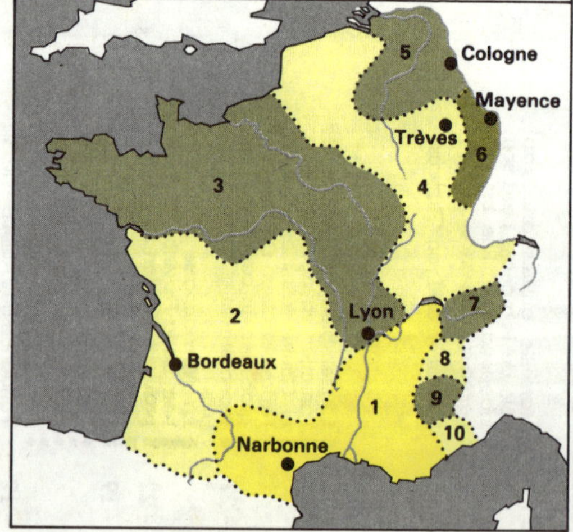

Les provinces *sénatoriales*, considérées comme sûres, ne sont pas occupées militairement. Elles sont gouvernées par des *proconsuls*, sénateurs tirés au sort et restant un an en fonction. Les impôts font partie du budget du Sénat.

Les provinces *impériales*, occupées militairement, sont gouvernées par des *légats*, chefs civils et militaires, désignés par l'Empereur pour une durée non limitée.

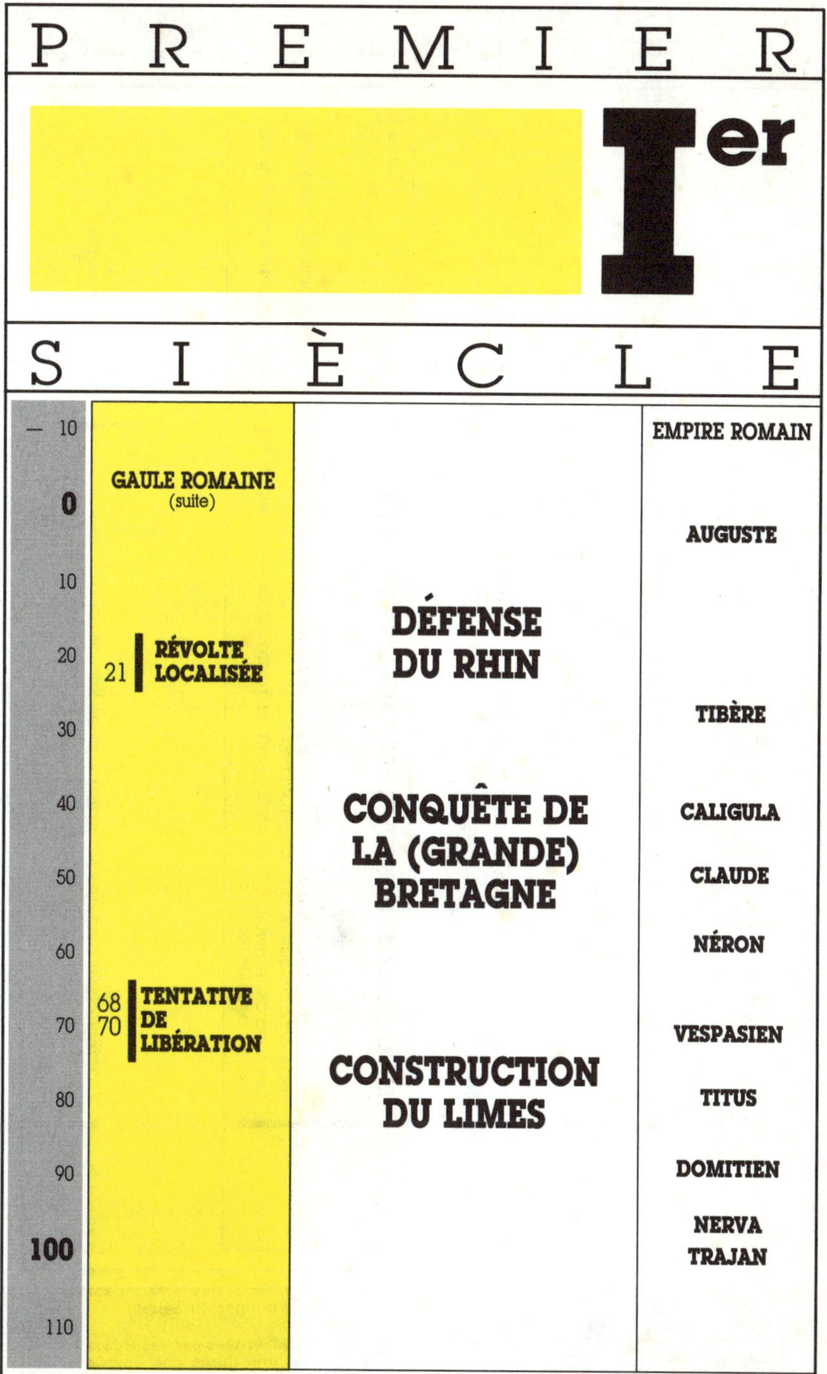
PREMIER
Ier
SIÈCLE
– 10
0
10
20
30
40
50
60
70
80
90
100
110
GAULE ROMAINE
(suite)
21 RÉVOLTE LOCALISÉE
68 70 TENTATIVE DE LIBÉRATION
DÉFENSE DU RHIN
CONQUÊTE DE LA (GRANDE) BRETAGNE
CONSTRUCTION DU LIMES
EMPIRE ROMAIN
AUGUSTE
TIBÈRE
CALIGULA
CLAUDE
NÉRON
VESPASIEN
TITUS
DOMITIEN
NERVA
TRAJAN

AUGUSTE | TIBÈRE | CALIGULA | CLAUDE

— 10

0

Après le désastre de Varus, les Romains renoncent à se maintenir en Germanie et, avec l'aide des Gaulois, organisent

9 **LA DÉFENSE DU RHIN.**

10

14 Germanicus reçoit le commandement de l'armée du Rhin.

17 Tibère transforme en Provinces impériales les commandements militaires de Germanie supérieure et inférieure (rive gauche du Rhin).

20

21 **RÉVOLTE DE 21 CONDUITE PAR SACROVIR ET FLORUS.** Carte 1

Soulèvement simultané de plusieurs peuples :
- les Trévires, le danger germanique écarté, reprennent la lutte pour l'indépendance.
- les Eduens, Sequanes, Andécaves, Turons, Aulerques-Cenomans, s'insurgent contre les exactions, l'assujettissement économique et la fiscalité romaine.

Les chefs de la révolte – l'éduen Sacrovir, le trévire Florus – échouent et les Romains réduisent successivement tous les peuples révoltés.

30

40

43–**47** Conquête romaine de la (Grande) Bretagne

L'activité militaire des Romains sur le Rhin et en (Grande) Bretagne a des répercussions économiques très favorables en Gaule.

50

	Les Gaulois, trop prospères, sont accablés d'impôts, notamment sous l'administration de Néron. Cette fiscalité excessive est la cause principale des révoltes de 21 et 68.	*Construction de nombreux forts sur le Rhin. Amorce du futur* limes.
65	Incendie de Lyon	
68 **70**	**TENTATIVE DE LIBÉRATION DE LA GAULE** **1** conduite par Vindex, Sabinus, Classicus, Tutor, Civilis.	
		Occupation des champs Décumates où les Romains installent des paysans gaulois. *Remise en état des camps fortifiés du Rhin détruits pendant la révolte.* *Construction du* limes *(74-96).*
88	Interdiction (ou restriction ?) de la plantation de la vigne en Gaule (elle sera levée vers 280).	

Échelle : 50 – 60 – 70 – 80 – 90 – **100** – 110

Empereurs : NÉRON – VESPASIEN – TITUS – DOMITIEN – NERVA – TRAJAN

1 – RÉVOLTES CONTRE LES ROMAINS.

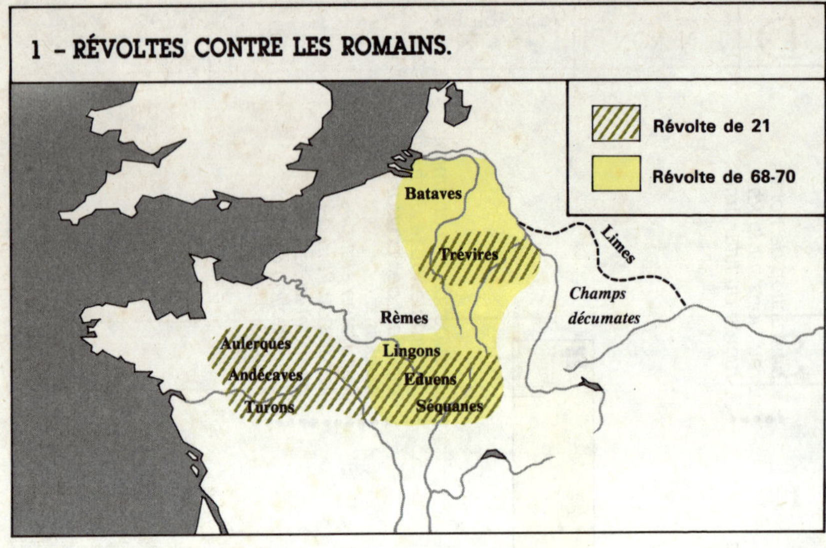

1 TENTATIVE DE LIBÉRATION DE LA GAULE.

(Révolte de 68-70.)

Les Gaulois sont impliqués dans les événements qui entraînent la chute de Néron et dans la guerre de succession qui s'ensuit.

68 Vindex (gouverneur de la Lyonnaise, qui est à l'origine du complot contre Néron) tente en vain de rallier toute la Gaule à sa rébellion. Il se suicide après avoir été défait par Rufus, pendant que les différentes armées romaines entrent en lutte pour imposer chacune son empereur : Galba, Vitellius, Othon, Vespasien.
Lorsque Vespasien finit par s'imposer, l'autorité de Rome sur l'empire est très ébranlée et plusieurs tribus estiment le moment propice pour recouvrer leur indépendance.
Lingons (Sabinus), Trévires (Classicus et Tutor), et Bataves (Civilis) se coalisent et appellent à la création d'un Empire des Gaules. Ils n'obtiennent qu'une adhésion très partielle des tribus gauloises qui reprennent leurs anciennes rivalités. Les Séquanes se proclament indépendants : Sabinus tente de les soumettre mais se fait battre et disparaît.
Les Rèmes (Aupex) provoquent alors la réunion à Reims d'un Concile des Gaules qui rejette la lutte contre les Romains et décide de négocier, pour finalement se soumettre à Cerealis.

70 Les Trévires refusent de s'incliner mais sont rapidement battus. Classicus et Tutor rejoignent Civilis, lequel, après une dernière résistance, demande la paix et s'exile.

DEUXIÈME IIe SIÈCLE

			EMPIRE ROMAIN
90			
100	**GAULE ROMAINE** (suite)		**TRAJAN**
110			
120			
130			**HADRIEN**
140		**LA PAIX ROMAINE**	
150			**ANTONIN**
160			
170			**MARC-AURÈLE**
180	**DÉBUT DU CHRISTIANISME**		**COMMODE**
190			
200			**SEPTIME-SÉVÈRE**
210			

TRAJAN

HADRIEN

90

100

A l'abri de la frontière du Rhin sans cesse consolidée et du limes prolongé vers l'Est, sous une administration devenue équitable, efficace, intègre, et qui remplace l'exploitation des peuples vaincus par une politique de développement, ***la Gaule romaine vit la période la plus paisible et la plus prospère de son histoire.***

110

Essor économique considérable *caractérisé par :*
– un réseau routier restauré et complété par un grand nombre de voies secondaires,
– une exploitation minière systématiquement développée,
– un commerce florissant, stimulé par des transports plus rapides et des débouchés nouveaux (Grande-Bretagne),
– un artisanat qui tend vers la semi-industrie avec une contrepartie dangereuse pour l'avenir : le dépeuplement des campagnes au profit des villes.

120

130

140

150

150 · 160 · 170 · 180 · 190 · **200** · 210

ANTONIN

L'enrichissement parallèle du trésor public est utilisé pour mener simultanément une politique d'urbanisme et une politique sociale.

Les communications se multipliant avec toutes les parties de l'Empire, la civilisation gallo-romaine s'orientalise, et ce sont des immigrés grecs qui forment le noyau des premières communautés chrétiennes (Marseille, vallée du Rhône, Lyon premier évêché de Gaule et point de départ de l'évangélisation du pays).

MARC AURÈLE + VERUS

177 Persécution contre les chrétiens : 48 martyrs à Lyon (dont Blandine). L'évêque Pothin meurt en prison. Irénée lui succède.

COMMODE

Une troupe de déserteurs commandés par Maternus fait du brigandage dans le Sud de la Gaule (et en Espagne), puis passe en Italie où elle est exterminée.

Apparition des pirates frisons en mer du Nord et en Manche.

SEPTIME SÉVÈRE

196
197 Rébellion de Claudius Albinus (gouverneur de Grande-Bretagne) qui vient en Gaule. Il est reconnu par une partie de l'armée du Rhin et par la garnison de Lyon, mais vaincu par Septime Sévère. Lyon est pillée et incendiée par les soldats de l'empereur.

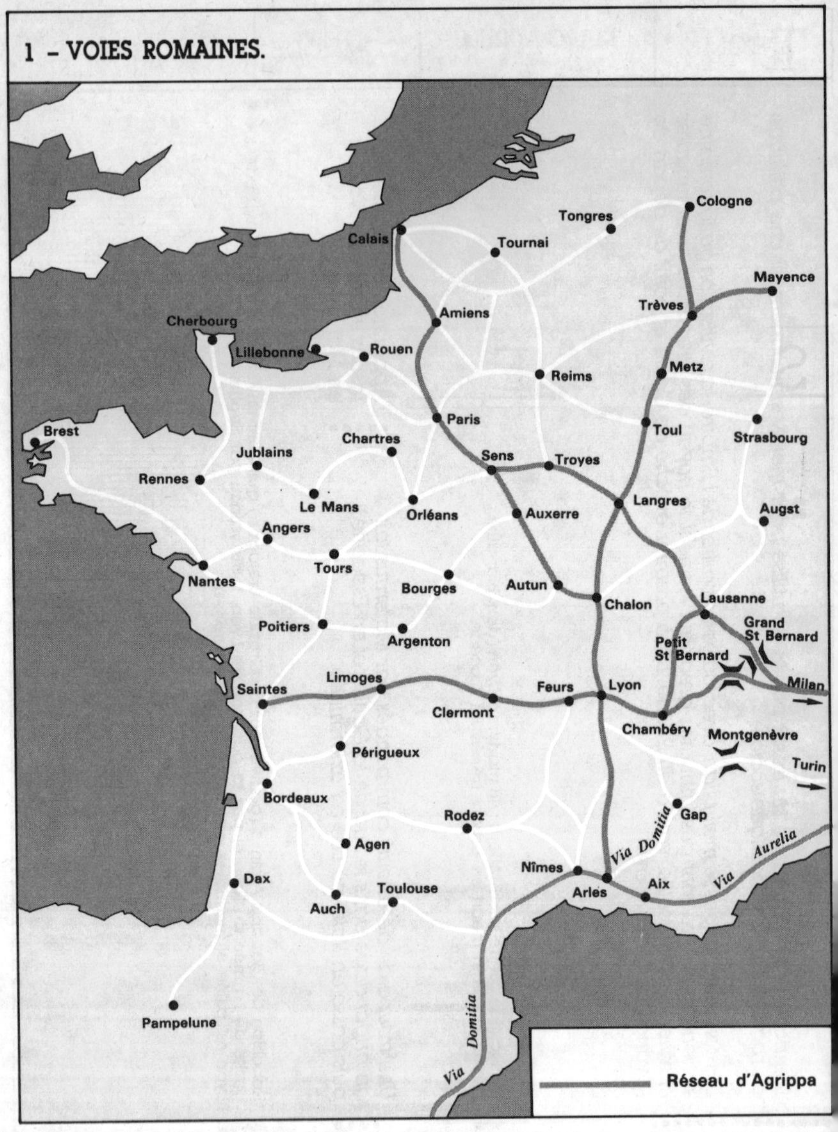
1 - VOIES ROMAINES.
Cologne
Tongres
Calais
Tournai
Mayence
Trèves
Amiens
Cherbourg
Lillebonne
Rouen
Metz
Reims
Paris
Toul
Strasbourg
Brest
Chartres
Jublains
Sens
Troyes
Rennes
Le Mans
Orléans
Auxerre
Langres
Augst
Angers
Tours
Nantes
Bourges
Autun
Chalon
Lausanne
Grand
St Bernard
Petit
St Bernard
Poitiers
Argenton
Limoges
Saintes
Feurs
Lyon
Milan
Clermont
Chambéry
Montgenèvre
Périgueux
Turin
Bordeaux
Gap
Rodez
Via Domitia
Agen
Via Aurelia
Nîmes
Dax
Arles
Aix
Toulouse
Auch
Pampelune
Via Domitia
Réseau d'Agrippa

TROISIÈME IIIe SIÈCLE

Années	Gaule		Empire romain
190			EMPIRE ROMAIN
200	GAULE ROMAINE (suite)		SEPTIME-SÉVÈRE
210			CARACALLA
220			ELAGABAL
230			SÉVÈRE-ALEXANDRE
240			235
250	PREMIÈRES INVASIONS FRANQUES	←	ANARCHIE MILITAIRE
260	260		
270	EMPIRE DES GAULES	←	
280	RÉVOLTE DES BAGAUDES	←	
290			285
300			TÉTRARCHIE (DIOCLÉTIEN)
310			

Années			Empereurs	Persécutions des chrétiens
190			SEPTIME SÉVÈRE	
200	• *– Développement du fonctionnarisme* • *– Sédentarisation de l'armée : pendant leur service les soldats peuvent s'installer comme fermiers et contracter des mariages légitimes.*		SEPTIME SÉVÈRE	**203** 5ᵉ persécution (2ᵉ en Gaule)
210		**212** L'édit de Caracalla accorde la citoyenneté romaine à tous les sujets libres de l'Empire (mais les paysans en sont généralement exclus). • *La romanisation de l'Empire sera complétée à la fin du siècle par Dioclétien.*	CARACALLA	
220			ELAGABAL	
230	**235** *L'assassinat (à Mayence) de l'empereur Sévère Alexandre marque le début d'une très grave crise de succession et de* ***cinquante ans d'anarchie militaire*** *dont la Gaule va particulièrement souffrir.*		SÉVÈRE ALEXANDRE	**236** 6ᵉ persécution
240			ANARCHIE	
250			ANARCHIE	**249** **251** 7ᵉ persécution

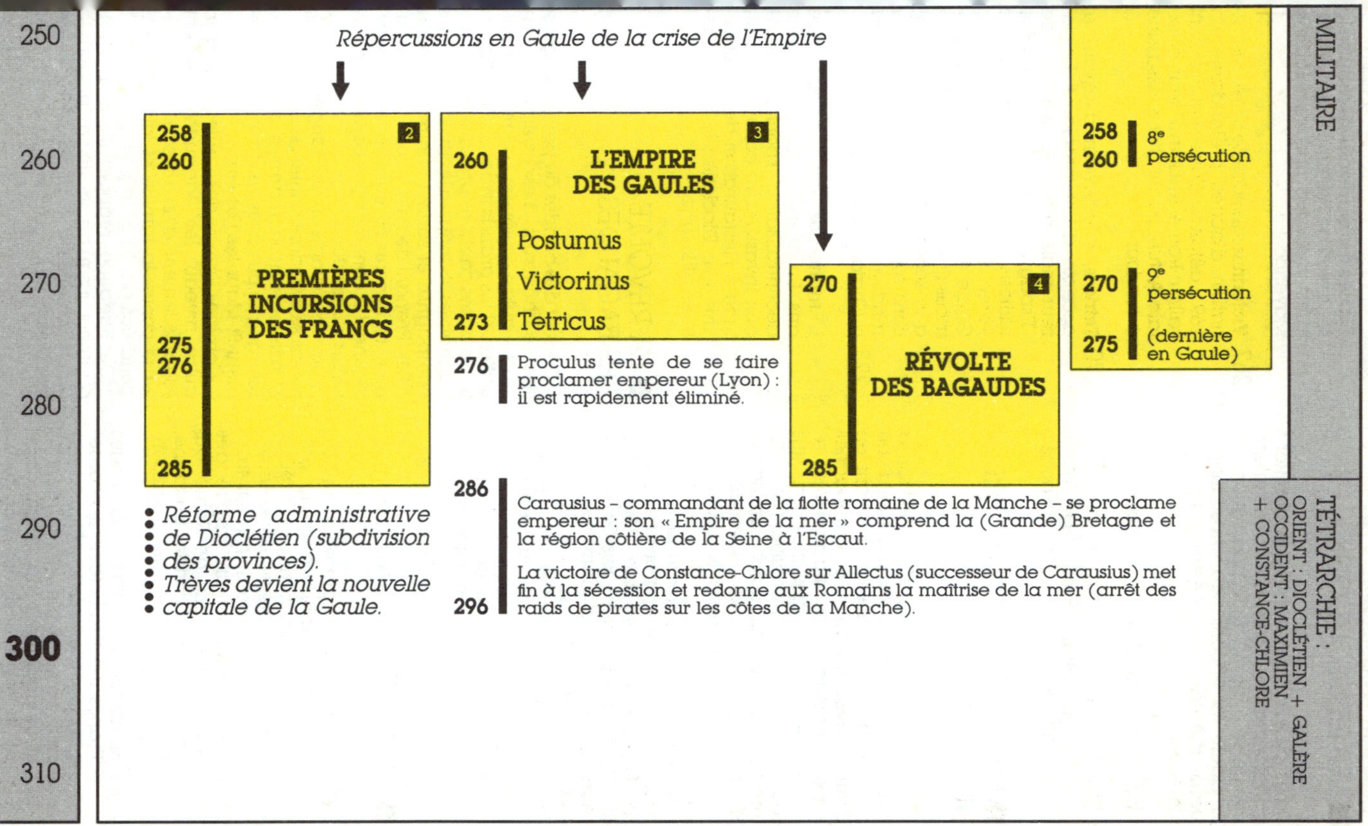
MILITAIRE
TÉTRARCHIE :
ORIENT : DIOCLÉTIEN + GALÈRE
OCCIDENT : MAXIMIEN
+ CONSTANCE-CHLORE
250
260
270
280
290
300
310
Répercussions en Gaule de la crise de l'Empire
258 260 275 276 285
2
PREMIÈRES INCURSIONS DES FRANCS
260 273
3
L'EMPIRE DES GAULES
Postumus
Victorinus
Tetricus
276 Proculus tente de se faire proclamer empereur (Lyon) : il est rapidement éliminé.
270 285
4
RÉVOLTE DES BAGAUDES
258 260 8e persécution
270 275 9e persécution (dernière en Gaule)
Réforme administrative de Dioclétien (subdivision des provinces).
Trèves devient la nouvelle capitale de la Gaule.
286 Carausius – commandant de la flotte romaine de la Manche – se proclame empereur : son « Empire de la mer » comprend la (Grande) Bretagne et la région côtière de la Seine à l'Escaut.
296 La victoire de Constance-Chlore sur Allectus (successeur de Carausius) met fin à la sécession et redonne aux Romains la maîtrise de la mer (arrêt des raids de pirates sur les côtes de la Manche).

1 LES PERSÉCUTIONS.

Les persécutions contre les chrétiens qui jalonnent le siècle ne touchent qu'une très petite minorité de la population car la Gaule est encore peu christianisée. Deux d'entre elles néanmoins sont violentes :

250 Paris (saint Denis) ; Toulouse (saint Saturnin), puis
259 Puy-de-Dôme (saint Victorin), Troyes (saint Patrocle), Javols (saint Privat), Cimiez (saint Ponce).

2 PREMIÈRES INCURSIONS DES FRANCS.

Les Francs sont venus s'installer sur la rive droite du Rhin. En 258, profitant d'une défense dégarnie, ils se répandent en Gaule, dévastant villes et campagnes sur leur passage. Ces attaques vont se renouveler pendant plus de trente ans sous forme d'invasions massives (conjointement avec des Alamans, Burgondes, Hérules) ou de raids plus ou moins profonds, pouvant dépasser la Seine et la Loire.

La lutte contre ces envahisseurs est la première tâche des empereurs successifs. Postumus parvient à les détruire ou les refouler une première fois. Ses successeurs cherchent surtout à faire des prisonniers qui sont ensuite soit installés dans des campagnes dépeuplées, soit utilisés comme travailleurs ou auxiliaires de l'armée.

Ainsi, près de deux siècles avant leur invasion décisive, les Francs font-ils partie de la vie gauloise.

3 L'EMPIRE DES GAULES.

260 **Postumus** est commandant de l'armée du Rhin lors de la première invasion franque : il réussit à rétablir la défense sur le fleuve. Proclamé Empereur par ses troupes, il organise un Empire des Gaules, autonome de Rome, qui comprend la (Grande) Bretagne, l'Espagne et la Gaule (Narbonnaise incluse).
Simultanément à la lutte contre les Francs, il doit faire face aux conséquences d'une très grave récession économique, notamment le développement du brigandage et la formation des Bagaudes (note 4).
Gallien tente en vain de réduire la sécession de Postumus, mais celui-ci est assassiné par ses soldats à Mayence.

267 **Victorinus** lui succède après l'élimination d'autres prétendants. En 269 il défait les Éduens qui veulent rallier Rome et détruit leur capitale Autun, avant d'être assassiné à son tour.

270 **Tetricus**, gouverneur d'Aquitaine, accepte d'être proclamé Empereur mais, après la défection de l'Espagne et de la Narbonnaise ralliées au nouvel empereur de Rome Claude II, la situation en Gaule est devenue intenable. Tetricus cherche très vite à mettre fin à la sécession : après des tractations secrètes avec Aurélien il se rend, et ses troupes sont vaincues
273 à Chalons-sur-Marne.

L'Empire des Gaules a vécu treize ans. En définitive il ne fut qu'une décentralisation spontanée face aux invasions, et comme un prélude à l'instauration de la Tétrarchie par Dioclétien quelques années plus tard.

4 LA RÉVOLTE DES BAGAUDES.

Ce sont des bandes de paysans – grossies de chômeurs, d'esclaves, de déserteurs – qui se soulèvent contre l'administration et les grands propriétaires. A partir de bases cachées pratiquement inexpugnables, ils font des incursions dans les campagnes et surtout contre les petites villes. Prenant de l'assurance ils s'organisent, redeviennent cultivateurs, et parviennent à contrôler des portions importantes du territoire.

Devant l'ampleur du danger, les Romains se décident à intervenir en force : Maximien bat leur armée d'abord en Bourgogne puis près de Lutèce (actuellement St-Maur-les-Fossés).

Comme l'Empire des Gaules, mais à un autre niveau, les Bagaudes résultent essentiellement d'un réflexe d'auto-défense contre la famine et la misère engendrées par la crise politique.

Des Bagaudes réapparaîtront sporadiquement jusqu'au Ve siècle lorsque la Gaule traversera d'autres périodes de troubles.

QUATRIÈME

SIÈCLE

			EMPIRE ROMAIN
290			
300	**GAULE ROMAINE** (suite)		FIN DE LA TÉTRARCHIE
310			
320			**CONSTANTINOPLE CAPITALE DE L'EMPIRE**
330			
340	**ESSOR DU CHRISTIANISME**		
350			
360			
370			
380			
390			395
400			PARTAGE DÉFINITIF DE L'EMPIRE
410			

DIOCLÉTIEN GALÈRE | CONSTANCE II

MAXIMIEN CONSTANCE-CHLORE | CONSTANTIN | CONSTANT

290

Abandon de la tétrarchie mais pluralité de titulaires

300

Malgré des attaques germaniques fréquentes et parfois très dangereuses – 305, 313, 350, 355 – la frontière du Rhin est à peu près tenue jusqu'à la fin du siècle.

310

LIBERTÉ RELIGIEUSE :

311 Édit de tolérance de Galère confirmé par
313 l'édit de Milan de Constantin.
314 Concile d'Arles : condamnation du donatisme

320

330

ÉVANGÉLISATION DES VILLES

Le nombre des évêchés passe de 20 à 60 du début à la fin du siècle.

A l'écart des conflits politiques intérieurs et extérieurs au monde romain (Constantinople remplace Rome comme capitale de l'Empire en 330), la Gaule vit une dernière période de tranquillité et de relative prospérité, alors qu'en Orient s'accumulent les signes précurseurs de la prochaine désagrégation de l'Empire.

340

350

Décennie			Occident	Orient
350		**350** Soulèvement de Magnence, vaincu à Lyon (353).		
	354 (st) Hilaire, évêque de Poitiers, mène la lutte contre l'arianisme.	**357** Invasion des Alamans battus à Strasbourg. **358** Installation de Francs fédérés sur la rive gauche du Rhin.	JULIEN	
360	**360** Julien l'Apostat devenu empereur tente de réhabiliter l'ancienne religion. **363** Mais cette réaction est trop brève pour infléchir l'essor du christianisme.	**366** Incursion des Alamans dans la vallée de la Moselle : vaincus par Jovinus à Scarpone.	VALENTINIEN Ier	VALENS
370	*Action de (st) Martin – évêque de Tours – :* *– Début du monachisme ; fondation des monastères de Ligugé (360) et de Marmoutier (372) et :* **ÉVANGÉLISATION DES CAMPAGNES.**	*Affaiblissement du front rhénan*		
380	**384** Le concile de Bordeaux condamne le priscillanisme (Priscillien sera exécuté en 385).	**387** Incursion des Francs vers Cologne vaincus par Arbogast.	VALENTINIEN II + GRATIEN + MAXIME	THÉODOSE
390	**391** **LE CHRISTIANISME DEVIENT RELIGION D'ÉTAT.**	**395** Mort de Théodose : partage définitif de l'Empire. → **395** La préfecture des Gaules est transférée de Trèves à Arles.		
400			EMPIRE ROMAIN D'OCCIDENT HONORIUS	EMPIRE ROMAIN D'ORIENT ARCADIUS
410				

1 – EXPANSION DU CHRISTIANISME.

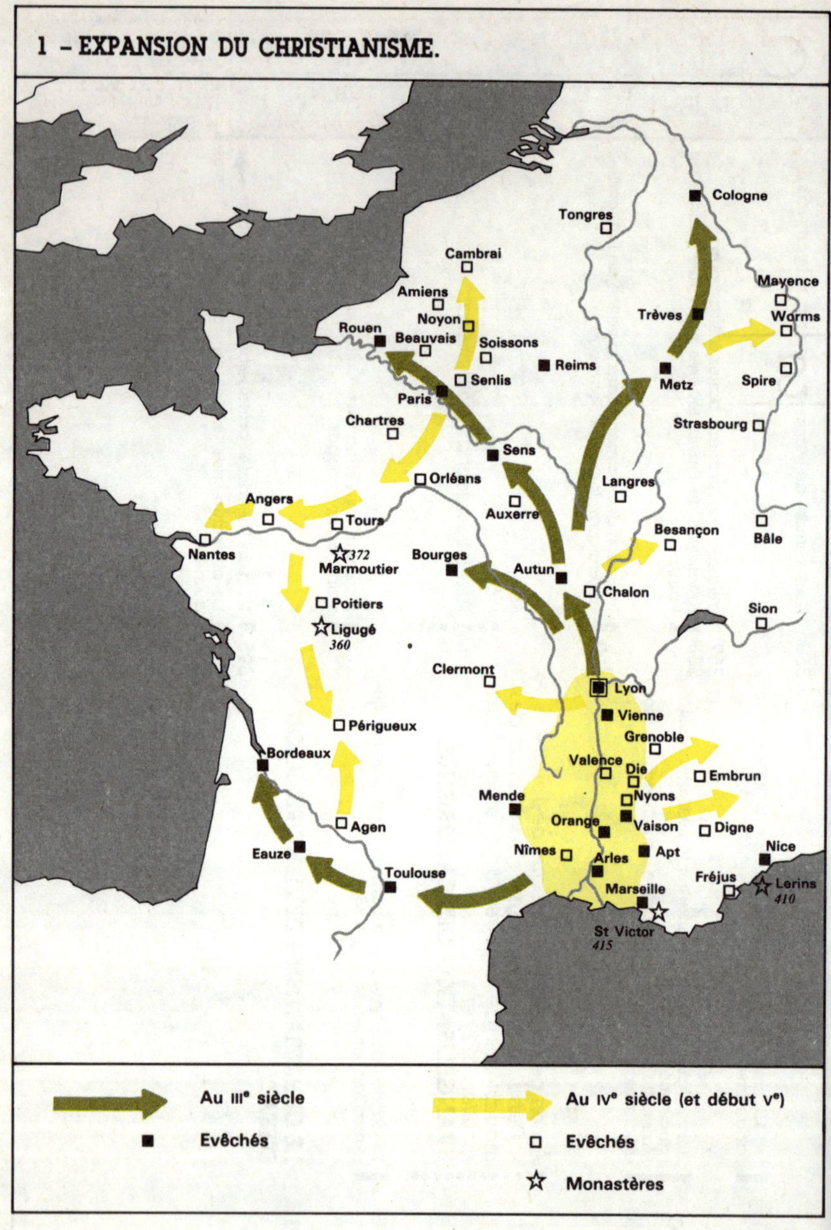

CINQUIÈME

V^e^

SIÈCLE

390			**EMPIRE ROMAIN D'OCCIDENT** (Ravenne)
400	**VANDALES SUÈVES ALAINS** (Invasion passagère)		
410	**WISIGOTHS**		**HONORIUS**
420			
430		**LES GRANDES INVASIONS**	**VALENTINIEN III**
440	**BURGONDES**		
450	**HUNS (ATTILA)** (Invasion passagère)		
460			
470	**FRANCS**		476 **FIN DE L'EMPIRE ROMAIN D'OCCIDENT**
480	481 **CLOVIS**		
490			
500			
510			

390

400

410

420

430

440

450

LES INVASIONS :

407 Les **Vandales, Suèves, Alains, Burgondes** envahissent la Gaule qu'ils pillent pendant trois ans avant d'aller en Espagne.
Les Burgondes reviennent sur le Rhin.

409 Les Alains restent comme fédérés (Orléans).

412–**418** Les **Wisigoths**, venant d'Italie en alliés d'Honorius, traversent le sud du pays pour aller en Espagne, puis sont acceptés comme fédérés dans la vallée de la Garonne (Toulouse).

(420)–**(430)** Les **Francs** – déjà installés comme fédérés dans la basse vallée du Rhin – annexent la région de Tournai-Cambrai jusqu'à la Somme (en 440, Aetius bloquera une nouvelle poussée vers le Sud).

A partir de 420, immigration des ***Bretons*** *(Celtes chrétiens de Cornouailles et Galles).*

436–**444** Les **Burgondes**, empêchés par Aetius de s'installer en Belgique, sont défaits par les Huns (vers Worms). Les rescapés sont fixés en Saponie (Genève-Grenoble) avec le statut de fédérés.

Soulèvements sporadiques de Bagaudes

HONORIUS (RAVENNE)

407–**413** Conséquence des invasions germaniques : les troupes romaines de (Grande) Bretagne font sécession (Constantin III) et se replient en Gaule.

La (Grande) Bretagne puis l'Espagne (108) sont perdues pour l'Empire.
Constantin III est capturé à Arles et exécuté, alors qu'un autre usurpateur – Jovin – est éliminé avec l'aide des Wisigoths.

VALENTINIEN III (RAVENNE)

Sous le règne de Valentinien III, l'autorité de son commandant des armées Aetius maintient dans l'obédience de l'Empire ce qui reste de la Gaule romaine et les peuples fédérés.

450

451 Les **Huns** (Attila) s'avancent jusqu'à Lutèce et Orléans mais, vaincus aux champs Catalauniques (vers Troyes) par Aetius avec l'aide des peuples fédérés, ils doivent évacuer la Gaule.

Après l'assassinat d'Aetius (454) et la mort de Valentinien III, la désagrégation de l'Empire d'Occident est irrémédiable.

460

Défection des peuples fédérés :
– les Burgondes vont s'étendre de la Champagne à la Durance,
– les Wisigoths remonter jusqu'à la Loire.
Dans l'état gallo-romain (réduit de la Somme à la Loire) Egirius fait sécession (461). Son fils Syagrius se maintiendra jusqu'à sa défaite par les Francs (486).

470

Fin de six siècles de présence romaine en Gaule
et de l'Empire romain d'Occident → **476**

480

481

CLOVIS
roi des Francs saliens

Dans le chaos général l'autorité de l'Église va faciliter la prise de contrôle du pays par les Francs.

486 Victoire de **Soissons** sur Syagrius : le dernier état gallo-romain est annexé par les Francs.
Paris devient capitale du royaume.

490

493 Mariage de Clovis avec Clotilde, nièce de Gondebaud, roi des Burgondes.

496–**506** Clovis soumet les Francs ripuaires et défait les Alamans (Alsace-Palatinat) dans plusieurs batailles dont **Tolbiac** (496, date controversée).

500

500 Clovis intervient dans un conflit dynastique burgonde. Victoire d'Ouche sur Gondebaud, puis réconciliation.

506 Baptême de Clovis

510

507 Début de la conquête du royaume Wisigoth : Victoire de **Vouillé** sur Alaric II.

511 Le concile d'Orléans consacre l'alliance de l'Église et de la couronne.

511

1 – ORIGINES ET MIGRATIONS DES PEUPLES QUI VONT CONQUÉRIR LA GAULE (après y avoir été admis comme fédérés par les Romains)

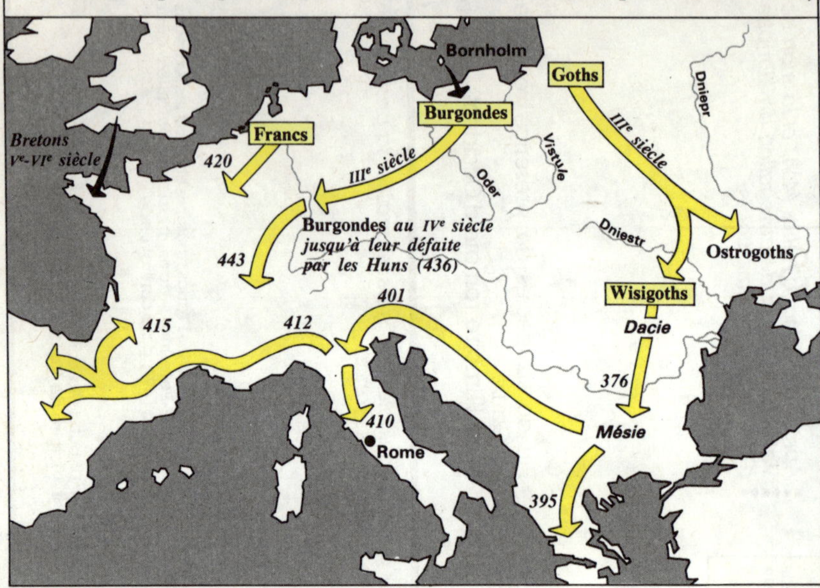

2 – LA GAULE À L'AVÈNEMENT DE CLOVIS (481) COMME ROI DES FRANCS SALIENS.

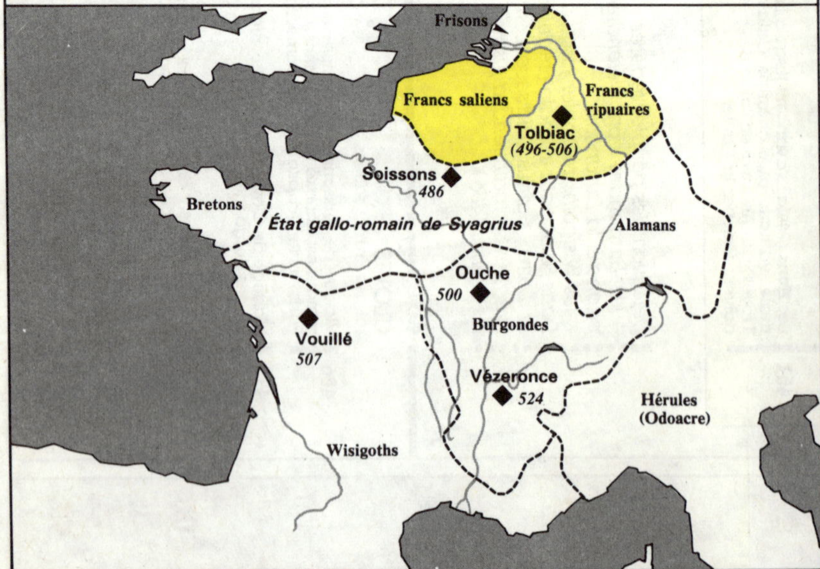

SIXIÈME

VIe

SIÈCLE

		ANGLETERRE	GERMANIE	ESPAGNE
490				
500	**CLOVIS** (Clotilde)			
510	511			
520	**Partage :** **royaumes** **de Soissons** **Orléans** **Paris** **Reims**			
530			**FRANCS** **CHATTES** **ALAMANS** **MARCOMANS** **FRISONS** **SAXONS** etc.	
540	**Réunification**	**Heptarchie** 7 royaumes anglo-saxons indépendants		**WISIGOTHS**
550	**CLOTAIRE Ier**	**Kent** **Essex** **Sussex** **Wessex** **Northumbrie** **Est-Anglie** **Mercie**		
560	561			
570	**Partage :** **royaumes** **de Neustrie** **Austrasie** **Orléans** **Paris**			
580				
590				
600				
610	613			

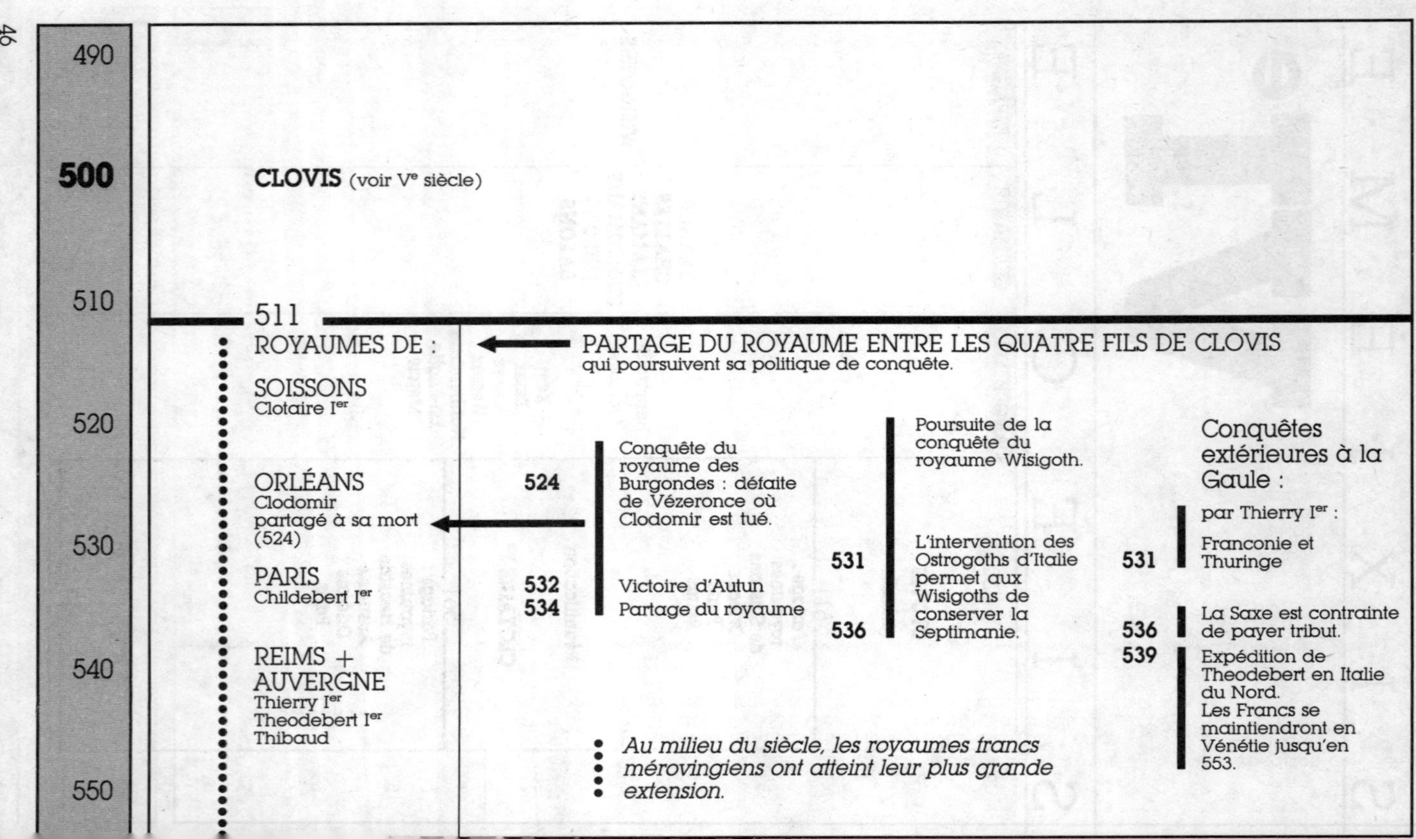

490

500 — **CLOVIS** (voir Ve siècle)

510 — 511

ROYAUMES DE :

PARTAGE DU ROYAUME ENTRE LES QUATRE FILS DE CLOVIS
qui poursuivent sa politique de conquête.

SOISSONS
Clotaire Ier

520

ORLÉANS
Clodomir
partagé à sa mort (524)

524 Conquête du royaume des Burgondes : défaite de Vézeronce où Clodomir est tué.

Poursuite de la conquête du royaume Wisigoth.

Conquêtes extérieures à la Gaule :

par Thierry Ier :

530

PARIS
Childebert Ier

531 L'intervention des Ostrogoths d'Italie permet aux Wisigoths de conserver la Septimanie. **536**

531 Franconie et Thuringe

532 Victoire d'Autun

534 Partage du royaume

536 La Saxe est contrainte de payer tribut.

540

REIMS + AUVERGNE
Thierry Ier
Theodebert Ier
Thibaud

539 Expédition de Theodebert en Italie du Nord.
Les Francs se maintiendront en Vénétie jusqu'en 553.

Au milieu du siècle, les royaumes francs mérovingiens ont atteint leur plus grande extension.

550

550

556 Expédition de Childebert au sud des Pyrénées.

558 Après la mort sans héritiers de Thibaud (555) et de Childebert (558), Clotaire Ier se trouve à la tête du royaume franc réunifié (pour trois ans).

CLOTAIRE Ier ←

560

561

ROYAUMES DE : ← PARTAGE DU ROYAUME ENTRE LES QUATRE FILS DE CLOTAIRE Ier

NEUSTRIE
Chilpéric Ier
(ép. Frédégonde)
Clotaire II

BOURGOGNE
Gontran
Thierry II

PARIS
Charibert
partagé à sa mort (567)

AUSTRASIE
Sigebert
(ép. Brunehaut)
Childebert II
Theodebert II

562–587 Les frontières sont attaquées par :
- les Avars (Thuringe),
- les Lombards (Alpes, Provence),
- les Wisigoths (Septimanie),
- les Vascons (Pyrénées).

570

La France conquise devient l'enjeu d'une guerre ouverte entre les descendants de Clovis (surtout entre l'Austrasie germanique et la Neustrie gallo-romaine). Elle durera jusqu'en 613, attisée par la haine des deux reines Brunehaut et Frédégonde.
C'est aussi le début du conflit entre Grands et rois. La dynastie mérovingienne est d'ores et déjà condamnée.

580

587 Le traité d'Andelot renforce l'alliance Austrasie-Bourgogne.

590

592 Mort de Gontran : rattachement Bourgogne → Austrasie.

595 Mort de Childéric II : partage entre ses deux fils.

596 Victoire des Neustriens à Laffaux

597 Mort de Frédégonde

600

600 Victoire des Austrasiens à Dormeilles

604–613 Nouvelle victoire des Austrasiens à Étampes. Paix de Compiègne.
Renversement d'alliance : Bourgogne contre Austrasie.
Theodebert est vaincu à Toul et Tolbiac puis assassiné.
Mort de Thierry II. Capture et exécution de Brunehaut et du dernier héritier, son arrière-petit-fils Sigebert.

610

613

CLOTAIRE II devient le maître unique du royaume franc réunifié.

1 – 511. PARTAGE À LA MORT DE CLOVIS

(524 : partage du royaume d'Orléans à la mort de Clodomir).

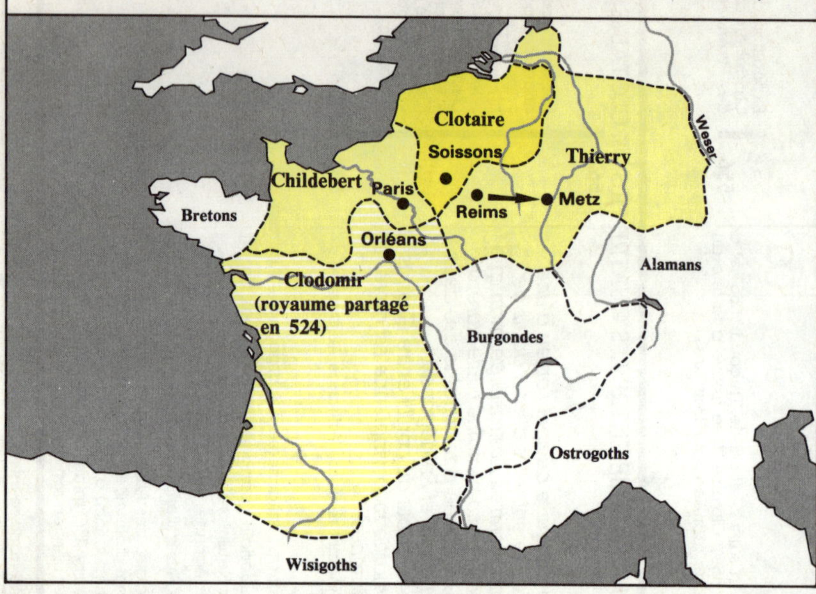

2 – 561. PARTAGE À LA MORT DE CLOTAIRE Ier

(567 : partage du royaume de Paris à la mort de Charibert).

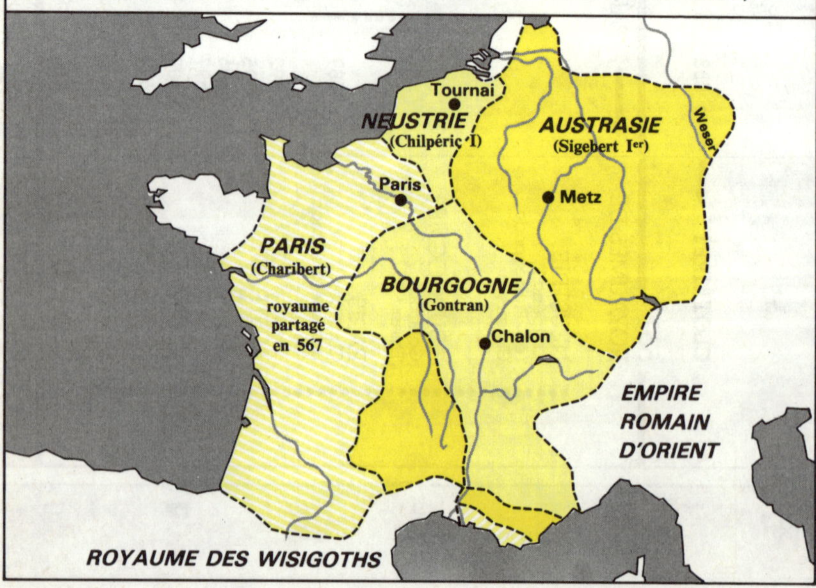

SEPTIÈME

VIIe

SIÈCLE

	France	ANGLETERRE	GERMANIE	ESPAGNE
590				
600	Partage	Heptarchie (suite)		
610	613			
620	**CLOTAIRE II**			
630	629 **DAGOBERT**			
640	639 Partage : royaumes Neustrie Austrasie	Évangélisation du pays	**FRANCS CHATTES ALAMANS MARCOMANS FRISONS SAXONS** etc.	**WISIGOTHS**
650				
660	(« rois fainéants »)			
670				
680	679 Réunification			
690				
700	**PÉPIN DE HERSTAL** maire du palais			
710	714			

590

600

La mort de ses cousins Theodebert II (Austrasie) et Thierry II (Bourgogne) met Clotaire II (Neustrie) à la tête du royaume réunifié.

610

613 **CLOTAIRE II**

614 L'édit de Clotaire donne aux propriétaires terriens l'exclusivité des fonctions officielles : c'est – avant la lettre – la naissance de la noblesse.

620

622 Dagobert roi d'Austrasie sous l'autorité paternelle

– Période d'ordre et de prospérité relative. Dagobert, formé puis secondé par Pépin de Landen (le Vieux), réforme l'administration et la justice.
– Succès extérieurs.

629 **DAGOBERT Ier** (premier roi enterré à St-Denis)

630

(630) Soumission de la Bavière puis des Vascons (Basques)
637
638 et Bretons.

639

640

641 Perte de la Thuringe
643 et de l'Alemanie.

PARTAGE DU ROYAUME ENTRE LES DEUX FILS DE DAGOBERT

Neustrie	Austrasie
CLOVIS II	SIGEBERT III

650

650 · 660 · 670 · 680 · 690 · **700** · 710

CLOTAIRE III — CHILDEBERT « l'Adopté »

CLOVIS III — CHILDÉRIC II

THIERRY III — DAGOBERT II

679

THIERRY III

690 CLOVIS IV

695 CHILDEBERT III

711 DAGOBERT III

714

Après la mort de Dagobert Ier commence la dernière période de la dynastie mérovingienne, celle des « rois fainéants » (en réalité, pour la plupart, des malades qui meurent enfants ou adolescents).

Le pouvoir est exercé par les maires du palais – principalement Grimoald / Austrasie et Ebroïn / Neustrie – ce qui exacerbe le conflit avec les Grands. Cet affrontement permanent conduit à la crise de 673-687.

679–**687** **PRISE DU POUVOIR PAR PÉPIN DE HERSTAL** [1]

Pépin de Herstal laisse sur le trône les Mérovingiens légitimes mais garde pour lui la totalité du pouvoir avec le titre de Dux et princeps francorum.

C'est en fait la future dynastie carolingienne qui prend le pouvoir un demi-siècle avant la couronne.

714 Mort de Pépin de Herstal

675–**687** L'Aquitaine profite du chaos général pour reprendre son indépendance.

689 Victoire contre les Frisons : annexion et fondation de l'évêché d'Utrecht.

712 Campagne contre l'Alemanie : rétablissement de l'hégémonie franque.

1 – 639. PARTAGE À LA MORT DE DAGOBERT Ier.

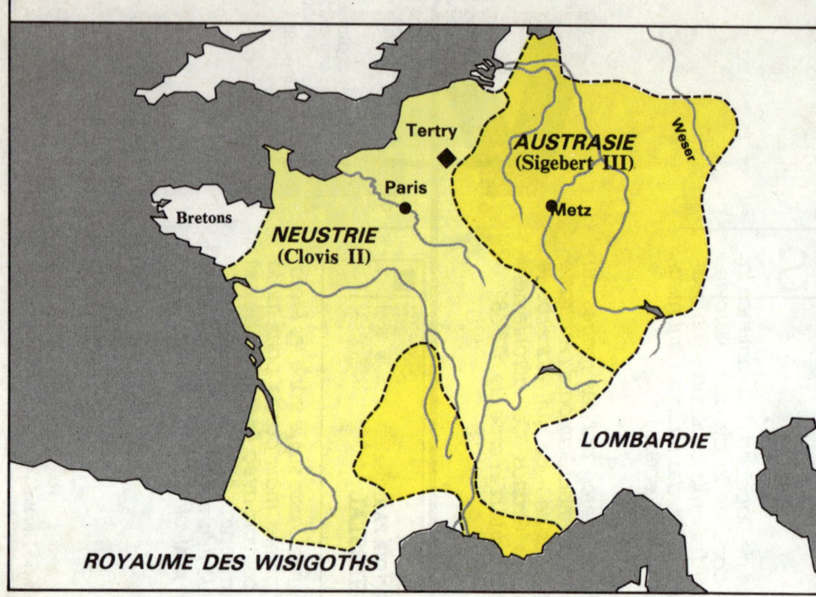

1 LA PRISE DU POUVOIR PAR PÉPIN DE HERSTAL.

(Voir note VIII1.)

En Neustrie la succession de Clotaire III provoque contre Ébroïn une rébellion des Grands, conduite par Léger, évêque d'Autun, et que l'intervention de l'Austrasie transforme en crise majeure.

Pendant douze ans les renversements d'alliances alternent avec les assassinats dans la plus grande confusion.

673 Mort de Clotaire III.
Après la disparition de Childéric II, Léger, Dagobert II, Clovis III et Ébroïn, le nouveau maire du pa-
679 lais d'Austrasie **Pépin de Herstal** est d'abord battu à Laon puis à Namur, mais il écrase définitive-
687 ment les Neustriens à Tertry.

Pépin de Herstal devient le maître absolu du royaume franc, une fois de plus réunifié. Toutefois il laisse sur le trône son dernier adversaire, Thierry III, comme roi légitime et symbolique.

HUITIÈME **VIIIe** SIÈCLE

		ANGLETERRE	GERMANIE	ESPAGNE
690				
700	**PÉPIN DE HERSTAL** maire du palais			
710	714			711-714 **Occupations par les Sarrasins**
720	**CHARLES MARTEL** maire du palais	**Heptarchie (suite)**		
730				sauf : Asturies Galice Cantabrie
740	**PÉPIN LE BREF** maire du palais **Fin des Mérovingiens**		**FRANCS CHATTES ALAMANS MARCOMANS FRISONS SAXONS** etc.	
750	751 **Début des Carolingiens**			**CRÉATION DE L'ÉMIRAT DE CORDOUE**
760	**PÉPIN LE BREF**			
770	768			
780	**CHARLEMAGNE**		**CHARLEMAGNE**	
790		**Première attaque des Normands**		
800				
810	814			

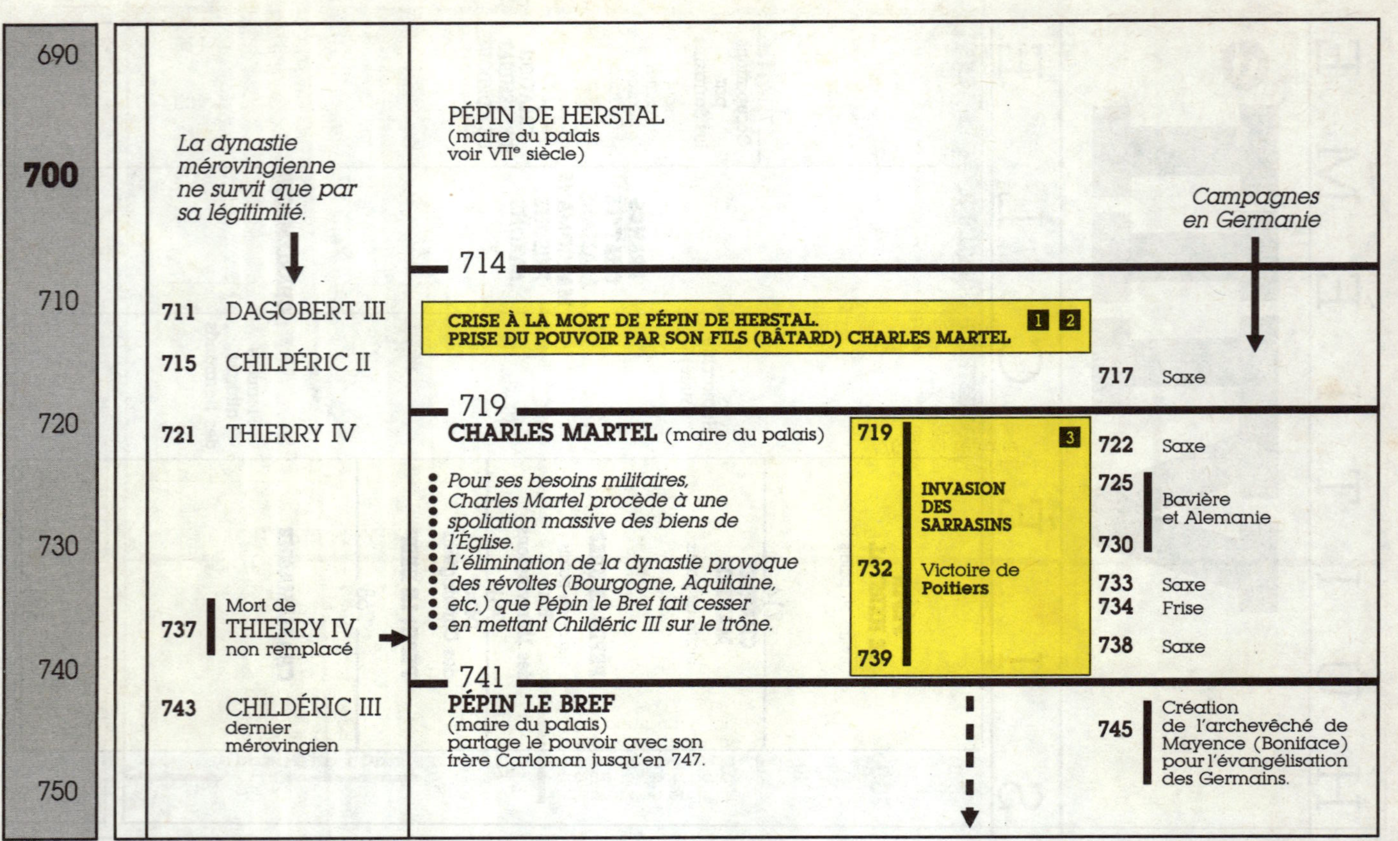
690
700
710
720
730
740
750
La dynastie mérovingienne ne survit que par sa légitimité.
711 DAGOBERT III
715 CHILPÉRIC II
721 THIERRY IV
737 Mort de THIERRY IV non remplacé
743 CHILDÉRIC III dernier mérovingien
PÉPIN DE HERSTAL
(maire du palais voir VIIe siècle)
714
CRISE À LA MORT DE PÉPIN DE HERSTAL.
PRISE DU POUVOIR PAR SON FILS (BÂTARD) CHARLES MARTEL
1 2
719
CHARLES MARTEL (maire du palais)
Pour ses besoins militaires, Charles Martel procède à une spoliation massive des biens de l'Église.
L'élimination de la dynastie provoque des révoltes (Bourgogne, Aquitaine, etc.) que Pépin le Bref fait cesser en mettant Childéric III sur le trône.
741
PÉPIN LE BREF
(maire du palais)
partage le pouvoir avec son frère Carloman jusqu'en 747.
719 INVASION DES SARRASINS
3
732 Victoire de Poitiers
739
Campagnes en Germanie
717 Saxe
722 Saxe
725 – 730 Bavière et Alemanie
733 Saxe
734 Frise
738 Saxe
745 Création de l'archevêché de Mayence (Boniface) pour l'évangélisation des Germains.

750 – 760 – 770 – 780 – 790 – **800** – 810

751 **PÉPIN LE BREF** se fait élire roi et sacrer.
DÉBUT DE LA DYNASTIE CAROLINGIENNE

752–**757** Intervention en Italie contre les Lombards au profit de la papauté : création de l'État pontifical (« donation de Pépin »).

752–**759** **Conquête de la Septimanie** [3]
759 Prise de Narbonne

761–**768** **RECONQUÊTE DE L'AQUITAINE** [4]

768 **CHARLEMAGNE**

Du royaume à l'empire [5]

Organisation intérieure et politique extérieure

800 Charlemagne est sacré par Léon III empereur de l'Empire romain d'Occident reconstitué.

806–**811** Un partage prévisionnel de l'Empire devient caduc par la mort des deux fils aînés (Charles et Pépin).

773–**781** Conquête du royaume lombard.
781 Pépin roi sous l'autorité de son père.

787–**797** Conflit avec Bizance en Istrie.
Vénétie
797 Bénévent

806–**810** Prise Vénétie et Dalmatie rétrocédées à Bizance contre la reconnaissance à Charlemagne du titre d'Empereur.

778–**781** Expédition Espagne et retraite : Roncevaux.
781 Louis roi d'Aquitaine

787 Annexion de la Bavière

791–**796** Campagne contre les Avars et soumission.

795–**801** Création de la Marche d'Espagne.
Annexion Baléares
801 Prise Barcelone

812 Révolte de l'Aquitaine matée par Louis.

772 Occupation de la Saxe avec alternance de soumissions, rébellions (Widuking, désastre du Mont Sauntel), massacres, représailles, déportations, jusqu'à la Paix de Salz (803).

799 Fin de la conquête de l'Armorique.
Premiers raids des Normands (Ré, Noirmoutier).

806–**813** Raids des Sarrasins en Corse et à Nice.

814

1 GÉNÉALOGIE DES PÉPINIDES, ANCÊTRES DES CAROLINGIENS

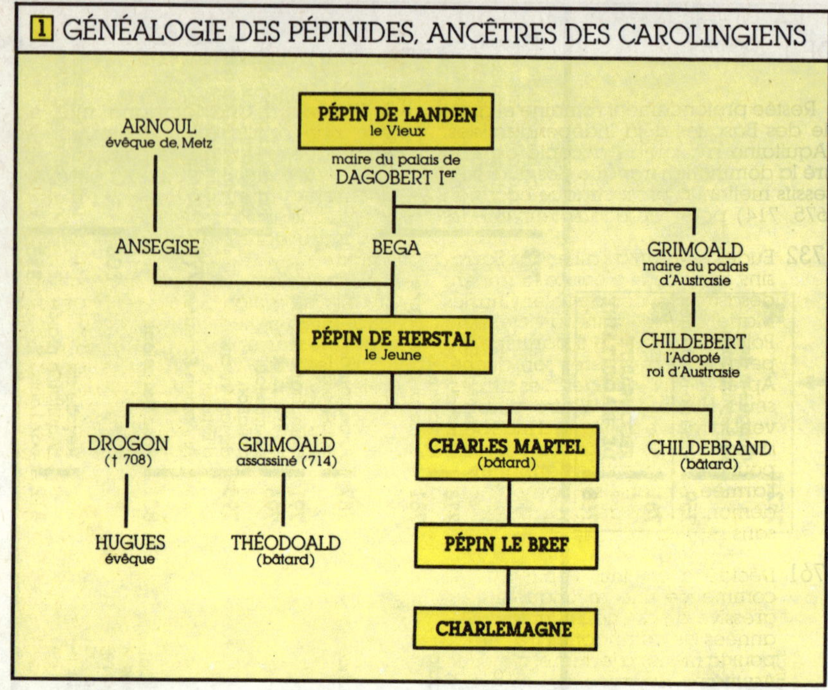

2 LA PRISE DU POUVOIR PAR CHARLES MARTEL.

714 A la mort de Pépin de Herstal la Neustrie (Rainfroi, maire du palais) se révolte, rejointe par la Frise et l'Aquitaine.
Charles Martel prend le pouvoir en Austrasie et défait les Neustriens à Malmédy (716) et Cambrai (717).
Pendant son expédition contre la Saxe, les Neustriens reprennent les armes et sont de nouveau battus à Soissons (719) : Charles Martel est le maître du royaume, mais pour sauvegarder le principe de légitimité – et comme son père dans des circonstances identiques – il maintient le mérovingien Chilpéric II sur le trône.
Eudes d'Aquitaine, menacé par les Sarrasins, signe la paix l'année suivante, tout en gardant une in-
720 dépendance de fait.

3 INVASION DES SARRASINS.

719 Ayant conquis la péninsule ibérique de 711 à 718, les Sarrasins passent les Pyrénées et prennent Narbonne (720) : partant de la Septimanie comme base, ils vont pendant vingt ans lancer des raids de pillage en Aquitaine, et jusqu'en Bourgogne.

721 Ils sont battus par Eudes d'Aquitaine devant Toulouse.

725 Ils remontent la vallée du Rhône jusqu'à Autun et Sens.

732 Nouvelle attaque de l'Aquitaine par l'est et l'ouest : ils prennent Bordeaux puis se dirigent vers Tours, mais sont vaincus par Charles Martel à Poitiers.

735 Ils prennent Arles et Avignon.

737 En deux ans, Charles Martel et son frère Childebrand, avec l'appui des Lombards qui se sentent menacés, reprennent plusieurs villes : Nîmes, Agde, Béziers, Avignon,
739 Arles, Marseille.

752 La reconquête de la Septimanie ne sera accomplie que par Pépin le Bref pour se terminer par la
759 Prise de Narbonne.

4 LA DIFFICILE SOUMISSION DE L'AQUITAINE.

Restée profondément romaine et grossie des Basques déjà indépendantistes, l'Aquitaine n'a jamais accepté de bon gré la domination franque. Ses ducs successifs mettent à profit chaque occasion (675, 714) pour reprendre leur liberté.

732 Eudes va jusqu'à s'allier aux Sarrasins, mais cette alliance tourne au désastre et il doit appeler Charles Martel à son secours : la victoire de Poitiers, à laquelle il participe, lui permet de récupérer son duché. Après la mort d'Eudes , ses successeurs Hunaud et Waifre poursuivent la même politique d'indépendance. Faute d'effectifs suffisants pour une occupation permanente, l'armée franque se borne à des démonstrations de force, brèves et sans résultat durable.

761 Décidé à en finir, Pépin le Bref
commence une reconquête progressive du duché : il lui faut huit
années de campagnes très dures
pour la mener à terme, et c'est une
Aquitaine dévastée qui est ratta-
768 chée au royaume.

5 LA POLITIQUE DE CHARLEMAGNE.

A l'intérieur, Charlemagne met en place une organisation centralisée et méthodique, caractérisée par :
- une écoute attentive du pays à travers l'assemblée annuelle des dignitaires laïcs et ecclésiastiques ;
- des instructions précises : les « capitulaires » ;
- des exécutants locaux - les comtes - ayant délégation de tous les pouvoirs : civil, militaire, judiciaire, fiscal ;
- des messagers-contrôleurs-enquêteurs, les *missi dominici,* qui sillonnent le territoire en permanence.

Le règne se signale, de plus, par l'attention portée à l'enseignement et à la culture en général : c'est la « renaissance carolingienne ».

A l'extérieur, l'alliance avec le Saint-Siège, amorcée par Pépin le Bref, est confirmée et prend une dimension nouvelle. Alors que Clovis s'était appuyé sur l'épiscopat local pour conquérir la Gaule, Charlemagne s'allie à la papauté pour s'imposer en Occident où il se comporte en défenseur de l'Église. L'évangélisation devient à la fois le but de ses conquêtes et un moyen de les consolider.

Face à l'empereur de Byzance défaillant, le titre d'empereur d'Occident est l'aboutissement logique de cette politique.

1 – EMPIRE DE CHARLEMAGNE.

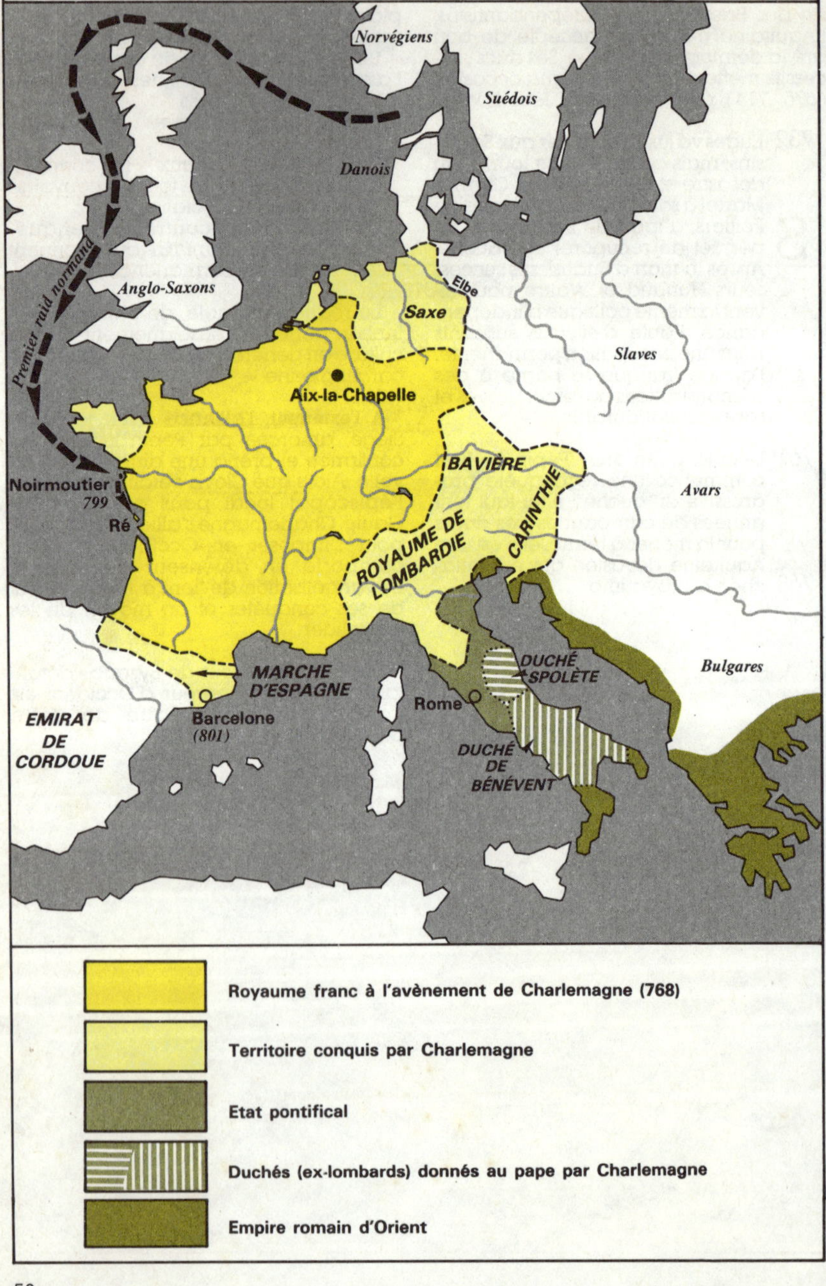

NEUVIÈME

SIÈCLE

		ANGLETERRE	GERMANIE	ESPAGNE
790 **800** 810	**CHARLEMAGNE** 814	Heptarchie (suite) Prédominance du Wessex	**CHARLEMAGNE**	Nord : ROYAUME DE LÉON ex-Asturies Galice Cantabrie
820 830 840	**LOUIS Ier LE PIEUX** 840		**LOUIS Ier LE PIEUX**	Royaume de Navarre et comté de Barcelone ex-marche d'Espagne carolingienne
	843			
850 860 870	Partage de Verdun **CHARLES II LE CHAUVE** 877	Conquête progressive des Normands Résistance d'ALFRED LE GRAND	Partages	
880	**LOUIS II, LOUIS III CARLOMAN II CHARLES LE GROS** 888		**LOUIS LE GERMANIQUE CHARLES LE GROS**	Sud : Occupation musulmane Émirat de Cordoue
890	**EUDES** 898		Partage	
900 910				

790

800

(CHARLEMAGNE voir VIIIe siècle)

(Dynastie carolingienne et passage aux Capétiens voir tableau généalogique X[1])

810

814

LOUIS Ier LE PIEUX
(seul fils survivant de Charlemagne)

820

Louis Ier le Pieux ruine l'œuvre de son père :
– Dominé par le clergé, il laisse la papauté prendre la suprématie sur l'Empire.
– Influencé par sa seconde femme, il procède à une série de partages désastreux qui vont provoquer à sa mort une guerre de succession : l'Empire en sortira démembré et la dynastie carolingienne condamnée à terme.

815 Reprise de la guerre en Espagne
Expédition désastreuse contre Pampelune
Révolte de la marche d'Espagne **826**

818–**824** Répression de deux révoltes en Bretagne

830

833 Expédition en Aquitaine contre Pépin Ier

INVASION DES NORMANDS

834–**840** La Frise est concédée aux Normands.

840

840

CRISE DE SUCCESSION **TRAITÉ DE VERDUN** 1

841 Prise de Rouen
842 Prise de Nantes

843

CHARLES II LE CHAUVE
Premier roi de « France »

850

845 Prise de Paris
848 Prise de Bordeaux

850 – 860

Charles le Chauve est mal accepté dans un pays qui ne lui était pas initialement destiné. Néanmoins son opiniâtreté vient à bout – par les armes et la diplomatie – de la dissidence de l'Aquitaine et de la Septimanie.
Mais, comme ses voisins, il est impuissant face aux raids des Normands.

845 – **864** Campagnes contre les Bretons (indépendance de fait de la Bretagne) et contre les Aquitains soutenus par Louis le Germanique.

854 Deuxième prise de Bordeaux

856 Première grande invasion

861 Paris est pris et incendié deux fois.

865 **866** Échec des Normands en Charente et en Anjou (Brissarthe / Robert le Fort).

870

870 Traité de Mersen : partage de la Lotharingie avec Louis le Germanique (la part de la France sera reperdue en 880 / traité de Ribemont).

875 À la mort de son neveu Louis II d'Italie, Charles le Chauve devient empereur.

877 Le capitulaire de Kierzy-sur-Oise officialise l'hérédité des fiefs.

877

880

LOUIS II LE BÈGUE, LOUIS III et CARLOMAN, CHARLES LE GROS

879 **Partage entre Louis III et Carloman** (→ 882, mort de Louis III)

884 **888** Écartant l'héritier direct Charles le Simple, le trône est remis à l'empereur Charles le Gros de Germanie jusqu'à sa destitution.

879 Deuxième grande invasion

883 Prise d'Amiens

885 Siège de Paris

888

890

EUDES

(comte de Paris ancêtre des Capétiens)

L'homme fort du royaume – mis sur le trône pour cette raison – passe les dix années de son règne à lutter contre les partisans de Charles le Simple.

Dans le royaume de Provence, les Sarrasins s'installent à La Garde-Freynet.

892 Retour en Angleterre puis raids / Seine, Aisne, Meuse, Loire, etc.

898

900

CHARLES LE SIMPLE

(fils posthume de Louis II : restauration carolingienne)

910

1 LE DÉMEMBREMENT DE L'EMPIRE. LE TRAITÉ DE VERDUN (843).

817 Louis le Pieux promulgue *l'ordinatio imperii*, ou Constitution d'Aix-la-Chapelle, conçue en principe pour préserver l'unité de l'empire lors des successions, tout en permettant – selon la coutume franque – les partages royaux. Mais le premier partage prévisionnel entre ses trois fils provoque la révolte de son neveu Bernard d'Italie qui est arrêté et aveuglé. Le remords amène Louis à la pénitence publique d'Attigny : humiliation inutile
822 qui ne fait que saper son autorité.

829 Sous l'influence de sa seconde épouse, Judith de Bavière, il procède à deux nouveaux partages qui favorisent leur fils Charles le Chauve : ses trois premiers fils se dressent contre lui et obtiennent sa
833 déposition.

835 Rétabli sur le trône, il continue à agrandir le domaine de Charles dans deux autres partages, rendant inévitable une guerre de succession.

840 A sa mort, le conflit éclate immédiatement entre l'aîné Lothaire d'une part, Louis et Charles d'autre part (Pépin est mort en 838). Après avoir vaincu Lothaire à Fontenoy-en-Puisaye, Louis et Charles renforcent leur alliance par le Serment de Strasbourg et entament avec leur frère des négociations qui aboutissent au

843 **Traité de Verdun** :
Lothaire garde le titre d'Empereur, mais l'empire est divisé en trois royaumes indépendants :
– la Francie occidentale (ou France) à Charles le Chauve,
– la Francie médiane (ou Lotharingie) à Lothaire,
– la Francie orientale (ou Germanie) à Louis.

Au cours du demi-siècle suivant, le découpage du traité de Verdun est modifié à diverses reprises au gré des successions :

870 Traité de Mersen : la France et la Germanie se partagent la Lotharingie (déjà deux fois remaniée), la part française étant constituée par la rive gauche de la Meuse et toute la région Jura-Rhône-Alpes.

879 A la mort de Louis II le Bègue, la France est partagée entre ses deux fils Louis III et Carloman, pour trois ans seulement et pour la dernière fois de son histoire.
Mais au même moment Boson (beau-frère de Charles le Chauve) fait sécession en se proclamant roi de Vienne, décision confirmée par l'assemblée de Mantaille : la région Rhône-Alpes restera séparée de la France jusqu'aux XIVe et XVe siècles.

880 Traité de Ribemont : la France rétrocède à la Germanie la Lorraine occidentale.

884 L'empereur Charles le Gros devenant roi de France, l'empire se trouve temporairement réunifié avant son démembrement
888 définitif.

A la fin du siècle, l'ancien empire de Charlemagne se trouve partagé en sept royaumes indépendants.

1 – 843. TRAITÉ DE VERDUN : PARTAGE DE L'EMPIRE À LA MORT DE LOUIS Ier LE PIEUX.

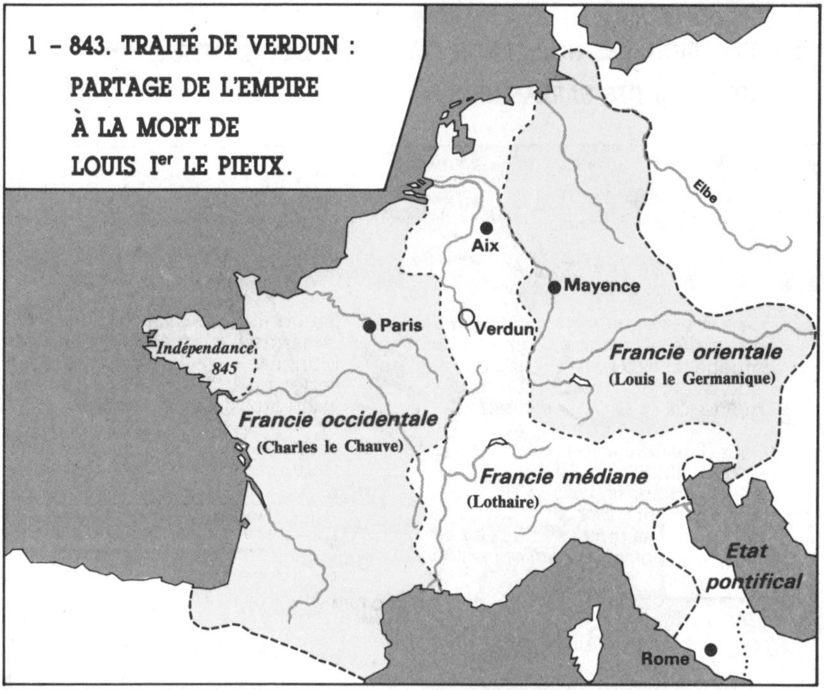

Elbe
Aix
Mayence
Paris
Verdun
Indépendance 845
Francie orientale
(Louis le Germanique)
Francie occidentale
(Charles le Chauve)
Francie médiane
(Lothaire)
Etat pontifical
Rome

2 – A LA FIN DU SIÈCLE L'ANCIEN EMPIRE DE CHARLEMAGNE EST MORCELÉ EN SEPT ROYAUMES INDÉPENDANTS (+ LA BRETAGNE).

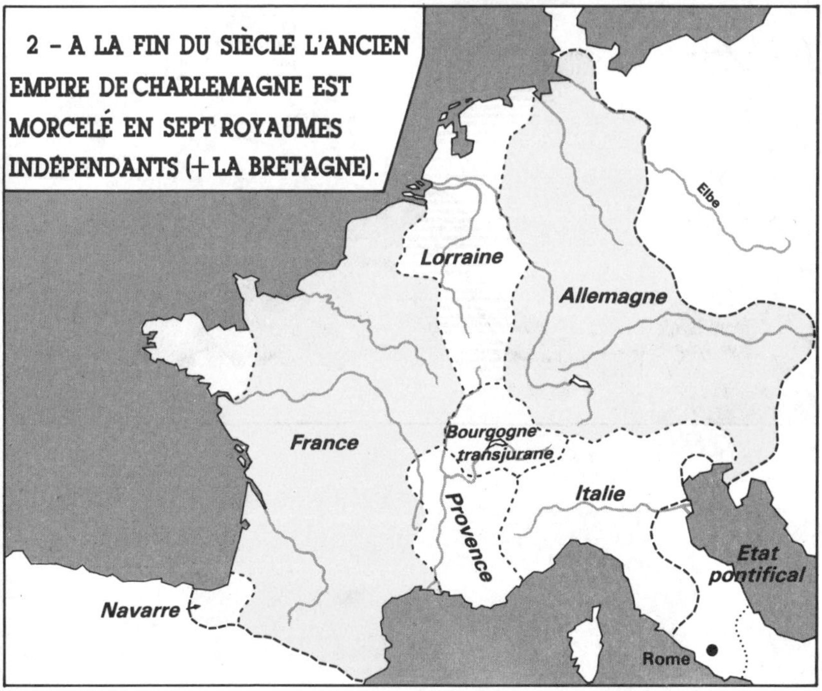

Elbe
Lorraine
Allemagne
Bourgogne transjurane
France
Italie
Provence
Etat pontifical
Navarre
Rome

3 – INVASION DES NORMANDS EN EUROPE OCCIDENTALE ------> ET RAIDS DES SARRASINS. ——>

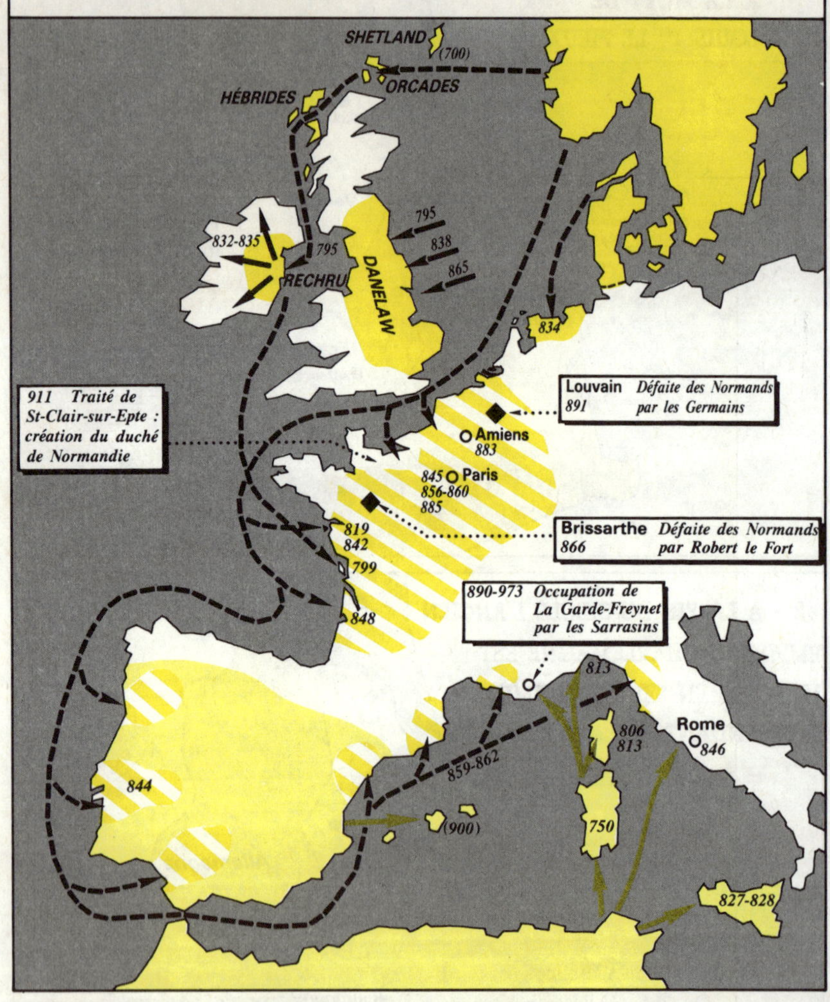

DIXIÈME

X^{e}

SIÈCLE

		ANGLETERRE	ALLEMAGNE	ESPAGNE
890			puis EMPIRE	
900	898			Nord :
910	**CHARLES III LE SIMPLE**		**CONRAD Ier**	**ROYAUME DE LÉON ROYAUME DE NAVARRE COMTÉ DE BARCELONE**
920	922 **ROBERT Ier**		**HENRI Ier L'OISELEUR**	
930	**RAOUL Ier** 936			
940	**LOUIS IV D'OUTREMER**	**Progrès et consolidation de la conquête normande**	**OTHON Ier**	
950	954			
960			962 *Saint-Empire*	
970	**LOTHAIRE**			**Sud :** **Occupation musulmane**
980	**LOUIS V** **Fin des Carolingiens**		**OTHON II**	**CALIFAT DE CORDOUE**
990	987 **Début des Capétiens** **HUGUES CAPET** (Adélaïde de Poitou)		**OTHON III**	
1000	996			
1010				

Dynastie carolingienne et passage aux Capétiens : tableau généalogique **1**

Années	Règne	Faits politiques	Dates	Lutte pour la Lorraine / Incursions hongroises	Dates	INVASION DES NORMANDS (suite)
890						
900	898 **CHARLES III LE SIMPLE** (fils posthume de Louis le Bègue)	*Charles le Simple règne sous la tutelle de Robert (frère d'Eudes). C'est lui cependant qui traite avec Rollon : l'intégration des Normands dans le royaume sera, à terme, une grande réussite politique (la seule à l'actif de ce règne).*			903	Nouvelle invasion sur la Loire
910	Première restauration carolingienne		910	Fondation de l'abbaye bénédictine de Cluny		
			911	**2** Rattachement spontané à la France	911	Traité de St-Clair-sur-Epte : Rollon reçoit la Normandie érigée en duché.
920		Déposition de Charles le Simple qui entre en lutte contre son successeur.		**LUTTE POUR LA LORRAINE** Retour à la suzeraineté	919	Les Normands de Loire prennent Nantes et la
	922 **ROBERT Ier** **RAOUL Ier** (duc de Bourgogne gendre de Robert Ier)	Robert Ier est tué à Soissons, mais Charles le Simple est vaincu et prisonnier.	922	germanique		Bretagne.
930		*Rébellions d'Herbert de Vermandois et d'autres vassaux (Auvergne, Rouergue, Toulouse).*	926 927	Champagne **INCURSIONS**	930	Raids de pillages Raoul 1er les écrase à Estresse.
			935	Bourgogne		Un chef local (Barbe-
940	936 **LOUIS IV D'OUTREMER** (fils de Charles le Simple) Deuxième restauration carolingienne	*Lutte contre Hugues le Grand (fils de Robert Ier) qui n'a pu imposer sa tutelle. Période de très grande anarchie, puis paix par lassitude générale.*	937	Bourgogne - Champagne - Berry **HONGROISES**	937	torte) les expulse de Bretagne.
					946	Troubles provoqués par de nouveaux immigrants.
950			951 954	Vermandois Bourgogne		

Depuis 879 la France n'a plus été partagée. A la mort de Louis IV les Grands consolident cet état de fait en décidant de mettre Lothaire seul sur le trône, au détriment de son frère Charles.

954

LOTHAIRE

Tutelle officielle d'Hugues le Grand jusqu'à sa mort (956) puis de son oncle Brunon (frère de l'empereur Othon Ier, archevêque de Cologne, gouverneur de Lorraine).

965 Majorité du roi

Le règne est une suite de conflits avec :
– Hugues Capet : comme leurs pères, ils se disputent le pouvoir effectif.
– Son frère Charles qui se rallie à Othon II (cette trahison lui coûtera le trône en 987).
– Surtout Othon II : Lothaire cherche à récupérer la Lorraine et Othon à rétablir la suprématie impériale sur l'Occident. Ils échouent l'un et l'autre.

978 Raid de Lothaire sur Aix-la-Chapelle. Expédition de représailles d'Othon en France.

984 Lothaire prend Verdun et la Haute-Lorraine.

986 Mort de Lothaire

987 Louis V meurt sans héritier : FIN DES CAROLINGIENS.

987

HUGUES CAPET
(petit-fils de Robert Ier)
(Voir XIe siècle.)

3 **LE ROYAUME D'ARLES**

950 · 960 · 970 · 980 · 990 · **1000** · 1010

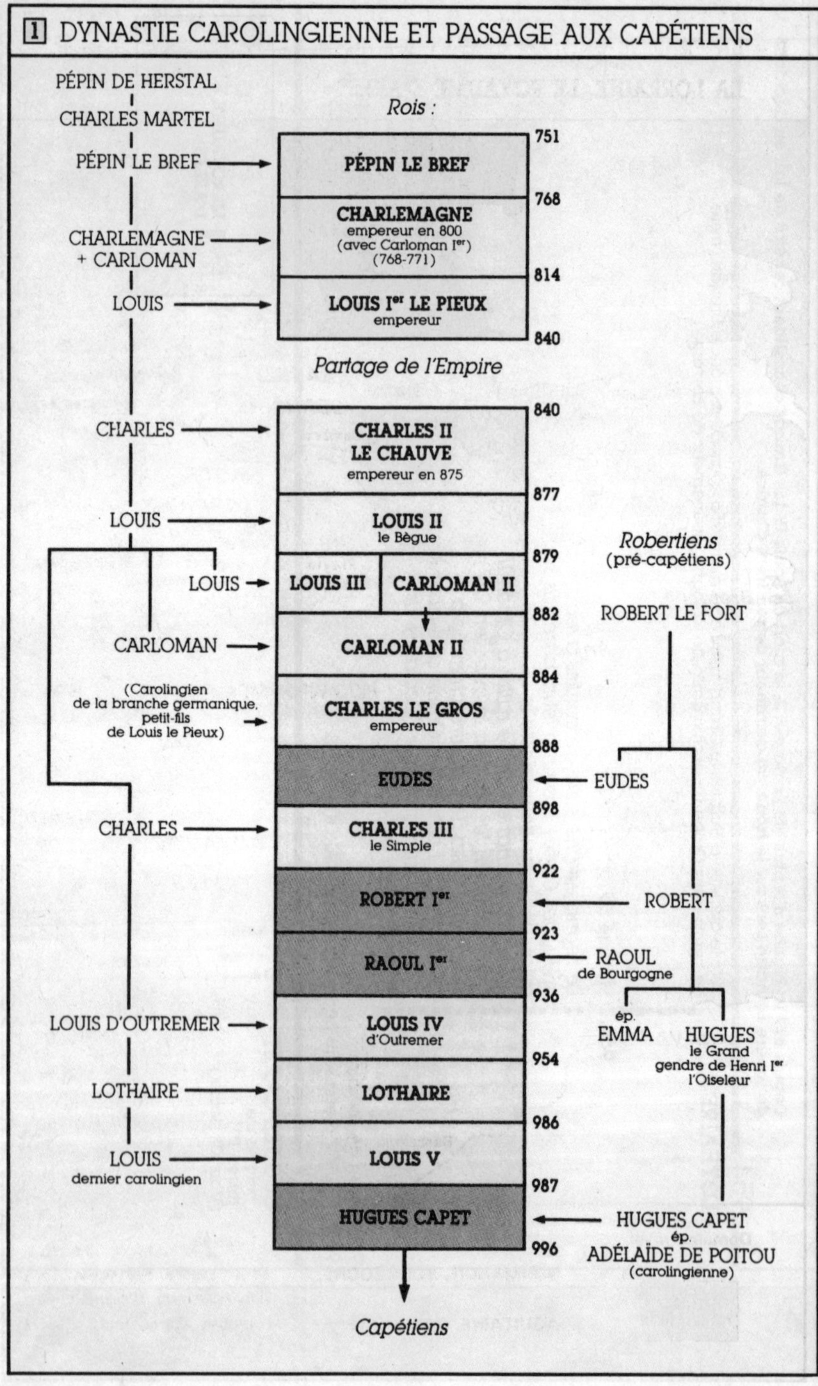
1 DYNASTIE CAROLINGIENNE ET PASSAGE AUX CAPÉTIENS
PÉPIN DE HERSTAL
CHARLES MARTEL
Rois :
751
PÉPIN LE BREF
PÉPIN LE BREF
768
CHARLEMAGNE
empereur en 800
(avec Carloman Ier)
(768-771)
CHARLEMAGNE
+ CARLOMAN
814
LOUIS
LOUIS Ier LE PIEUX
empereur
840
Partage de l'Empire
840
CHARLES
CHARLES II
LE CHAUVE
empereur en 875
877
LOUIS
LOUIS II
le Bègue
879
Robertiens
(pré-capétiens)
LOUIS
LOUIS III
CARLOMAN II
882
ROBERT LE FORT
CARLOMAN
CARLOMAN II
884
(Carolingien
de la branche germanique,
petit-fils
de Louis le Pieux)
CHARLES LE GROS
empereur
888
EUDES
EUDES
898
CHARLES
CHARLES III
le Simple
922
ROBERT Ier
ROBERT
923
RAOUL Ier
RAOUL
de Bourgogne
936
LOUIS D'OUTREMER
LOUIS IV
d'Outremer
ép.
EMMA
HUGUES
le Grand
gendre de Henri Ier
l'Oiseleur
954
LOTHAIRE
LOTHAIRE
986
LOUIS
dernier carolingien
LOUIS V
987
HUGUES CAPET
HUGUES CAPET
ép.
ADÉLAÏDE DE POITOU
(carolingienne)
996
Capétiens

1 – LA FRANCE EN L'AN 1000 ET LES PRINCIPAUX FIEFS. LA LORRAINE, LE ROYAUME D'ARLES.

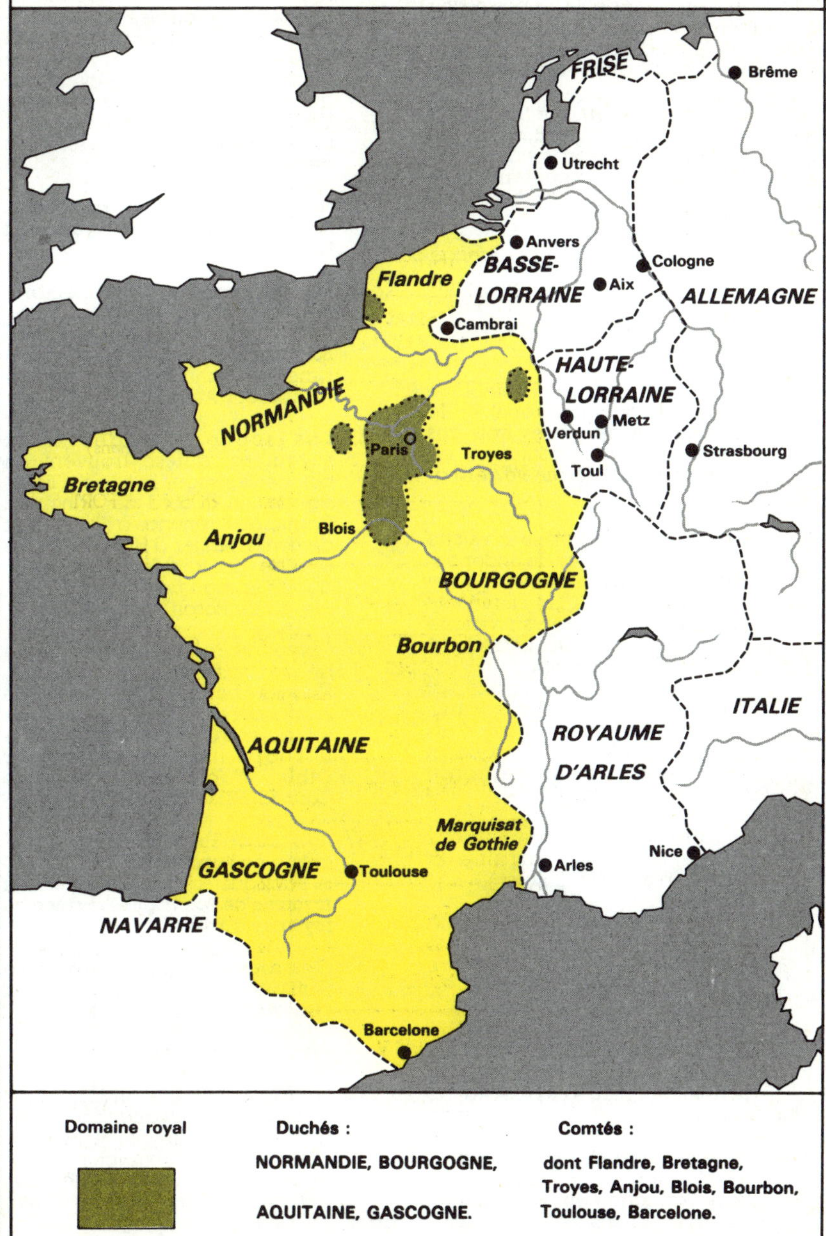

2 LA LUTTE POUR LA LORRAINE.

Tout au long du xᵉ siècle, la possession de la Lorraine – berceau des Carolingiens – continue d'être le principal sujet de conflit entre la France et la Germanie.

895 Entièrement germanique depuis le traité de Ribemont (880), elle est érigée en nouveau royaume de Lotharingie par l'empereur Arnulf pour ses deux fils, Zwentibolt puis Louis l'Enfant.

911 A la mort de celui-ci, dernier Carolingien germanique, les seigneurs lorrains se rallient spontanément au carolingien de France Charles le Simple.

922 Lorsqu'il est déposé et remplacé par le bourguignon Raoul Iᵉʳ, la Lorraine décide, après trois ans d'hésitation et de confusion, de revenir sous la suzeraineté germa-
925 nique.

928 Henri Iᵉʳ l'Oiseleur l'érige en duché jouissant d'une grande indépendance dont les Lorrains abusent aux yeux d'Othon Iᵉʳ qui intervient militairement : après sa victoire d'Andernach, il réduit le duché à
939 l'état de simple province.

953 Le gouvernement de la province est donné par Othon à son frère Bruno, archevêque de Cologne (et oncle du prochain roi de France dont il sera le tuteur).

959 La Lorraine est scindée en deux duchés de Haute-Lorraine et Basse-Lorraine (ou Lothier).

977 Othon II concède le Lothier à Charles (→ de Lorraine) pour le conforter dans son conflit contre son frère Lothaire.

984 Lothaire attaque la Haute-Lorraine et s'empare de sa principale place forte Verdun. Il meurt alors qu'il se prépare à conquérir le
986 Lothier.

987 Le nouveau roi de France Hugues Capet, qui n'a pas pour ce territoire l'attachement sentimental des Carolingiens, renonce officiellement à la Lorraine et rend Verdun à la Germanie.

3 LE ROYAUME D'ARLES.

879 Au moment du partage de la France entre Louis III et Carloman II, leur grand-oncle Boson (beau-frère de Charles le Chauve) fait sécession et crée le **royaume de Vienne** (ou Bourgogne cisjurane) qui s'appellera ensuite royaume de Provence. Cette autoproclamation est confirmée par l'assemblée de Mantaille.
Attaqué par Carloman, il doit réduire ses prétentions territoriales mais se maintient de Lyon à la Méditerranée.

888 Par ailleurs, lors du démembrement définitif de l'empire, Rodolphe 1ᵉʳ crée le **royaume de Haute-Bourgogne** (ou Bourgogne transjurane) reconnu *a posteriori* par l'empereur Arnulf.

932 Les souverains des deux royaumes, qui se trouvent en compétition pour le trône d'Italie, signent un accord de principe : Rodolphe II renonce à l'Italie mais devient l'héritier d'Hugues d'Arles (maître de fait de la Provence depuis la mort de Louis III l'Aveugle, fils de Boson).

937 Conrad le Pacifique (né la même année) succède à Rodolphe II. Hugues cherche par une double manœuvre matrimoniale à se substituer à Conrad mais se heurte à l'opposition de l'empereur Othon Iᵉʳ qui prend le jeune Conrad sous sa protection.

947 A la mort d'Hugues, et par l'application de l'accord de 932, Conrad le Pacifique se trouve à la tête du **royaume de Bourgogne-Provence** ou **royaume d'Arles.**

973 C'est sous son règne que le comte Guillaume d'Avignon réussit à chasser les Sarrasins de la Garde-Freynet où ils s'étaient installés un siècle auparavant.

993 Le royaume reste indépendant – dans la mouvance germanique – pendant les règnes de Conrad et de Rodolphe III. Ce dernier, mort sans héritier, lègue le royaume à l'empereur de Germa-
1032 nie Conrad II le Salique.

ONZIÈME XIe SIÈCLE

990 · **1000** · 1010 · 1020 · 1030 · 1040 · 1050 · 1060 · 1070 · 1080 · 1090 · **1100** · 1110

987

HUGUES CAPET
(Adélaïde de Poitou)

996

ROBERT II LE PIEUX
(Suzanne Bérenger)
(Berthe de Bourgogne)
(Constance d'Arles)

1031

HENRI Ier
(Mathilde)
(Anne de Kiev)

1060

PHILIPPE Ier
(Berthe de Hollande)
(Bertrade de Montfort)

1108

ANGLETERRE

Intégration dans le royaume de Danemark

Nouvelle dynastie saxonne
EDOUARD LE CONFESSEUR

GUILLAUME LE CONQUÉRANT

GUILLAUME II

SAINT-EMPIRE

OTHON III

HENRI II

CONRAD II LE SALIQUE

HENRI III

HENRI IV

ESPAGNE

NAVARRE
SANCHE III
GARCIA V
SANCHE IV

CASTILLE
FERDINAND Ier
SANCHE II
ALPHONSE VI

ARAGON
RAMIRE Ier
SANCHE Ier
PIERRE Ier

CATALOGNE

Début de la Reconquête

Sud : Dislocation du califat de Cordoue en plusieurs royaumes musulmans

990

987 HUGUES CAPET

élu contre le carolingien Charles de Lorraine

987 Lutte contre Charles de Lorraine
Conflit avec la papauté (archevêché de Reims)

987 Abandon de Verdun et renoncement à la Lorraine

996 Rebellion d'Eudes de Chartres et conflits entre vassaux

1000

996 ROBERT II LE PIEUX

La monarchie est désormais **HÉRÉDITAIRE ET INDIVISIBLE** 1

- *État pitoyable du royaume : famines, épidémies, chaos féodal, début du catharisme.*
- *Conflit avec la papauté dû aux démélés matrimoniaux du roi : le royaume est – un temps – frappé d'« interdit ».*
- *Mais Robert II, foncièrement bon, défend les faibles, renforce l'autorité royale et mène une action décisive pour l'avenir de la Bourgogne.*

1002–**1016** 2 **Intervention militaire en Bourgogne** (avec l'aide des Normands) qui sauve le duché des convoitises germaniques.

1010

1020

1022 Première exécution d'hérétiques cathares.

1030

1031 HENRI Ier

1039 Conflit de succession entre Henri Ier et son frère Robert (duc de Bourgogne).

Instauration par l'Église de la Paix de Dieu et de la Trêve de Dieu pour tenter de refréner les conflits féodaux.

L'EXPANSION NORMANDE :

1034 Le duc Robert le Magnifique soutient Henri Ier dans le conflit de succession ; il reçoit le Vexin français.

1033 Les frères de Hauteville débarquent en Italie : amorce du royaume des Deux-Siciles.

1035 Guillaume (futur le Conquérant) duc de Normandie

1047 Henri Ier aide Guillaume à vaincre au Val-des-Dunes une première révolte des barons normands. Mais, inquiet de la puissance grandissante de son vassal, il se retourne

1040

1050

1050

contre lui lors d'une seconde révolte : c'est la fin de l'alliance avec le plus fidèle soutien de la couronne.

1054 Défaites royales de Mortemer

1058 et de Varaville.

1060

1060

1066 Régence du comte Baudouin V de Flandre, oncle du roi

PHILIPPE Ier

1070

1068 Annexion du Gatinais et Valentinois.

1071 Intervention dans la succession du comte de Flandre : défaite de Cassel. Paix avec Robert le Frison : Philippe épouse sa nièce et récupère Corbie.

1080

L'agrandissement du domaine royal devient la préoccupation majeure de la dynastie.

1090

1092 Philippe Ier répudie sa première femme pour se remarier : excommunié jusqu'à sa soumission (1105) il reste étranger à la 1re croisade.

1100

1001 Acquisition du vicomté de Bourges et de Dun-le-Roi.

1063 Guillaume conquiert le Maine.

1060 Début de la conquête de la Sicile par Roger de Hauteville

1066 **CONQUÊTE DE L'ANGLETERRE FORMATION DE L'ÉTAT ANGLO-NORMAND** 3

REPRISE DE LA LUTTE CONTRE LES ANGLO-NORMANDS :

1076 Philippe Ier oblige Guillaume à lever le siège de Dol.

1078 Il soutient la révolte de Robert Courteheuse qui obtient de son père le gouvernement du duché (traité de Gerberoy).

1082 Le Vexin français – enjeu principal de la lutte – est définitivement annexé au royaume.

1087 Mort de Guillaume le Conquérant tué devant Mantes (les hostilités reprendront – contre les Anglo-Normands – au début du XIIe siècle).

1098 Fondation de l'abbaye de Citeaux

1096–1099 **1re CROISADE** 4

1106 Reprise des hostilités en Normandie contre les Anglo-Normands (voir XIIe siècle). 5

1108

1110

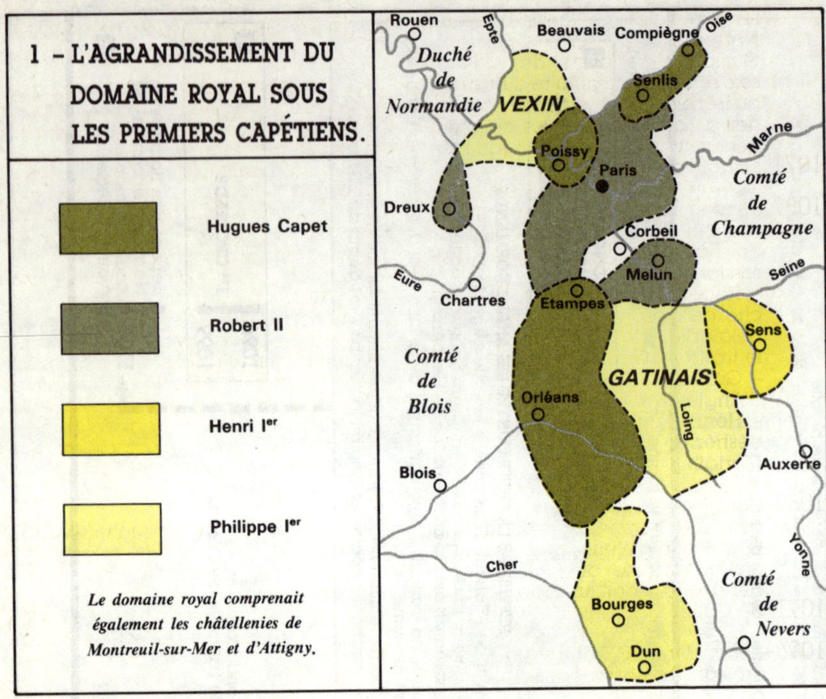

▮1 LA MONARCHIE EST DÉSORMAIS HÉRÉDITAIRE ET INDIVISIBLE.

Robert le Pieux a été associé au trône par son père et couronné dès 987 : c'est le fait accompli. Mais si la monarchie devient ainsi **héréditaire** en fait, elle restera élective en droit pendant deux siècles (jusqu'à Philippe Auguste).

Le principe de l'**indivisibilité** n'a pas à être invoqué pour Robert le Pieux, fils unique, mais celui-ci en fera la règle pour sa propre succession en faveur de Henri Ier, ce qui d'ailleurs provoquera un conflit avec son frère Robert. Ultérieurement ce principe ne sera plus contesté.

Quant à l'**éviction des femmes,** c'est d'abord une règle tacite qui paraît toute naturelle, du moins quand le roi défunt a un fils. La chose serait moins évidente s'il n'avait que des filles : aussi attendra-t-on que le cas se présente – trois siècles plus tard, en 1316 – pour faire de la primogéniture masculine la règle explicite, avec comme justification juridique une interprétation erronée de la vieille loi salique.

▮2 INTERVENTION EN BOURGOGNE.

En revendiquant l'héritage de son oncle Henri (mort sans héritier) contre le beau-fils Otte-Guillaume, Robert le Pieux évite que la Bourgogne ne bascule dans l'orbite germanique.

Le duché est donné à son deuxième fils Henri, ultérieurement à son troisième fils Robert, et restera le fief de ses descendants jusqu'à l'extinction de leur lignée en 1361.

▮3 LA CONQUÊTE DE L'ANGLETERRE PAR GUILLAUME LE CONQUÉRANT. L'ÉTAT ANGLO-NORMAND.

1066 La succession d'Edouard le Confesseur, mort sans héritier, provoque un conflit entre son cousin Guillaume de Normandie – qui se prétend l'héritier désigné – et son beau-frère Harold. Ce dernier élimine d'abord, par sa victoire de Stamfordbridge, un troisième pré-

tendant, son frère Torstig allié aux Norvégiens.
Guillaume débarque dans le Sussex, remporte la victoire d'**Hastings** où Harold est tué, et se fait couronner à Londres. Dans les cinq années suivantes il est maître de l'en-
1071 semble du royaume.

1087 En mourant, Guillaume le Conquérant défait lui-même l'union anglo-normande en partageant ses possessions entre ses fils :
- Robert Courteheuse reçoit le duché de Normandie, dont il avait déjà obtenu le gouvernement par le traité de Gerberoy (1078).
- Guillaume le Roux devient roi d'Angleterre.
- Henri Beauclerc, pratiquement déshérité, n'a que le comté de Mortain.

1089 Conflit entre les frères : Robert, vaincu à Dorchester, abandonne le Cotentin à Henri, puis, menacé en Normandie où Guillaume a débarqué, il doit lui céder le pays
1091 de Caux.

1096 Réconciliation, Robert part à la croisade en engageant son duché à Guillaume.

1100 A la mort de Guillaume et en l'absence de Robert, Henri reprend l'ensemble des possessions de son père : l'état anglo-normand est reconstitué.

1106 Robert qui, à son retour, a tenté de supplanter son frère, est définitivement vaincu et fait prisonnier à Tinchebray.

Son fils Guillaume Cliton, avec l'appui de la France, va tenter en vain jusqu'à sa mort (1128) de récupérer le duché de son père (voir XII²).

La Normandie ne sera reconquise par la France qu'en 1204, et l'Angleterre n'y renoncera officiellement qu'au traité de Paris en 1259.

4 LA PREMIÈRE CROISADE.

1095 L'appel à la croisade pour la délivrance des Lieux saints est lancée au concile de Clermont par le pape Urbain II. Elle est prêchée principalement par Pierre l'Hermite. Deux expéditions différentes se succèdent :

1096 La **Croisade populaire** part la première sous la conduite de Pierre l'Hermite et de Gautier sans Avoir. Une multitude de pèlerins à peine armés, indisciplinés, rapidement malades et affamés, traversent l'Europe en massacrant les Juifs et en pillant pour survivre. Parvenus difficilement à Constantinople, dix mille rescapés passent en Anatolie où ils sont anéantis par les Seldjoukides.

1097 La vraie croisade, ou **Croisade des barons,** est constituée par quatre armées (30 000 hommes) qui convergent sur Constantinople par des itinéraires différents, sous les ordres de chefs éprouvés : Godefroi de Bouillon duc de Lorraine, Baudoin de Flandre, Hugues de Vermandois frère du roi de France, Robert Courteheuse duc de Normandie, Raymond de Toulouse, Bohemond de Tarente. Après la prise de Nicée et une première victoire à Dorylée, une campagne de deux ans les mène à la prise d'Antioche, d'Edesse et
1099 enfin de Jérusalem.

Dépassant leur objectif initial, et nonobstant la promesse faite aux Byzantins de leur remettre les territoires conquis, les croisés organisent un état latin féodal : le royaume de Jérusalem. Il inclut la principauté d'Antioche, les comtés d'Edesse et de Tripoli, sous l'autorité de Godefroi de Bouillon, puis après sa mort (1100) de son frère Baudoin.

5 ROIS D'ANGLETERRE (dynastie anglo-normande-angevine)

Dynastie anglo-normande :

GUILLAUME LE CONQUÉRANT (1066 - 1087)

- ROBERT COURTEHEUSE, duc de Normandie
  - GUILLAUME CLITON († 1128)
- **GUILLAUME II LE ROUX** (1087 - 1100)
- **HENRI Ier BEAUCLERC** (1100 - 1135)
  - MATHILDE, héritière légitime, ép. GEOFFROY PLANTAGENÊT
- ADÈLE, ép. Etienne de Blois
  - **ETIENNE** (1135 -1154)
    - EUSTACHE († 1153)

Dynastie anglo-normande-angevine :

HENRI II PLANTAGENÊT (1154 - 1189), ép. ALIÉNOR D'AQUITAINE

- HENRI LE JEUNE († 1183)
- **RICHARD CŒUR DE LION** (1189 - 1199)
- GEOFFROY, duc de Bretagne († 1186)
  - ARTHUR, duc de Bretagne († 1203)
- **JEAN SANS TERRE** (1199 - 1216)
  HENRI III (1216 - 1272)
  EDOUARD Ier (1272 - 1307)
  EDOUARD II (1307 - 1327)
  EDOUARD III (1327 - 1377)
  RICHARD II (1377 - 1399)

Fin de la dynastie anglo-normande-angevine →

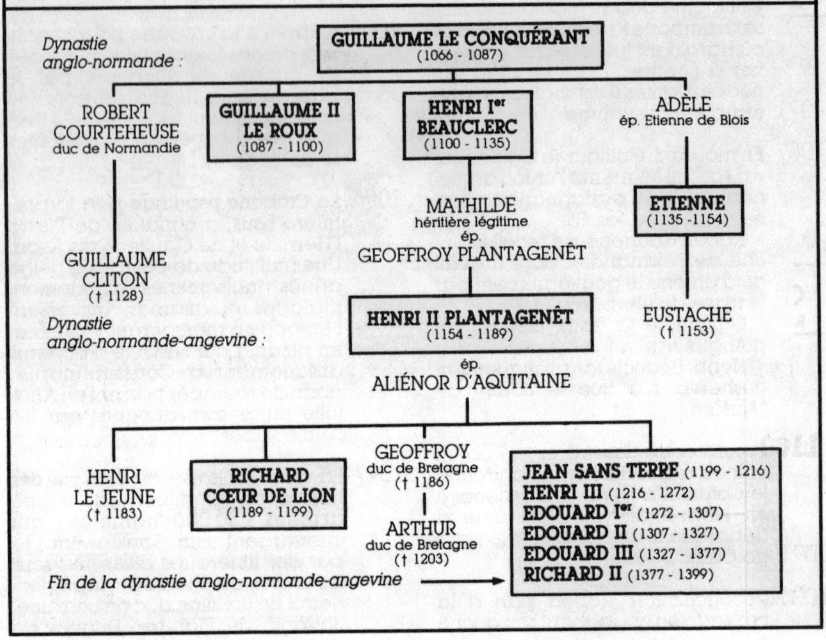

2 – EXPANSION DE L'ORDRE DE CLUNY (règle bénédictine) AUX Xe ET XIe SIÈCLES.

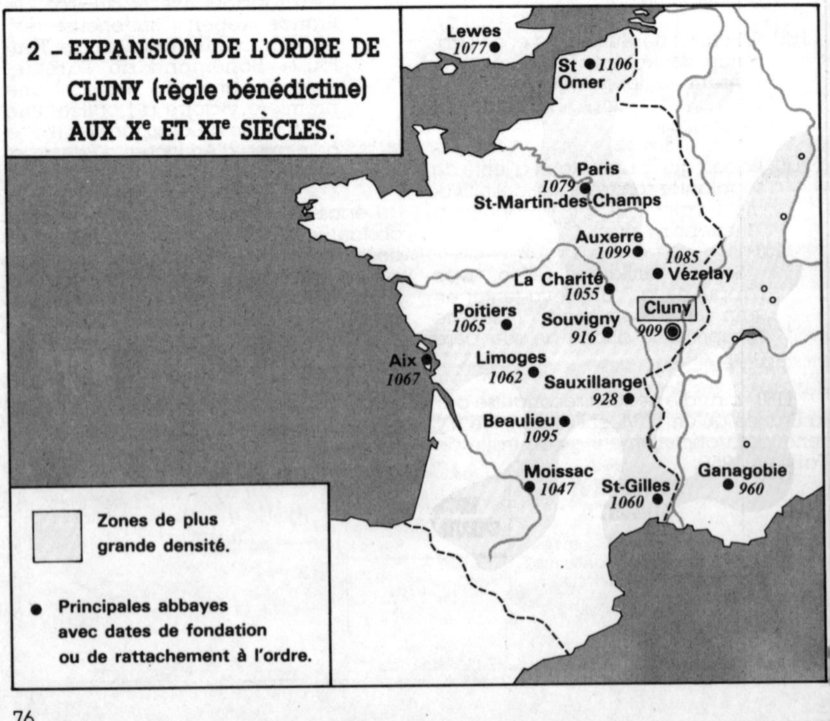

DOUZIÈME XIIe SIÈCLE

		ANGLETERRE	SAINT-EMPIRE	ESPAGNE
1090				Nord : NAVARRE Rattachement provisoire à l'Aragon puis **GARCIA V** **SANCHE VI** CASTILLE **ALPHONSE VI** **URRAQUE** **ALPHONSE VII** Détachement du Portugal **SANCHE III** **ALPHONSE VIII** ARAGON **PIERRE Ier** **ALPHONSE Ier** **RAMIRE II** **PÉTRONILLE** (Fusion Catalogne Aragon) **ALPHONSE II** **PIERRE II** RECONQUÊTE Sud : Occupation musulmane
1100	**PHILIPPE Ier**			
	1108			
1110	**LOUIS VI LE GROS**		**HENRI V**	
1120	(Lucienne de Rochefort) (Adélaïde de Savoie)	**HENRI Ier**		
1130			**LOTHAIRE II**	
	1137			
1140		**ETIENNE**	**CONRAD III**	
1150	**LOUIS VII**			
1160	(Aliénor d'Aquitaine) (Constance de Castille) (Adèle de Champagne)			
1170		**HENRI II PLANTAGENÊT**	**FRÉDÉRIC Ier BARBEROUSSE**	
1180	1180			
1190	**PHILIPPE II AUGUSTE**	**RICHARD I CŒUR DE LION**	**HENRI VI**	
1200	(Isabelle de Hainaut) (Ingeburge de Danemark) (Agnès de Méranie)			
1210				

1090

PHILIPPE Ier
(Voir aussi XIe siècle.)

1100

1101 Acquisition du vicomté de Bourges et de Dun-le-Roi.

1108
LOUIS VI LE GROS

1110

1 *Sa politique intérieure fait de Louis VI le premier grand Capétien.*

1120

1129 Suger – abbé de St-Denis – devient conseiller de Louis VI puis Louis VII (jusqu'en 1151). Il met en place une administration centralisée.

1130

1137
LOUIS VII qui vient d'épouser ALIÉNOR D'AQUITAINE

1140

1141
1143 Conflit avec Innocent II, soutenu par Thibaud de Champagne (au sujet de la nomination de l'archevêque de Bourges et du mariage de la sœur de la reine). Louis VII brûle Vitry : le repentir l'incite à se croiser. Suger régent pendant l'absence du roi.

1150

1098 Fondation de l'abbaye de Citeaux.

1115 Saint Bernard fonde l'abbaye cistercienne de Claivaux.

1127
1128 Succession de Flandre : intervention malheureuse de Louis VI. Son candidat Guillaume Cliton est tué.

1096
1099 **PREMIÈRE CROISADE** XI[4]

1106 Début de la « Ire guerre de Cent Ans » **2**

CONFLIT ANGLO-NORMAND-FRANÇAIS pour la possession de la Normandie et de la Bretagne.

1128 Mathilde, héritière présomptive de la cour d'Angleterre, épouse Geoffroy Plantagenêt, comte d'Anjou.

1144 Geoffroy Plantagenêt conquiert la Normandie : Louis VII le reconnaît comme duc.

1147
1149 **DEUXIÈME CROISADE** **3**

1150 · 1160 · 1170 · 1180 · 1190 · **1200** · 1210

1152 Le concile de Beaugency annule le mariage avec Aliénor qui épouse →

1154 Henri Plantagenêt devient roi d'Angleterre : Henri II. **4**

1155 Charte de Lorris (communes paysannes)

Début des ordonnances : elles vont renforcer l'autorité royale et contribuer à l'unification du pays.

1165 La naissance de Philippe Auguste, en assurant l'avenir de la dynastie, conforte la position de Louis VII.

Apogée des foires de Champagne (Troyes, Provins, Lagny, Bar-sur-Aube). Rendez-vous des marchands français, flamands, anglais, allemands, italiens.

5 *Lutte d'influence entre Louis VII et Henri II d'Angleterre et ses fils :*
- *Henri le Jeune, roi d'Angleterre,*
- *Richard, duc d'Aquitaine,*
- *Geoffroy, duc de Bretagne,*
- *Jean sans Terre.*

1180

PHILIPPE II AUGUSTE

1185 Philippe Auguste doit s'imposer à une coalition féodale dirigée par le comte de Flandre. L'accord d'Amiens renforce son implantation dans la vallée de la Somme.

1187 Reprise de la guerre mais elle est interrompue par la 3e croisade.

1189 1192 **TROISIÈME CROISADE** **6**

1190 1191 Le roi participe à la croisade. Le testament de Philippe Auguste limite le pouvoir des régents (sa mère et son oncle) par un conseil de bourgeois et généralise l'institution des baillis.

1194 1199 **GUERRE CONTRE RICHARD CŒUR DE LION** **7**

1197 Échec d'une campagne en Flandre

1199 1200 Philippe Auguste est excommunié pour son troisième mariage et le royaume est frappé d'« interdit ».

1200 Traité de Péronne : partage de la Flandre

1 L'ŒUVRE DE LOUIS VI LE GROS.

Elle est caractérisée par l'affermissement du pouvoir royal :

- soumission par les armes des vassaux rebelles et pillards qui paralysaient le domaine royal (Montlhéry, le Puiset, Crécy, Coucy),
- développement des communes, au détriment des seigneuries laïques et ecclésiastiques.

Le crédit moral de la Couronne en est rehaussé et le sentiment national commence à émerger de la féodalité.

Parallèlement, la nouvelle sécurité des routes et des voies d'eau favorise l'essor du commerce.

Mais la guerre contre Henri Ier d'Angleterre, pour la reprise de la Normandie, va durer en vain tout le règne (note 2).

2 LE CONFLIT ANGLO-NORMAND-FRANÇAIS POUR LA POSSESSION DE LA NORMANDIE ET DE LA BRETAGNE.

Henri Ier (Beauclerc) d'Angleterre, débarrassé de ses frères, et qui a récupéré pour lui seul la totalité de l'État anglo-normand de son père Guillaume (note XI3), se trouve face au nouveau roi de France Louis VI le Gros. Il refuse de lui rendre « l'hommage » qu'il lui doit en tant que duc de Normandie : c'est l'équivalent d'une déclaration de guerre. Celle-ci va durer vingt-cinq ans.

1109 Henri Ier s'empare de Gisors. Après quatre ans de luttes indécises, le traité de Gisors accorde à Henri la suzeraineté sur la Bretagne
1113 et le Maine.

1116 Reprise des combats dans les vallées de la Seine et de l'Eure, puis dans le Vexin, mais Louis VI battu à Brémule doit se retirer. L'intervention du pape Calixte II conduit
1120 à la signature d'une trêve.

1123 Les hostilités reprennent contre une coalition de l'Angleterre et de l'Allemagne : l'empereur Henri V envahit la Champagne mais se
1124 retire sans combattre.

1135 Mort d'Henri Ier.

Par l'intermédiaire de son héritière Mathilde et au terme d'une crise de succession, la dynastie anglo-normande va être remplacée par celle des angevins Plantagenêt.

3 LA 2e CROISADE.

Après la chute d'Edesse (1144), le pape Eugène III, encouragé par Louis VII, appelle à la croisade qu'il fait prêcher par Bernard de Clairvaux (Vézelay 1146). Forte de plus de 100 000 hommes, elle est conduite par Conrad III et Louis VII (accompagné par la reine Aliénor).

1147 Les deux souverains s'opposent sur la politique à suivre vis-à-vis de Byzance et les deux armées se séparent en Anatolie :
- Conrad III, vaincu à Dorylée, revient à Constantinople et s'embarque pour St-Jean-d'Acre.
- Louis VII, harcelé sur tout son parcours (défaite de Pisidie) parvient difficilement à Attalia et s'embarque pour Antioche. En désaccord avec Raymond d'Antioche qui voudrait reprendre Edesse, il rejoint Conrad à St-Jean-d'Acre et Jérusalem.
Deux échecs contre Damas et Ascalon terminent l'expédition, dé-
1149 sastreuse de bout en bout.

(C'est au cours de cette croisade que la mésentente entre Louis VII et Aliénor dégénère en crise ouverte – adultère d'Aliénor ? –. A leur retour le roi fait annuler le mariage pour cause de « consanguinité ».)

4 L'ASCENSION DE HENRI PLANTAGENÊT.

Avec l'entrée en scène de la famille Plantagenêt, s'ouvre une phase capitale de l'histoire de France et d'Angleterre, qui durera un siècle. Un siècle de luttes d'influence, de conflits feutrés ou de guerre ouverte que l'on appellera parfois la « 1re guerre de Cent Ans ». Elle débute par l'ascension de Henri Plantagenêt.

1128 Mathilde, fille et héritière présomptive d'Henri Ier d'Angleterre, épouse le comte d'Anjou Geoffroy Plantagenêt. Leur fils Henri naît
1133 cinq ans plus tard.

1135 A la mort de son père, Mathilde est écartée du trône par son cousin

Étienne de Blois qui est proclamé roi. Après plusieurs années de lutte elle parvient à récupérer sa couronne mais pour la perdre à nouveau, chassée cette fois par les barons anglais dont elle a perdu
1148 le soutien.

1144 Dans l'intervalle, son mari Geoffroy reconquiert toute la Normandie : Louis VII entérine le fait accompli en lui accordant le duché.

1150 Henri reçoit de son père le duché de Normandie, et l'année suivante, à la mort accidentelle de
1151 Geoffroy, il devient comte d'Anjou.

1152 Il épouse Aliénor d'Aquitaine dont le mariage avec Louis VII vient d'être annulé.

1153 Étienne d'Angleterre, venant de perdre son fils unique, règle son différend avec les Plantagenêt en reconnaissant Henri comme son héritier.

1154 A sa mort, Henri devient roi d'Angleterre (Henri II).

5 LE FACE A FACE LOUIS VII -HENRI II D'ANGLETERRE.

En 1154 la nouvelle dynastie anglo-angevine se trouve à la tête d'un domaine continental considérable (environ le tiers de la France d'alors), ce qui constitue une menace pour la dynastie française, mais non un motif légitime de guerre, car ce domaine s'est formé par le jeu normal des règles féodales (à l'exception du remariage d'Aliénor conclu sans le consentement de son suzerain ex-mari).

Le conflit chronique qui oppose Louis VII et Henri II est essentiellement une lutte d'influence où chacun essaye de débaucher les vassaux de l'autre et profite de chaque occasion pour le mettre en difficulté. Il dégénère souvent en affrontements militaires, toujours localisés et vite étouffés. La règle féodale continue de s'imposer, aucun n'osant vis à vis de ses vassaux prendre le risque d'une guerre ouverte. Les deux rois entretiennent des relations permanentes, se rencontrent, préparent l'avenir par des mariages : cette mésentente cordiale aboutit à l'ultime réconciliation de Nonencourt (1177).

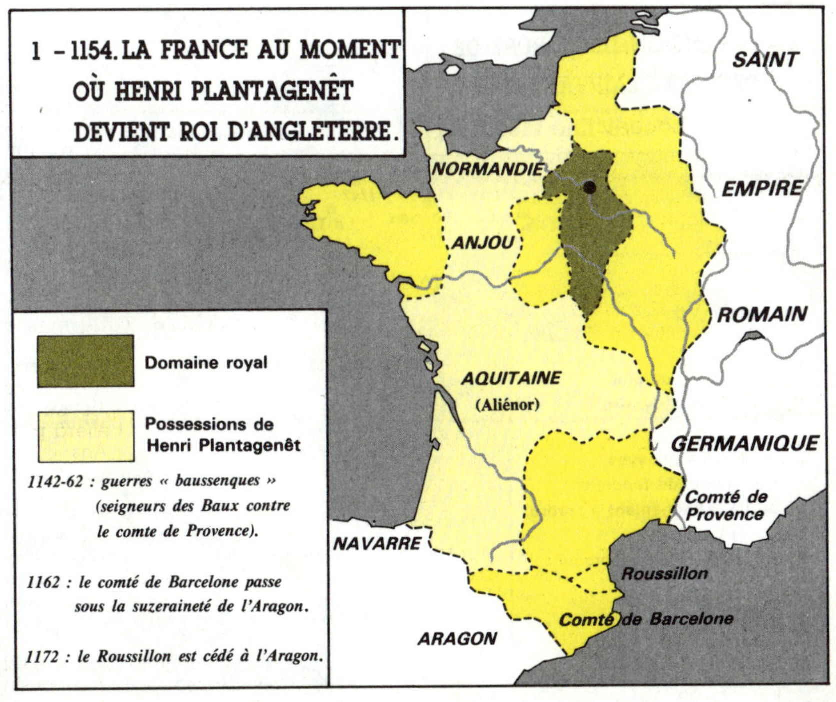

6 LA 3e CROISADE.

Écrasés par Saladin à Hattin, les Francs ont perdu Jérusalem (1187) et presque toutes leurs possessions. Alors que Guy de Lusignan, dernier roi de Jérusalem, commence le siège de St-Jean-d'Acre, une croisade s'organise en Europe.

1189 L'empereur d'Allemagne Frédéric Barberousse, parti le premier, remporte la victoire d'Iconium, mais se noie peu après.
Les rois de France Philippe Auguste et d'Angleterre Richard Cœur de Lion arrivent par mer : leur renfort permet d'enlever St-Jean-d'Acre.
Philippe Auguste malade ayant regagné la France, Richard reste le seul chef de la croisade. D'abord victorieux à Arsouf et Jaffa, il échoue devant Jérusalem et négocie avec Saladin : les Francs gardent un territoire côtier de Tyr à Jaffa – le royaume d'Acre – et obtiennent la liberté de pèleri-
1192 nage à Jérusalem.

7 LA GUERRE CONTRE RICHARD CŒUR DE LION.

Dix ans après la réconciliation de Nonencourt (note 5) le nouveau roi de France Philippe Auguste s'était décidé à attaquer Henri II et, au traité de Colombiers, avait obtenu la cession du Berry et de l'Auvergne. Il avait alors comme allié Richard, en révolte contre son père, mais qui lui succède en 1189.

Les deux rois participent à la 3e croisade (note 6) : dès leur retour la guerre reprend entre les ex-alliés.

1194 Philippe Auguste est battu à Freteval. Le pape impose la trêve d'Issoudun.
1198 Nouvelle défaite française à Courcelles, mais l'année suivante Richard est tué au siège de Chalus et le traité du Goulet donne à la France le Vexin normand, l'Evre-
1200 çin et le Berry occidental.

Ce n'est qu'une trêve de plus, et les hostilités reprendront avec plus d'ampleur contre le nouveau roi Jean sans Terre (note XIII2).

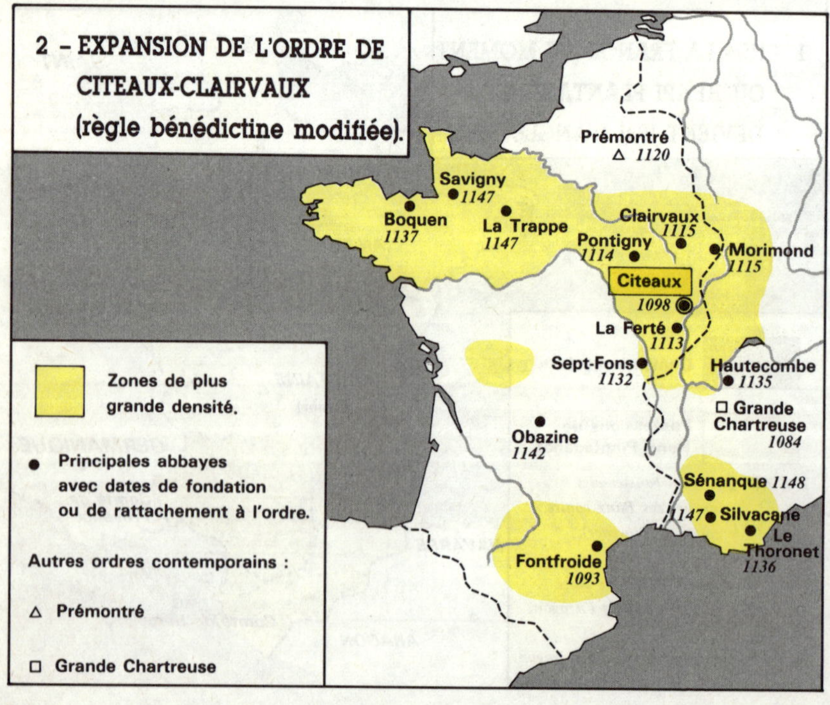

TREIZIÈME

SIÈCLE

		ANGLETERRE	SAINT-EMPIRE	ESPAGNE
1190				Nord :
1200	**PHILIPPE II AUGUSTE** (Isabelle de Hainaut) (Ingeburge de Danemark) (Agnès de Méranie)		**PHILIPPE DE SOUABE**	NAVARRE **SANCHE VII** **THIBAUT Ier** **THIBAUT II**
1210		**JEAN SANS TERRE**	**OTHON IV**	**HENRI Ier** **JEANNE Ire** **+ PHILIPPE LE BEL**
1220	1223 **LOUIS VIII** (Blanche de Castille) 1226			CASTILLE **ALPHONSE VIII**
1230			**FRÉDÉRIC II**	**BÉRENGÈRE** **+ ALPHONSE IX** **FERDINAND III**
1240				**ALPHONSE X** **SANCHE IV** **FERDINAND IV**
1250	**LOUIS IX** (Marguerite de Provence)	**HENRI III**	**CONRAD IV**	ARAGON **PIERRE II** **JACQUES Ier**
1260				**PIERRE III** **ALPHONSE III** **JACQUES II**
1270	1270 **PHILIPPE III LE HARDI** (Isabelle d'Aragon) (Marie de Brabant) 1285		GRAND INTERRÈGNE	RECONQUÊTE
1280				Sud : Occupation musulmane réduite au royaume de Grenade
1290		**EDOUARD Ier**	**RODOLPHE Ier DE HABSBOURG**	
1300	**PHILIPPE IV LE BEL** (Jeanne de Navarre)		**ADOLPHE DE NASSAU**	
1310				

1190 · 1200 · 1210 · 1220 · 1230 · 1240 · 1250

PHILIPPE AUGUSTE (suite)

- *Quadruplement du domaine royal.*
- *Renforcement des communes. Assainissement de la trésorerie.*
- *Les sénéchaux féodaux deviennent des agents royaux.*
- *Réorganisation de l'Université de Paris.*
- *Fortification des villes.*

Fondation et rayonnement des ordres mendiants :
- *Franciscains (Assise),*
- *Dominicains (Toulouse).*

QUATRIÈME CROISADE [1]

1202
1204

GUERRE CONTRE JEAN SANS TERRE [2]

1202

1206 Trève de Thouars puis

Coalition Jean sans Terre + Othon IV + comte de Flandre + comte de Boulogne

1214 Victoire de **Bouvines.** Échec en Angleterre.

1217 Traité de Lambeth.

CROISADE CONTRE LES ALBIGEOIS [3]

1208 Assassinat du légat du pape

1213 Victoire de Muret sur Pierre II d'Aragon venu aider le comte de Toulouse.

1226 Participation personnelle de Louis VIII à la croisade

1229 Traité de Meaux : fin du conflit politique.

1244 Chute de Montségur

1223
LOUIS VIII
1226

1224 Mouvement séditieux en Poitou. Prise de Niort et La Rochelle.

1226 Première régence de BLANCHE DE CASTILLE

1234 Majorité de **LOUIS IX** qui laisse encore pendant huit ans le gouvernement à sa mère.

1242

1227 Henri III d'Angleterre soutient en vain une première révolte (dont P. Mauclerc duc de Bretagne)

1234 puis une seconde (Hugues de Lusignan + Raymond de Toulouse) : il est vaincu à Taillebourg.

1241 Soumission d'Hugues

1243 Paix de Lorris avec Raymond. Trève avec Henri III.

1248 Départ de Louis IX à la croisade. Seconde régence de Blanche de Castille.

1250 Révolte populaire des **Pastoureaux** contre nobles, clergé, Juifs.

SEPTIÈME CROISADE [1]

1248

1250 · 1260 · 1270 · 1280 · 1290 · **1300** · 1310

1252 Mort de Blanche de Castille

- *Institution du Parlement et de la Chambre des comptes.*
- *Fondation de la Sorbonne.*
- *Nombreuses ordonnances pour assurer l'ordre public.*
- *Surveillance des agents royaux (baillis + sénéchaux) par des enquêteurs.*

1254 Retour de Louis IX

- *Le règlement des grands conflits extérieurs confère à Louis IX en Europe un prestige considérable.* →

4
1258 Traité de Corbeil / Aragon
1259 Traité de Paris / Angleterre

1
HUITIÈME ET DERNIÈRE CROISADE
1270 Mort de Louis IX à Tunis

1270

PHILIPPE III LE HARDI

1275 Tension avec l'Aragon quand la Navarre passe sous tutelle française.
Le règne s'achève par la désastreuse campagne d'Aragon. →

5
1266 Charles d'Anjou est investi par le pape du royaume de Naples-Sicile.
LES ANGEVINS AU ROYAUME DE NAPLES-SICILE ET LA GUERRE CONTRE L'ARAGON
1282 Vèpres siciliennes
1285 Guerre contre l'Aragon
1287 Paix avec Alphonse III d'Aragon
1291 et traité de Tarascon

1274 Cession du comtat Venaissin à la papauté.

1285

PHILIPPE IV LE BEL
Premier roi français de Navarre

- *Diversification des organes de gouvernement.*
- *Premières réunions des « états du royaume » (futurs états généraux).*
- *Lutte contre l'immixion de la papauté dans les affaires de l'État et limitation de l'Inquisition.* →
- *Raffermissement de la notion d'État contre la mentalité féodale.*
- *Mais expédients financiers (confiscation / Juifs, Lombards).*

1291 Chute de St-Jean d'Acre. Fin des États latins d'Orient.

6
1295 **CONFLITS AVEC LA PAPAUTÉ** (Boniface VIII)
1303 Expédition d'Anagni
1305 Règlement avec Clément V

7
1307–1314 **AFFAIRE DES TEMPLIERS**

8
1292–1299 **GUERRE CONTRE L'ANGLETERRE ET LA FLANDRE**
1302 Matines de Bruges
NOUVELLE RÉVOLTE DE LA FLANDRE
1312 Traité de Pontoise dit Transport de Flandre

1314

1 LES DERNIÈRES CROISADES.

4e Croisade.

1202 Elle est conduite par Bernard de
Montferrat, Baudoin de Flandre et
Villehardouin. Venise parvient à
la détourner à son profit contre
Zara puis contre l'Empire byzantin.
Après la prise et le sac de Constan-
tinople, l'empire est partagé entre
1204 Vénitiens et croisés.

Le nouvel Empire latin de Constantinople, mosaïque féodale sur le modèle occidental, subsistera jusqu'à la reprise de la ville par les Byzantins (1261).

1212 Pour mémoire : Croisade des enfants.

5e Croisade. (Pas de participation française en raison de la croisade contre les Albigeois).

1217 Elle est composée d'Allemands et
de Hongrois. Échec contre le Mont
Thabor puis prise de Damiette.
Mais une défaite dans le delta du
Nil et la crue du fleuve contrai-
1221 gnent les croisés à la retraite.

6e Croisade. (Pas de participation française en raison de la croisade contre les Albigeois).

1228 Elle est conduite par l'empereur Frédéric II : il compose avec les musulmans et, par le traité de Jaffa, monnaye la restitution pour dix ans de Jérusalem, Bethléem, Nazareth et Sidon.

1239 D'autres croisés (Richard de Cornouailles) obtiennent le renouvel-
lement du traité.
Jérusalem est reperdue définitive-
1244 ment.

7e Croisade.

1248 Essentiellement française, elle est
dirigée par Louis IX contre
l'Égypte maîtresse des Lieux saints.
Prise de Damiette puis marche sur
Le Caire : bataille indécise de la
Mansourah, épidémie, retraite et
capitulation. Libéré seul contre la
remise de Damiette, Louis IX
gagne St-Jean-d'Acre et rachète
1250 la libération de ses troupes.
Après la signature d'une trêve de
dix ans, Louis IX demeure en Palestine et ne rentre en France qu'à
l'annonce de la mort de Blanche
1254 de Castille.

8e Croisade.

La chute d'Antioche (1268) décide Louis IX à repartir en croisade. A l'instigation de son frère Charles d'Anjou, roi de Sicile, il veut prendre d'abord le contrôle de la Tunisie.

1270 Siège de Tunis. Une épidémie ravage l'armée : mort de Louis IX. Charles d'Anjou monnaye l'évacuation du pays.

2 LA GUERRE CONTRE JEAN SANS TERRE.

Prenant prétexte d'un conflit féodal mineur, Philippe Auguste condamne Jean sans Terre à la confiscation de ses fiefs et se prépare à engager les hostilités. Il a comme allié le jeune Arthur, duc de Bretagne, spolié à la mort de son oncle Richard Cœur de Lion.

1202 Campagnes en Normandie et dans la vallée de la Loire. Jean sans Terre capture Arthur qui meurt en prison (assassiné ?).

1204 La prise par Philippe Auguste de Château-Gaillard puis de la Normandie entraîne le ralliement de l'Anjou, du Poitou et de la Saintonge.

1206 Prise de Nantes, puis trêve de Thouars.

Mettant à profit des maladresses commises par Philippe Auguste dans les Flandres, Jean sans Terre parvient à former contre lui une coalition avec l'empereur Othon IV, les comtes de Flandre et de Boulogne.

1214 Jean sans Terre débarque à La Rochelle et remonte vers le Nord : il est battu par le prince Louis à La Roche-aux-Moines (Angers). Quelques jours plus tard Philippe Auguste remporte sur les autres coalisés la victoire de **Bouvines**.

1216 Les barons anglais, révoltés contre Jean sans Terre au sujet de la Grande Charte, proposent la couronne au prince Louis : il débar-

que en Angleterre mais la mort du
roi retourne les barons contre lui.
Par le traité de Lambeth il mon-
1217 naye l'évacuation du pays.

Les Anglais ne tiennent plus que la Guyenne que Louis VIII tentera en vain de reprendre en 1224. De son côté le successeur de Jean sans Terre, Henri III, fera à diverses occasions (1227, 1241) des tentatives sans envergure pour récupérer ses anciens fiefs et aboutir, de trêve en trêve, à la paix du traité de Paris (1259).

3 LA CROISADE CONTRE LES ALBIGEOIS.

L'hérésie cathare d'origine orientale, apparue en France vers l'an 1000, a pris en deux siècles des proportions considérables dans le Midi, sapant la domination spirituelle de l'Église. Doctrine asociale par essence, elle constitue également une menace pour le pouvoir politique. Le soutien que lui apportent le comte de Toulouse et ses vassaux ajoute des risques de sécession féodale et d'intervention étrangère : tous les éléments d'un conflit majeur sont réunis lorsqu'en 1208 l'assassinat de Pierre de Castelnau, légat du pape, déclenche la croisade contre les infidèles de l'intérieur. Elle est lancée par Innocent III, prêchée puis dirigée par l'abbé de Citeaux Arnaud Amaury. Philippe Auguste, réticent, se contente d'autoriser ses vassaux à y participer.

1re période : Simon de Montfort contre Raymond VI.

1209 Le comte de Toulouse Raymond VI
ayant fait, provisoirement,
amende honorable, les croisés attaquent d'abord son principal vassal Roger Trencavel (prise de Béziers, Carcassonne, Narbonne)
puis Raymond VI lui-même, battu
à Castelnaudary. Conquête de
1212 l'Agenais et du Comminges.

1213 Raymond VI appelle à l'aide son beau-frère et co-suzerain Pierre II d'Aragon : ils sont vaincus par Simon à Muret.

1215 Prise de Toulouse. Philippe Auguste investit Simon de tous les fiefs
1216 conquis.

1217 Toulouse se révolte : Simon est tué
en assiégeant la ville. Raymond et
Trencavel récupèrent toutes leurs
terres. Une intervention trop brève
du prince Louis se solde par la
1219 prise de Marmande.

1222 Mort de Raymond VI.

2e période : Louis VIII et Blanche de Castille contre Raymond VII : la croisade royale.

1224 Le don à la Couronne, par Amaury
de Montfort fils de Simon, de ses
droits sur les fiefs de son père, et
l'excommunication de Raymond
VII préludent à la reprise des
1225 hostilités.

1226 Louis VIII reprend Avignon, Béziers, Carcassonne et le Languedoc oriental mais meurt pendant son retour.

1228 Intervention décisive de Blanche de Castille : elle remplace les croisés occasionnels par des troupes soldées qui ravagent le pays. Raymond VII est contraint de s'enfermer dans Toulouse puis de venir négocier.

1229 Traité de Meaux-Paris :
- Engagement de Raymond VII de lutter contre l'hérésie.
- Mariage de sa fille et héritière avec Alphonse, frère du roi.
- Renonciation à ses droits sur le duché de Narbonne et sur le Languedoc qui est annexé au domaine royal.

Le conflit politique est terminé. Le conflit religieux persiste, mais l'Inquisition vient progressivement à bout de l'hérésie (troubles dans les villes, massacre d'inquisiteurs à Avignonet en 1242).

1244 Prise de Montségur : fin de toute résistance organisée.

1250 Mort de Raymond VII.

4 LES TRAITÉS DE PAIX DE LOUIS IX.

Traité de Corbeil avec l'Aragon (1258) :

La France renonce au Roussillon et au comté de Barcelone, et l'Aragon au Languedoc et à la Provence.

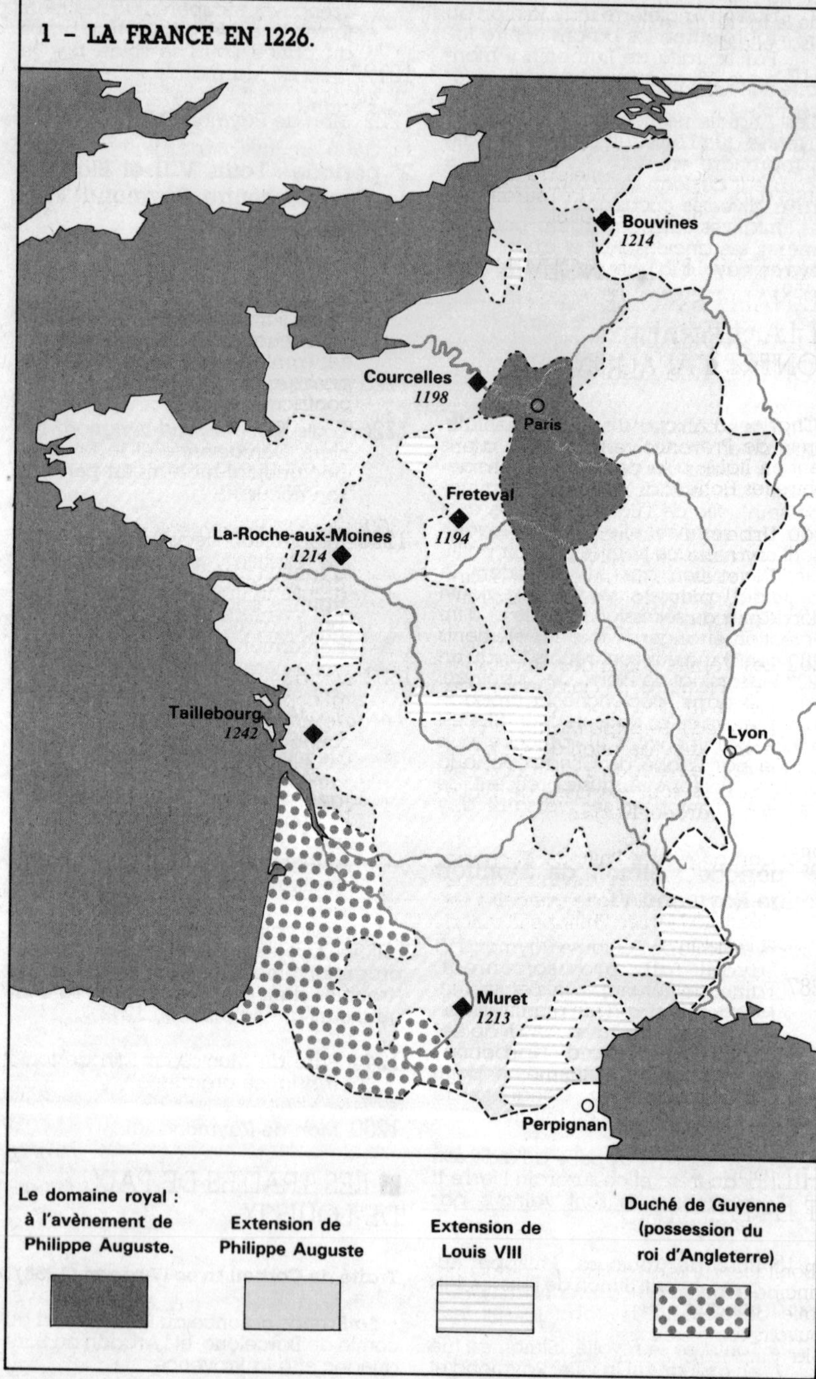
1 – LA FRANCE EN 1226.
Bouvines
1214
Courcelles
1198
Paris
Freteval
1194
La-Roche-aux-Moines
1214
Taillebourg
1242
Lyon
Muret
1213
Perpignan
Le domaine royal : à l'avènement de Philippe Auguste.
Extension de Philippe Auguste
Extension de Louis VIII
Duché de Guyenne (possession du roi d'Angleterre)

(C'est également à Corbeil qu'est décidé le mariage entre le prince Philippe et Isabelle d'Aragon).

Traité de Paris avec l'Angleterre (1259) : (voir note 2).

La France rend le Limousin, le Périgord, l'Agenois, le Quercy et une partie de la Saintonge à l'Angleterre qui renonce à la Normandie, à la Touraine, à l'Anjou, au Maine et au Poitou.

5 LE ROYAUME ANGEVIN DE NAPLES-SICILE ET LA GUERRE CONTRE L'ARAGON.

Charles d'Anjou frère de Louis IX, comte de Provence depuis 1246, intervient en Italie, à la demande du pape, contre les Hohenstaufen :

1266 Urbain IV investit Charles du royaume de Naples-Sicile.
Victoires de Bénévent sur Manfred, puis de Tagliacozzo sur
1268 Conradin.

1282 Les Vêpres siciliennes : massacre des Français à l'instigation de Pierre III d'Aragon (gendre de Manfred). Le pape Martin IV prononce la confiscation de ses biens et donne l'Aragon à la France. Les Français sont expulsés de Sicile mais gardent Naples.

1285 Campagne de Philippe III contre l'Aragon : échec devant Gérone pendant que la flotte française est défaite à Naples. Philippe III meurt à Perpignan.

1287 Paix entre Philippe le Bel et Alphonse III d'Aragon, concrétisée par le traité de Tarascon : Naples reste à la maison d'Anjou et la
1291 Sicile passe à l'Aragon.
(suite : XIV6)

6 LES CONFLITS ENTRE PHILIPPE LE BEL ET LA PAPAUTÉ.

Boniface VIII reprend à son compte le principe d'Innocent III affirmant la suprématie absolue de la papauté sur les pouvoirs temporels, ce qui va l'opposer à la plupart des souverains d'Europe (Allemagne, Angleterre, Danemark, etc.). Mais avec Philippe le Bel, la confrontation de deux tempéraments inflexibles devient une épreuve de force dont le roi de France, meilleur manœuvrier, sortira vainqueur.

1295 Un premier conflit survient lorsque le pape tente de s'opposer aux contributions levées sur le clergé : mais ce dernier soutient la cause du roi – car le danger anglais est
1297 proche – et Boniface s'incline.

1301 Un second conflit beaucoup plus grave éclate quand le roi fait emprisonner Bernard Saisset, évêque de Pamiers, ami de Boniface et principal défenseur de la cause pontificale en France, qui est accusé de complot. Boniface exige sa libération et réaffirme plus nettement que jamais la suprématie du Saint-Siège.

1302 Le roi convoque les « états du royaume » : le chancelier Flotte, en faisant un résumé tendancieux de la bulle pontificale, obtient l'appui de l'assemblée pour maintenir la souveraineté nationale.

1303 Menacé d'excommunication, le roi charge le nouveau chancelier Nogaret – avec l'accord d'une seconde assemblée des états – d'enlever le pape pour le faire comparaître de force devant un concile qui le déposerait : c'est l'**expédition d'Anagni,** menée avec des complicités italiennes. L'enlèvement échoue mais Boniface, brisé par cette épreuve, meurt un mois plus tard.
Son successeur Benoit XI apaise le conflit et le pape suivant Clément V (français) annule toutes les mesures prises à l'encontre du roi. De plus, il nomme une majorité de cardinaux français au Sacré Collège et décide l'**installation de la papauté à Avignon** (elle sera
1305 effective en 1309).

La victoire de Philippe le Bel est définitive : aucun pape ne tentera plus d'imposer sa domination aux pouvoirs temporels.

7 PHILIPPE LE BEL ET LES TEMPLIERS.

L'ordre du Temple, fondé en 1118 à Jérusalem, a pour mission d'assurer la sécurité des pèlerins pendant leur séjour en Palestine. Cette action lui vaut un immense prestige et un afflux de dons transformés en biens fonciers répartis dans toute l'Europe.

A la chute de St-Jean-d'Acre (1291), alors que leurs confrères Hospitaliers se replient à Chypre, les Templiers s'établissent sur les terres de l'Ordre (2000 en France, 13 000 dans le reste de l'Europe) et ces moines-soldats se retrouvent les plus gros banquiers d'Europe. Jadis adulés par la chrétienté, ils sont maintenant jalousés et suspectés, vivant sur une fortune acquise pendant la défense d'une cause désormais perdue.

Le but de Philippe le Bel est clair : éliminer cet État dans l'État qui ne dépend que de l'autorité du pape et récupérer si possible tout ou partie de son patrimoine foncier. Il hésite longtemps sur les moyens d'y parvenir, suggère la fusion avec les Hospitaliers (refusée par le Grand Maître Jacques de Molay), et finalement se range à l'avis du chancelier Nogaret : obtenir une condamnation religieuse de l'ordre.

1307 Après une campagne de calomnies facilitée par le secret dont les Templiers se sont toujours entourés, ils sont arrêtés simultanément dans tout le royaume et traduits devant l'Inquisition. Les uns torturés, les autres menacés de l'être, tous avouent ce dont on les accuse – hérésie, idolâtrie, sorcellerie, profanation, sodomie, etc. – et ceux qui se rétractent, dont Jacques de Molay, sont condamnés au bûcher.
Le pape Clément V n'est certainement dupe ni des calomnies ni des aveux massifs de ces hommes aguerris, mais le mal est fait : il se résout à dissoudre l'Ordre dans toute l'Europe, ses biens étant dé-

1314 volus aux Hospitaliers.

8 LA GUERRE CONTRE L'ANGLETERRE ET LA RÉVOLTE DE LA FLANDRE.

1292 Une querelle sur les zones de pêche dégénère en guerre franco-anglaise. Edouard Ier est dépossédé de la Guyenne.

1297 Alliance de l'Angleterre et de la Flandre. Victoire de Furnes sur les Flamands et capitulation de Lille. L'arbitrage du pape entre la France et l'Angleterre aboutit au traité de Montreuil-sur-Mer : Edouard Ier recouvre la Guyenne (sauf Bordeaux) et s'engage à ne plus intervenir en Flandre.

1300 Les Flamands, privés de l'appui anglais, font leur soumission.

1302 Révolte de la Flandre – les Mâtines de Bruges – où les Français sont massacrés. L'armée envoyée par Philippe le Bel se fait battre à Courtrai.

1304 Vaincus cette fois à Mons-en-Pevèle les Flamands sont contraints de signer le traité d'Athis-sur-Orge : paiement d'une très lourde indemnité et démolition de toutes leurs fortifications. En gage de son exécution Philippe le Bel occupe Lille, Douai et Béthune.

1312 Le traité de Mons n'étant toujours pas exécuté, le roi prend Lille, Douai et Béthune à titre définitif : c'est le traité de Pontoise dit **Transport de Flandre**.

QUATORZIÈME

XIVe

SIÈCLE

		ANGLETERRE	SAINT-EMPIRE	ESPAGNE
1290				Nord : NAVARRE
1300	**PHILIPPE IV LE BEL** (Jeanne de Navarre)	**EDOUARD Ier**	**ALBERT Ier DE HABSBOURG**	**JEANNE Ire + PHILIPPE LE BEL**
1310	1314	**EDOUARD II**	**HENRI VII**	**LOUIS X JEANNE II**
1320	**LOUIS X PHILIPPE V CHARLES IV** Fin des Capétiens directs			**CHARLES II LE MAUVAIS CHARLES III**
1330	1328 Début des Valois		**LOUIS IV DE BAVIÈRE**	CASTILLE **FERDINAND IV ALPHONSE XI**
1340	**PHILIPPE VI** (Jeanne de Bourgogne) (Blanche de Navarre)			**PIERRE LE CRUEL HENRI II**
1350	1350 **JEAN II LE BON**	**EDOUARD III**		**JEAN Ier HENRI III**
1360	(Bonne de Luxembourg) (Jeanne de Boulogne) 1364		**CHARLES IV DE LUXEMBOURG**	ARAGON **JACQUES II ALPHONSE IV**
1370	**CHARLES V LE SAGE** (Jeanne de Bourbon)			**PIERRE IV JEAN Ier MARTIN**
1380	1380			RECONQUÊTE
1390		**RICHARD II**	**WENCESLAS DE BOHÊME**	Sud :
1400	**CHARLES VI LE FOU** (Isabeau de Bavière)			Occupation musulmane royaume de Grenade
1410				

1290

1300

1310

1320

1330

1340

1350

1285 — PHILIPPE IV LE BEL

- *Diversification des organes de gouvernement.*
- *Premières réunions des « états du royaume » (futurs états généraux).*
- *Lutte contre l'immixion de la papauté dans les affaires de l'État et limitation de l'Inquisition.*
- *Raffermissement de la notion d'État contre la mentalité féodale.*
- *Mais expédients financiers (confiscation / Juifs, Lombards).*

1291 Traité de Tarascon

CONFLITS AVEC LA PAPAUTÉ (Boniface VIII) XIII[6]

- 1295 →
- 1303 Expédition d'Anagni
- 1305 Règlement avec Clément V

AFFAIRE DES TEMPLIERS XIII[7]

- 1307
- 1314

1291 Chute de St-Jean d'Acre. Fin des États latins d'Orient.

XIII[8]

- 1292–1299 **GUERRE CONTRE L'ANGLETERRE ET LA FLANDRE**
- 1302 Matines de Bruges
- **NOUVELLE RÉVOLTE DE LA FLANDRE**
- 1312 Traité de Pontoise dit Transport de Flandre

1314 — LOUIS X (Jean Ier p. m.)

1316 **PHILIPPE V**

1322 **CHARLES IV**

Les trois fils de Philippe le Bel : derniers Capétiens directs.

SUCCESSIONS DIFFICILES DE LOUIS X ET CHARLES IV 1 2

(voir aussi XI[1])

- 1324 Edouard II tardant à appliquer le traité de Paris (1303), Charles IV conquiert l'Aquitaine et l'Agenais.
- 1327 Restitution de l'Aquitaine

1328 — PHILIPPE VI DE VALOIS

- 1336 Abandon d'un projet de croisade face à la menace anglaise
- 1341 Création de la gabelle (impôt sur le sel)
- 1349 Rattachement du Dauphiné et de Montpellier

- 1929–1336 Succession d'Artois : condamnation de Robert d'Artois (beau-frère du roi) qui rejoint les Anglais.
- 1341 Conflit de succession de Bretagne (jusqu'en 1365).
- 1347–1348 **Épidémie de peste**

GUERRE DE CENT ANS (première période) 3

- 1336
- 1340 Défaite navale de l'Écluse
- 1346 Défaite de **Crécy**
- 1347 Siège et perte de **Calais**

1350

1350 · 1360 · 1370 · 1380 · 1390 · **1400** · 1410

1350 JEAN II LE BON

1356–1360 Régence du dauphin Charles en l'absence de Jean II (prisonnier à Londres) →
- Les états généraux tentent d'imposer au dauphin une monarchie parlementaire (Grande Ordonnance).
- Soulèvement de Paris / Étienne Marcel (massacre des Maréchaux)
- Révolte paysanne (Jacquerie)
- Ravages des Grandes Compagnies

1356 Défaite de **Poitiers** Jean II prisonnier

1360 Traités de Brétigny et Calais

1364 CHARLES V LE SAGE

Rétablissement de l'autorité royale et redressement du pays avec l'aide de Du Guesclin

1364 Victoire de Cocherel / **Charles le Mauvais** 4

1366 Règlement du conflit de Bretagne. Ralliement des Grandes Compagnies qui sont envoyées en Castille.

1378 Début du **Grand Schisme** (→ 1417) 5

1368 Reprise de la guerre
Du Guesclin reconquiert méthodiquement le pays occupé (sauf Guyenne, Brest, Cherbourg, Calais).

1380 Trêve de fait

1380 CHARLES VI LE FOU

–1388 Régence des quatre oncles du roi

1381 Rébellions populaires contre les impôts à :
- Paris (Maillotins),
- Rouen (Harelle),
- etc.

1392 Première crise de démence : conseil de régence présidé par la reine Isabeau de Bavière →
Le roi devient – par intermittence – incapable de gouverner.
Lutte d'influence entre :
– son frère Louis, duc d'Orléans,
– son oncle Philippe, duc de Bourgogne, c'est l'origine du conflit qui va éclater.

1382 Révolte des Gantois battus à Roosebeke

1388 Trêve officielle avec l'Angleterre

1392 Pourparlers de paix sans résultat avec Richard II.

1396 Mariage de Richard II avec Isabelle, fille de Charles VI.

1397 Richard II rend Brest au duc de Bretagne.

ROYAUME DE NAPLES (suite) 6

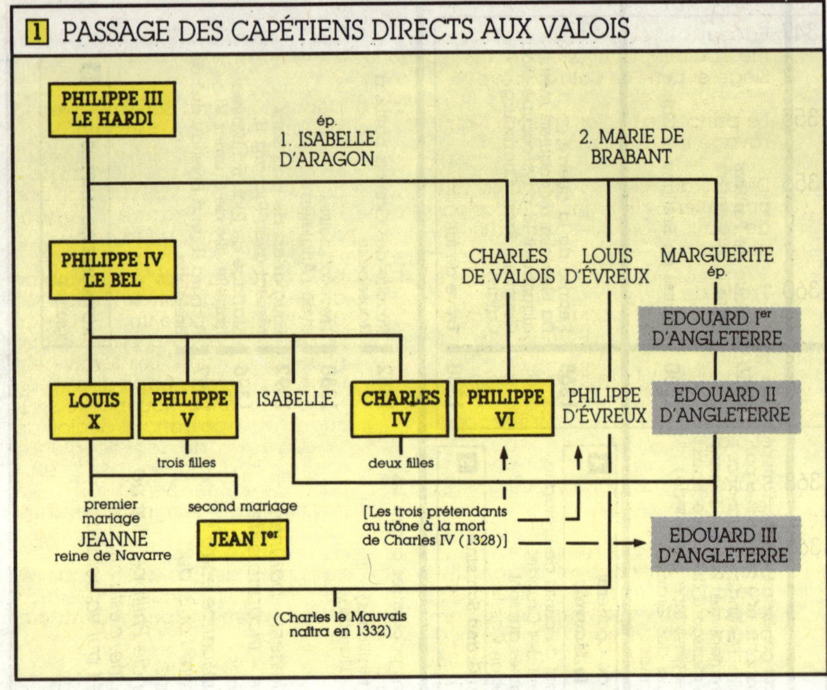

2 LES SUCCESSIONS DIFFICILES DE LOUIS X ET CHARLES IV. LE PASSAGE DES CAPÉTIENS DIRECTS AUX VALOIS.

Succession de Louis X (1316). A la mort de Louis X, puis de son fils posthume Jean Ier, sa fille Jeanne est écartée du trône essentiellement parce que l'on doute de sa légitimité. Son oncle Philippe se fait proclamer roi et, *a posteriori*, une assemblée de notables fixe la règle excluant les femmes de la succession royale.

Ultérieurement, on justifiera cette décision par une interprétation erronée de la loi salique.

Succession de Charles IV (1328). Cette succession, où sont engagés trois prétendants, pose un nouveau problème : si les femmes ne peuvent pas régner, pourquoi ne pourraient-elles pas transmettre la couronne à leurs descendants mâles ? Comme en 1316, on va trancher une question de principe sur un cas d'espèce, car celui qui tient ce raisonnement, juridiquement très solide, est roi d'Angleterre. Le sentiment national l'emporte et on choisit le français Philippe VI de Valois. Mais l'éviction d'Edouard III est la cause directe de la guerre de Cent Ans qui va éclater.

3 LA GUERRE DE CENT ANS (1re période).

1336 Prémices des hostilités : conflits en Guyenne, soutien français de la révolte écossaise, arrêt des exportations de laine anglaise vers la Flandre.

1337 Lettre de défi d'Edouard III (déclaration de guerre). Escarmouches navales et terrestres.

1340 Edouard III prend le titre de roi de France. La flotte française est anéantie à l'Écluse. Trêve d'Esplechin.

1342 Intervention anglaise en Bretagne puis, à l'instigation du pape, trêve de Malestoit.

1346 Débarqué dans le Cotentin.
1347 Edouard III remonte vers la Somme. Défaite française de **Crécy**. Siège et **perte de Calais.** Trêve.

1355 Le prince de Galles (prince Noir) ravage le Languedoc.

1356 Défaite de **Poitiers : Jean II est fait prisonnier.** Échec des pourparlers de paix. Nouvelles expéditions anglaises.

1360 Traité de Brétigny et Calais :
- l'Angleterre acquiert en toute propriété le Sud-Ouest de la France.
- Edouard III renonce à ses prétentions sur la couronne.
- Jean II est libéré contre rançon et otages.

1368 Soulèvements sporadiques contre les Anglais.

1369 Reprise de la guerre. Du Guesclin, promu connétable, est chargé des opérations. Les Anglais sillonnent le pays en ravageant les campagnes, mais sont impuissants contre les villes. Les Français reconquièrent méthodiquement les provinces occupées : Rouergue, Périgord, Limousin (1369) ; Bretagne et La Rochelle (1372) ; Poitou (1373) ; Agenais (1374) ; Aunis et Saintonge (1377).

1380 A la mort de Charles V et Du Guesclin, les Anglais ne tiennent plus que la Guyenne, Bayonne, Brest, Cherbourg et Calais. Trêve de fait.

4 CHARLES LE MAUVAIS.

(Voir tableau généalogique note 1.)

Cousin et beau-frère de Charles V, le roi de Navarre Charles II le Mauvais a des droits sur la couronne de France en cas d'extinction de la branche des Valois. Ses perpétuelles interventions dans toutes les affaires du royaume – allant de la trahison à l'assassinat – sont particulièrement néfastes. Mais la défaite que lui inflige Du Guesclin à Cocherel l'amène à signer le traité de Vernon. Il ne s'occupera plus désormais que de la Navarre.

5 LA FRANCE FACE AU GRAND SCHISME.

1378 Début du Grand Schisme avec la double élection d'Urbain VI à Rome et de Clément VII à Avignon. Le conflit devient rapidement politique et divise autant l'Europe que l'Église. La France soutient d'abord le pape d'Avignon.

1394 Le clergé français est lui-même divisé. A l'instigation de l'Université de Paris, il propose une démission simultanée des deux papes et une nouvelle élection. Les tergiversations du nouveau pape d'Avignon Benoît XIII font échouer cette solution et le clergé français décide de se soustraire de son obédience sans pour autant se mettre sous celle de Rome. Benoît XIII reste
1398 bloqué dans Avignon pendant
1403 cinq ans.

1409 Le concile de Pise, réuni pour régler le conflit, aboutit à l'élection d'un troisième pape reconnu par la France.

1417 Fin du schisme au concile de Constance.

6 LE ROYAUME DE NAPLES.

(Suite de la note XIII5.)

Les descendants de Charles Ier règnent sur le royaume de Naples tout en restant comtes de Provence (l'Anjou passant aux Valois) :
- **Charles II** (1285-1309).
- **Robert** (1309-1343). C'est l'apogée de la dynastie. Il est le principal défenseur de la papauté contre l'empire.
- **Jeanne Ire** (1343-1382). Au début du Grand Schisme elle opte pour le pape d'Avignon contre celui de Rome qui la destitue et investit
- **Charles III de Duras** (1381-1386). Arrière-petit-fils de Charles II. Il élimine Jeanne (assassinée) et défait l'héritier qu'elle avait désigné : Louis Ier d'Anjou (de la seconde maison d'Anjou) investi par le pape d'Avignon.
- **Ladislas** (1386-1414). La couronne lui est disputée par Louis II d'Anjou qui parvient à prendre sa place de 1387 à 1399.

(suite : XV7)

1 – LA GUERRE DE CENT ANS. PREMIÈRE PÉRIODE : 1337-1380.

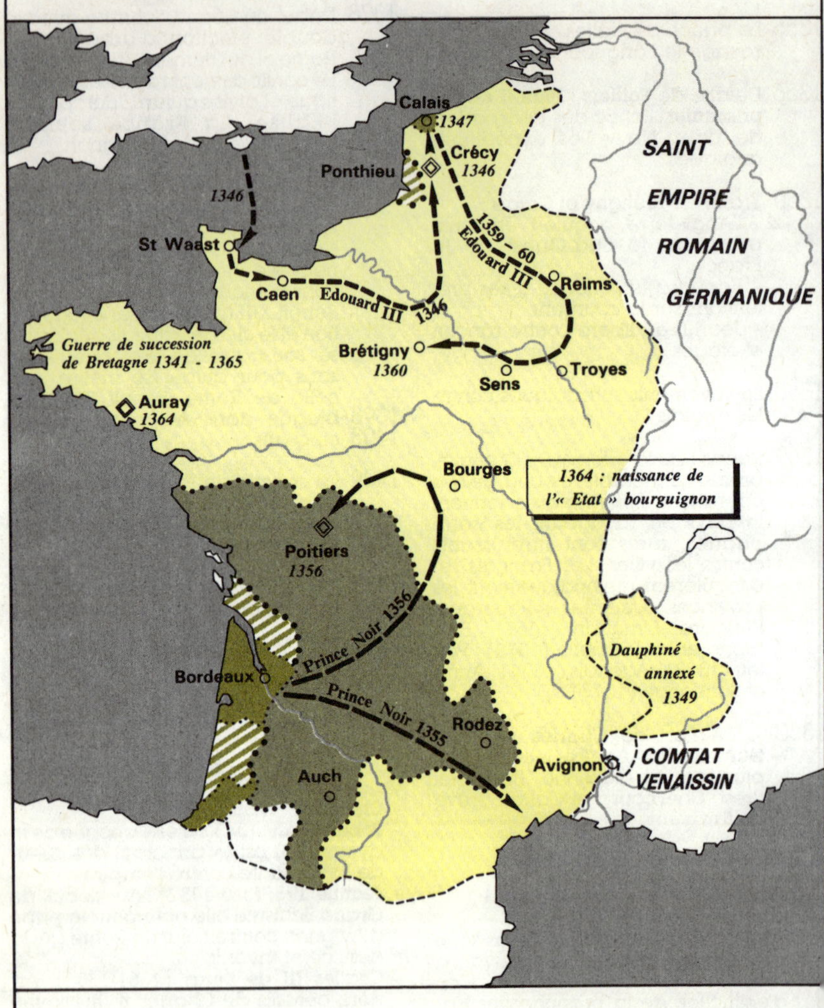

LA PAPAUTÉ À AVIGNON. Sept papes (Clément V, Jean XXII, Benoît XII, Clément VI, Innocent VI, Urbain V, Grégoire XI) et deux anti-papes du Grand Schisme (Clément VII et Benoît XIII) séjournent à Avignon de 1309 à 1415, d'abord comme locataires. En 1348, Clément VI achète la ville à la reine Jeanne de Naples, comtesse de Provence.

Le comtat Venaissin, d'autre part, est propriété de la papauté depuis 1274.

Possessions anglaises :

1337 début de la guerre	**1360** traité de Brétigny	**1380** fin de la première phase

QUINZIÈME

XVe

SIÈCLE

		ANGLETERRE	SAINT-EMPIRE	ESPAGNE
1390				Nord :
1400	**CHARLES VI LE FOU** (Isabeau de Bavière)	LANCASTRE **HENRI IV**	**ROBERT DE PALATINAT**	NAVARRE **CHARLES III** **BLANCHE**
1410		**HENRI V**		**ELÉONORE** **FR. PHŒBUS** **CATHERINE**
1420	1422		**SIGISMOND DE BOHÊME**	**+ JEAN D'ALBRET** **JEAN III**
1430			HABSBOURG ↓	CASTILLE **HENRI III**
1440	**CHARLES VII** (Marie d'Anjou)	**HENRI VI**	**ALBERT II**	**JEAN II** **HENRI IV** **ISABELLE** (1474)
1450				ARAGON
1460	1461		**FRÉDÉRIC III**	**MARTIN** **FERDINAND Ier** **ALPHONSE V**
1470	**LOUIS XI** (Marguerite d'Ecosse) (Charlotte de Savoie)	YORK		**JEAN II** **FERDINAND II** (1479)
1480	1483	**EDOUARD IV**		Union personnelle ARAGON-CASTILLE
1490	**CHARLES VIII** (Anne de Bretagne)	**EDOUARD V** **RICHARD III** TUDORS	**MAXIMILIEN Ier**	Sud : Fin de la Reconquête
1500	1498	**HENRI VII**		Prise de Grenade (1492)
1510				

1390 · **1400** · 1410 · 1420 · 1430 · 1440 · 1450

CHARLES VI LE FOU

1392 Première crise de démence. Conseil de régence présidé par la reine Isabeau de Bavière.

→ *Le roi devient – par intermittence – incapable de gouverner. Lutte d'influence entre son frère Louis, duc d'Orléans, son oncle Philippe, duc de Bourgogne. C'est l'origine du conflit qui va éclater :*

1404 Mort de Philippe le Hardi : Jean sans Peur duc de Bourgogne.

1407 Assassinat de Louis d'Orléans par Jean sans Peur **1**

Guerre civile Armagnacs / Bourguignons **2**

1412 Paix (provisoire) d'Auxerre

1417 Isabeau de Bavière passe dans le camp des Bourguignons.

1419 Le meurtre de Jean sans Peur entraine l'alliance des Bourguignons avec l'Angleterre. →

1388 Trève officielle avec l'Angleterre

1392 Pourparlers de paix sans résultat avec Richard II.

1396 Mariage de Richard II avec Isabelle, fille de Charles VI.

GUERRE DE CENT ANS **3**

(seconde période)

1415 Défaite d'**Azincourt**

1420 Alliance Angleterre - Bourguignons. Traité de Troyes

1422

CHARLES VII

s'installe à Bourges
Richemont connétable

1424–**1427** Trève entre Charles VII et les Bourguignons

1429–**1431** **Jeanne d'Arc : son intervention marque le tournant de la guerre.** →

1429 Délivrance d'Orléans. Victoire de Patay. Prise de Troyes.

1435 Paix d'Arras

1436 Reprise de Paris

1438 « Pragmatique sanction »

1440 Échec de la « Praguerie » (révolte avec la participation du dauphin).

1444 Révolte, siège et capitulation de Metz.

1446 Le dauphin rejoint son fief et poursuit ses intrigues.

1444 Intervention en Suisse Victoire de Pratteln

1447 Échec contre Gênes

1444–**1448** Trève de Tours : *Réorganisation de l'armée royale*

1450 Victoire de Formigny

1450

1460

1451 Arrestation et procès de Jacques Cœur

1455 Complot et condamnation du duc d'Alençon

1456 Annexion définitive du Dauphiné (le dauphin se réfugie en Bourgogne)

1451
1453 Aide au duc de Milan contre Venise.

1458 Occupation provisoire de Gênes.

1453 Victoire de Castillon
Fin des hostilités de la guerre de Cent Ans. Le territoire est libéré en totalité (sauf Calais que l'Angleterre gardera jusqu'en 1558).

1461
LOUIS XI

1470

Luttes contre le duc de Bourgogne Charles le Téméraire et ses alliés français et étrangers. Elles vont contribuer – avec d'importants héritages – à l'unification du pays. →

4
1465 **Ligue du Bien public**
Bataille de Montlhéry

1468 Louis XI prisonnier à Péronne

1472 Résistance de Beauvais (Jeanne Hachette)

1475 Trêve de Souleuvres ←

1475 Edouard IV venu soutenir Charles le Téméraire préfère signer avec Louis XI la trêve de Picquigny (dernier acte officiel de la guerre de Cent Ans) qui entraîne celle de Souleuvres.

1480

1482 Héritages : Anjou, Maine, Provence.

1479 Guerre contre Maximilien d'Autriche pour la possession de la Bourgogne →

1482 Annexion de la Bourgogne ←

5
1479 **Fin de l'État bourguignon**
Bataille de Guinegatte

1482 Traité d'Arras

1483
Régence d'**Anne de Beaujeu**

1490

6
1485
1488 **Guerre folle** contre Louis d'Orléans (futur Louis XII) et le duc de Bretagne.

1491 Mariage / Anne de Bretagne

CHARLES VIII

1492
1493 Pour acheter leur neutralité, Charles VIII indemnise l'Angleterre, cède le Roussillon à l'Aragon, l'Artois et le comté de Bourgogne à l'Empire puis →

7
1495 **Première guerre d'Italie**

1497 Conquête Naples et retraite

1500

1498
LOUIS XII
Branche des Valois-Orléans

1510

1 GÉNÉALOGIE PARTIELLE DE LA FAMILLE ROYALE

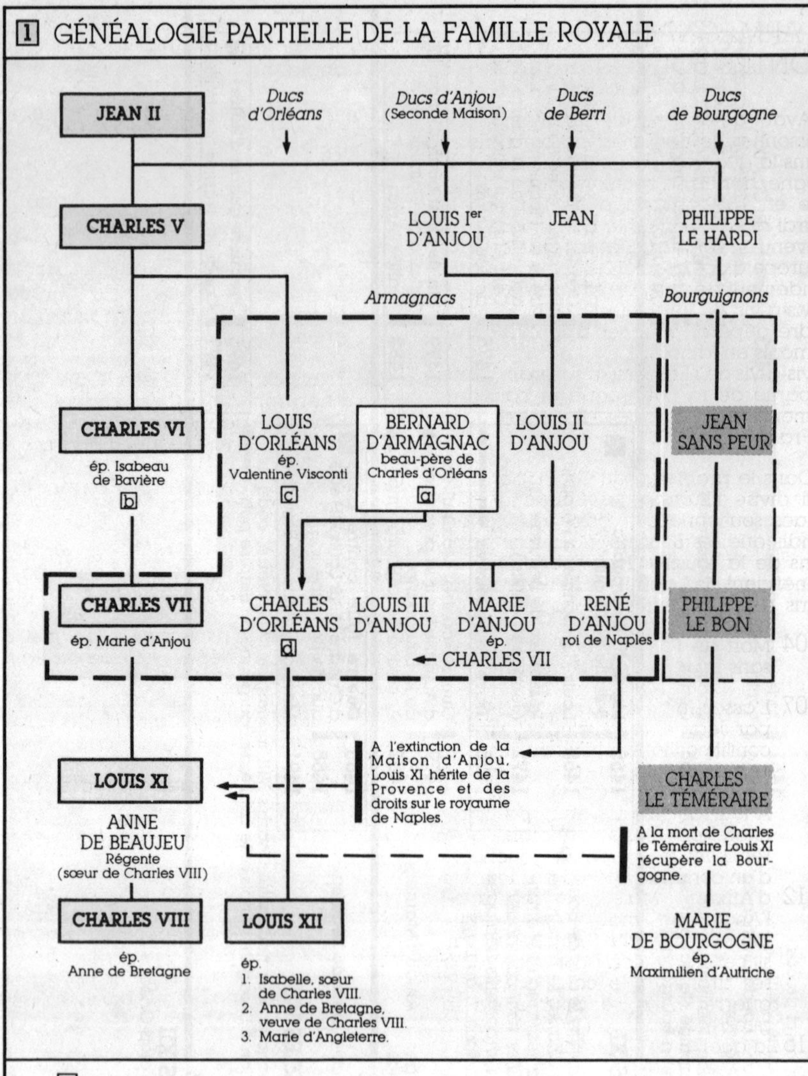

a Après l'assassinat de Louis d'Orléans, Bernard d'Armagnac devient le chef du parti qui portera désormais son nom.

b Isabeau de Bavière, d'abord liée à Louis d'Orléans et aux Armagnacs, rejoint ensuite les Bourguignons, ce qui permet d'engager la couronne dans le traité de Troyes avec l'Angleterre.

c Valentine Visconti est la fille du duc de Milan Jean Galeas Visconti (et d'Isabelle de France, sœur de Charles V) ce qui fera de son petit-fils Louis XII l'héritier légitime du Milanais et d'Asti.

d Charles d'Orléans (le poète) épouse successivement :
Isabelle, sœur de Charles VII ;
Bonne d'Armagnac ;
Marie de Clèves, nièce de Philippe le Bon et mère de Louis XII (ce mariage scelle la fin du conflit Armagnacs / Bourguignons).

2 ARMAGNACS CONTRE BOURGUIGNONS.

Avant de devenir un affrontement de personnes, le conflit est d'abord inscrit dans la géographie. Le duché de Bourgogne, depuis sa réunion avec la Flandre en 1369 (mariage de Philippe le Hardi avec Marguerite de Flandre), est devenu un véritable État, au carrefour de l'Europe, dont les intérêts divergent profondément de ceux de la France :

- vis-à-vis de l'Angleterre dont la Flandre dépend pour ses approvisionnements en laine,
- vis-à-vis de l'Empereur, suzerain d'une partie de la Bourgogne et constamment inquiet des visées italiennes de la France.

Dans le problème du Grand Schisme qui divise l'Europe, les Orléans-Armagnacs soutiennent le pape d'Avignon, tandis que les Bourguignons sont partisans de la soustraction d'obédience et bénéficient de l'appui de l'Université de Paris dont l'influence est considérable.

1404 Mort de Philippe le Hardi : Jean sans Peur duc de Bourgogne.

1407 L'assassinat de Louis d'Orléans par Jean sans Peur transforme le conflit politique en guerre civile (le comte d'Armagnac devient le chef du parti Orléans).
A tour de rôle les deux partis recherchent l'appui anglais, puis, réalisant le danger, y renoncent d'un commun accord par le traité
1412 d'Auxerre. Mais il est trop tard : l'Angleterre, malgré le changement de dynastie (Lancastre), saisit cette occasion pour faire valoir ses droits sur le continent, et la guerre civile se double de la guerre étrangère (2ᵉ période de
1415 la guerre de Cent Ans).

1419 L'assassinat de Jean sans Peur, lors de son entrevue à Montereau avec le dauphin Charles, provoque l'**alliance des Bourguignons avec les Anglais,** ce qui va conduire le pays au bord de sa perte.

1420 Le traité de Troyes, signé à l'instigation des Bourguignons et de la reine Isabeau, fait du roi d'Angleterre l'héritier de la couronne de France.

1435 La paix d'Arras entre Charles VII et Philippe le Bon met fin au conflit des deux partis et va permettre de libérer le pays de l'occupation anglaise.

3 LA GUERRE DE CENT ANS (2ᵉ période).

1415 1ᵉʳ débarquement anglais et prise d'Harfleur. Défaite d'**Azincourt.**

1417 2ᵉ débarquement : conquête de la Normandie et siège de Rouen (jusqu'en 1419). Alliance Bourguignons-Anglais.

1420 Traité de Troyes : Henri V devient l'héritier de la couronne de France. A sa mort, son frère Bed-
1422 ford est nommé régent de France.

1423 Défaites françaises de Cravant et de Verneuil (1424) et perte du
1425 Mans.

1428 Siège d'Orléans. Défaite des « harengs » (1429).

1429 **Intervention de Jeanne d'Arc** : délivrance d'Orléans, victoire de Patay et prise de Troyes.
Jeanne d'Arc prisonnière des Bourguignons à Compiègne puis
1431 procès et exécution à Rouen.

1432 Henri VI d'Angleterre est sacré roi de France à Paris.

1435 A Arras, alors qu'Armagnacs et Bourguignons mettent fin à leur conflit, les Anglais abandonnent les pourparlers de paix. Reconquête de l'Ile-de-France dont
1438 Paris (1436).

1439 Nouvel échec des négociations de paix.

1444 Trêve de Tours. Charles VII et son connétable Richemont la mettent à profit pour réorganiser l'armée : création des compagnies d'or-
1448 donnances et des francs-archers.

1449 Reprise de Rouen.

1450 Victoire de Formigny. Libération de la Normandie.

1453 Campagne en Guyenne et contre-attaque anglaise : la victoire de Castillon entraîne la libération de la province et marque la fin des hostilités.

1475 Edouard IV vient appuyer Charles le Téméraire, mais dès son débarquement signe avec Louis XI la trêve de Picquigny : c'est le dernier acte officiel de la guerre qui ne sera jamais transformé en traité de paix (Calais restera à l'Angleterre jusqu'en 1558).

4 LES COALITIONS FÉODALES CONTRE LOUIS XI : CHARLES LE TÉMÉRAIRE.

A trois reprises, Louis XI doit faire face à des coalitions de ses principaux vassaux qui réagissent ainsi contre l'affermissement du pouvoir royal. Elles sont conduites par son frère Charles d'abord, surtout par Charles le Téméraire (comte de Charolais puis duc de Bourgogne en 1467) et soutenues par l'étranger (Angleterre et Aragon).

1464 **1re coalition,** dite Ligue du Bien public.
Louis XI tente en vain, à l'assemblée de Tours, d'apaiser les féodaux. Après la bataille indécise de Montlhéry, les traités de Conflans et de St-Maur accordent d'importantes cessions territoriales à ses deux principaux adversaires : remise de la Normandie à son frère, et des villes de la Somme au duc de Bourgogne.

1466 Louis XI réoccupe la Normandie qu'il fait déclarer inaliénable par les états généraux.

1468 **2e coalition.** Le duc de Bretagne François II est battu à Ancenis. Mais l'entrevue de Péronne avec Charles le Téméraire tourne mal, et le roi, retenu prisonnier, est contraint de signer un traité qu'il récuse aussitôt libre.

1471 Louis XI reprend les villes de la Somme.

1472 **3e coalition.** Charles le Téméraire, qui attaque en Picardie, échoue devant Beauvais défendue par Jeanne Hachette.

1475 La trêve de Picquigny avec Edouard IV entraîne celle de Souleuvres avec le duc de Bourgogne, puis Louis XI réduit successivement tous les vassaux insurgés : Arma-
1477 gnac, Alençon, St-Pol, Nemours.

5 LA FIN DE L'ÉTAT BOURGUIGNON.

Les ambitions territoriales de Charles le Téméraire dressent contre lui tous ses voisins : Suisses, Alsaciens, Lorrains.

1476 Il est battu par les Suisses à Granson et Morat puis tué pendant le siège de Nancy. Louis XI occupe immédiatement le duché de Bour-
1477 gogne.

1479 Pour tenter de sauver l'héritage de son père, Marguerite de Bourgogne épouse Maximilien d'Autriche, fils de l'empereur. Louis XI tente en vain de conquérir le Hainaut (bataille indécise de Guinegatte).

1482 Le traité d'Arras consacre le démembrement de l'État bourguignon, la France gardant le duché de Bourgogne et les villes de la Somme (Péronne, Corbie, Amiens, Abbeville, Roye).

6 LA « GUERRE FOLLE » ET LES MARIAGES D'ANNE DE BRETAGNE.

1485 La « guerre folle » est la révolte de Louis d'Orléans (futur Louis XII), allié au duc de Bretagne François II, contre sa cousine la régente Anne de Beaujeu.

1488 François II, battu à St-Aubin-du-Cormier, doit signer le traité du Verger (Sablé) : cession de quatre villes, expulsion des étrangers, engagement de ne pas marier ses filles sans le consentement royal. Louis d'Orléans, quant à lui, va rester prisonnier trois ans.

1488 Mort de François II : sa fille aînée Anne (11 ans) devient duchesse de Bretagne.

1490 Pour tenter de maintenir l'indépendance de la Bretagne vis-à-vis de la France, Anne épouse (par procuration) Maximilien d'Autriche, fils de l'empereur, sans le consentement royal, donc en infraction avec le traité du Verger

1 – LA GUERRE DE CENT ANS. DEUXIÈME PÉRIODE. 1415-1453

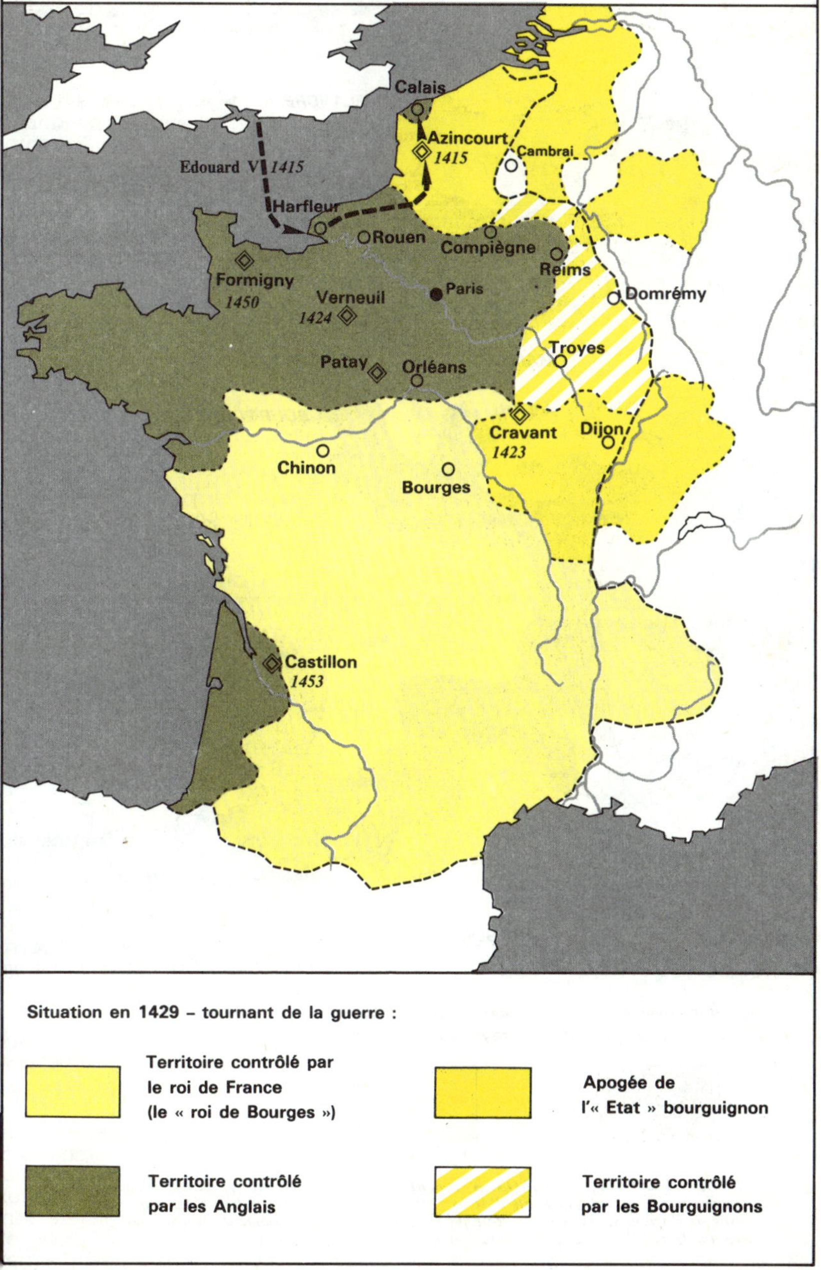

Calais
Azincourt *1415*
Cambrai
Edouard V *1415*
Harfleur
Rouen
Compiègne
Reims
Domrémy
Formigny *1450*
Verneuil *1424*
Paris
Troyes
Patay
Orléans
Cravant *1423*
Dijon
Chinon
Bourges
Castillon *1453*

Situation en 1429 – tournant de la guerre :

Territoire contrôlé par le roi de France (le « roi de Bourges »)

Apogée de l'« Etat » bourguignon

Territoire contrôlé par les Anglais

Territoire contrôlé par les Bourguignons

2 – 1438.
LA FRANCE À LA MORT DE LOUIS XI.

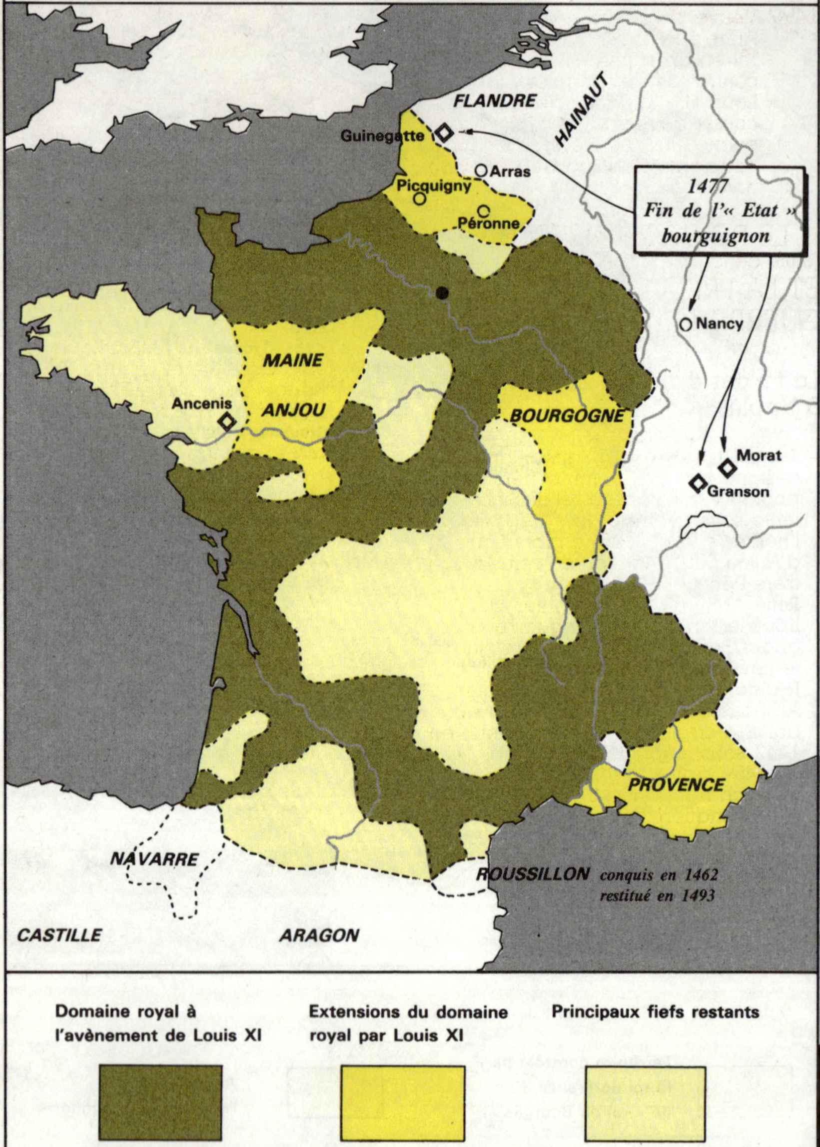

Domaine royal à l'avènement de Louis XI

Extensions du domaine royal par Louis XI

Principaux fiefs restants

FIN DE L'ETAT BOURGUIGNON. A la mort de Charles le Téméraire, ses possessions sont occupées par Louis XI. Au traité d'Arras (1482) il restitue à Maximilien d'Autriche : une partie de l'Artois, la Flandre, le Hainaut et la Franche-Comté (comté de Bourgogne), il conserve le sud de l'Artois, la Picardie et le duché de Bourgogne.

1491 Les troupes françaises envahissent la Bretagne. Assiégée dans Rennes, Anne se résout à épouser Charles VIII.

1499 Veuve de Charles VIII en 1498, Anne épouse son successeur Louis XII en exécution d'une clause du contrat de son premier mariage. Leur fille Claude, dernière duchesse de Bretagne, apportera le duché en dot à François Ier qui le rattachera officiellement au royaume en 1532.

7 LE ROYAUME DE NAPLES
(suite de la note XIV[6])
ET LA PREMIÈRE GUERRE D'ITALIE.

La fin des dynasties angevines à Naples.

- **Jeanne II** (1414-1435). Sans enfants, elle désigne d'abord comme héritier Alphonse V, roi d'Aragon et de Sicile, qui tente sans attendre de s'emparer de l'héritage. Elle désigne alors Louis III d'Anjou puis, à la mort de celui-ci, son frère René.
- **René** (1435-1442). Prisonnier de Philippe le Bon (pendant la guerre Armagnacs/Bourguignons) il ne rejoint sa femme Isabelle à Naples qu'en 1438. Résistant de plus en plus difficilement à Alphonse V, il est finalement assiégé dans sa capitale qu'il abandonne en 1442, sans renoncer à ses droits.
- En 1459, après la mort d'Alphonse V, René charge son fils Jean de Calabre de reconquérir son royaume : la défaite de Troja (1462) marque la fin de la présence angevine à Naples.

La 1re guerre d'Italie.

A la mort de René, Louis XI hérite de ses droits sur le royaume de Naples : c'est pour les faire valoir que Charles VIII entreprend, contre l'avis de ses conseillers, la première guerre d'Italie.

1495 La conquête n'est qu'une promenade militaire. Le roi de Naples Alphonse II abdique et quitte le pays avant l'arrivée des Français. Mais immédiatement se forme contre Charles VIII la ligue de Venise groupant des princes italiens - dont le duc de Milan Ludovic Sforza jusqu'alors allié de la France - auxquels se joignent le pape, l'empereur et le roi d'Aragon.
Louis d'Orléans (futur Louis XII), resté dans la plaine du Pô, est assiégé dans Novare. Laissant à Naples un vice-roi, Charles VIII remonte vers le Nord. Ses adversaires l'attendent à la hauteur de Parme : par sa victoire de Fornoue, il force le passage et évite que la retraite ne se transforme en désastre.
La paix de Verceil, avec le duc de Milan, libère Louis d'Orléans de Novare et l'armée repasse les Alpes.

1496 Le nouveau roi de Naples Ferdinand II (Ferrandino) reconquiert son royaume : après avoir évacué Naples, le vice-roi Montpensier capitule à Atella.

1497 Chute de Tarente, dernière place tenue par les Français.

SEIZIÈME

XVIe

SIÈCLE

		ANGLETERRE	SAINT-EMPIRE	ESPAGNE
1490				LE SIÈCLE D'OR
1500	1498 **LOUIS XII** (Jeanne, fille de Louis XI) (Anne de Bretagne) (Marie d'Angleterre)	HENRI VII		(1504) MORT D'ISABELLE
1510	1515		MAXIMILIEN Ier	**FERDINAND II** ANNEXION NAVARRE
1520				
1530	**FRANÇOIS Ier** (Claude, fille de Louis XII) (Eléonore d'Autriche)	HENRI VIII		
1540	1547		CHARLES QUINT	CHARLES QUINT
1550	**HENRI II** (Catherine de Médicis)	EDOUARD VI		
		MARIE TUDOR		
1560	1559 **FRANÇOIS II** (Marie Stuart) 1560		FERDINAND Ier	
1570	**CHARLES IX** (Elisabeth d'Autriche) 1574		MAXIMILIEN II	
1580	**HENRI III** (Louise de Lorraine)	ELISABETH Ire		PHILIPPE II
1590	1589		RODOLPHE II	
1600	**HENRI IV** (Marguerite de Valois) (Marie de Médicis)			
1610				

1490

CHARLES VIII
Charles VIII ne laissant pas de fils, la couronne passe à la branche des Valois-Orléans **1** (voir aussi XV[1])

1495 **Première guerre d'Italie** **2**
1497 Conquête Naples et retraite

1498
LOUIS XII
Principal ministre : cardinal d'Amboise

1500

1501 Échec à Mytilène d'une expédition navale contre les Turcs.

1499 Conquêtes du Milanais
1500
1501 Conquête et perte de Naples
1504

GUERRES D'ITALIE

1511 Formation Sainte Ligue
1513 Défaite de Novare.
1514 Évacuation. Traité de Dijon.

Héritier légitime du duché de Milan, Louis XII consacre son règne aux guerres d'Italie, pour se trouver finalement face à une coalition de l'Europe occidentale –la Sainte Ligue– qui le contraint à une évacuation totale de la péninsule.

1510

1515
FRANÇOIS Ier

1519 Échec à l'élection impériale : Charles Quint empereur.
1520 Camp du Drap d'or : échec d'une tentative d'alliance avec Henri VIII.

1515 Victoire de Marignan
Réannexion du Milanais

1520

1522 Succession litigieuse de Suzanne de Bourbon
1524 Trahison et procès du connétable
1525 Régence de Louise de Savoie pendant la détention du roi
1530 Création du Collège de France
1534 Jacques Cartier explore le Canada
1538 Montmorency connétable
1539 Ordonnance de Villers-Cotterêts : création de l'état civil substitution du français au latin / actes administratifs

1531 Alliances avec les princes protestants allemands
1536 et avec le sultan Soliman II : traité des « capitulations ».

LUTTE CONTRE LA RÉFORME **4**

1521 Reprise des hostilités **3**
1524 Défaite de **Pavie** : François Ier prisonnier.
1529 Paix de Cambrai

GUERRES CONTRE CHARLES QUINT

1536 Reprise de la guerre
1543 L'Angleterre s'allie à Charles Quint.
1544 Traité d'Ardres / Angleterre et traité de Crépy / Charles Quint.

1530

1540

1547
HENRI II

1550

Henri II poursuit la politique de son père contre Charles Quint puis

Décennie	Règnes et politique intérieure	Administration	Politique extérieure et religion
1550	*donne la priorité à la lutte contre la Réforme : les guerres étrangères prennent fin, celles de religion vont commencer.*		1552 Occupation Metz, Toul, Verdun. 1559 Traité de **Cateau-Cambrésis**
	1559 **FRANÇOIS II**	**1560 CONJURATION D'AMBOISE** 5 8	
1560	1560 Régence de **Catherine de Médicis** (→ 1564) Chancelier Michel de l'Hospital	1560 Édit de Romorantin contre l'établissement de l'Inquisition 1566 Ordonnance de Moulins : réorganisation de la justice	1562 Massacre de Wassy 6 **GUERRES DE RELIGION**
1570	**CHARLES IX** 1573 Henri (III) élu roi de Pologne	1574 Échec du complot de la Molle contre le roi	1572 Massacre de la St Barthélémy
1580	1574 **HENRI III** abandonne le trône de Pologne pour succéder à son frère. 1584 La mort de François d'Alençon fait de Henri de Navarre l'héritier présomptif de la couronne. 1588 Mort de Catherine de Médicis	1579 Ordonnance de Blois : réforme de l'administration. 1582 Échec expédition aux Açores 1583 Campagne de François d'Alençon contre les Pays-Bas : désastre d'Anvers et trêve de Bure.	1576 Formation de la Ligue catholique dirigée par le duc de Guise 1588 Assassinats du duc de Guise 1589 puis d'Henri III
1590	1589 **HENRI IV** Branche des Bourbons 1594 1re révolte de Croquants	*Monarchie absolue* *Redressement économique* *Fin de la féodalité* 7	1593 Abjuration du protestantisme 1594 et rentrée dans Paris. 1595 Victoire de Fontaine-Française 1598 **Édit de Nantes** et paix de Vervins / Espagne
1600	1602 Exécution du maréchal de Biron 1604 Édit de la Paulette : vénalité et hérédité des charges administratives. 1608 Champlain fonde Québec.	1609 La fuite aux Pays-Bas de Henri de Condé interfère dans la crise allemande.	1600 Guerre contre la Savoie 1601 Traité de Lyon 1609 Intervention en Allemagne dans la succession de Clèves-Juliers
1610	1610		

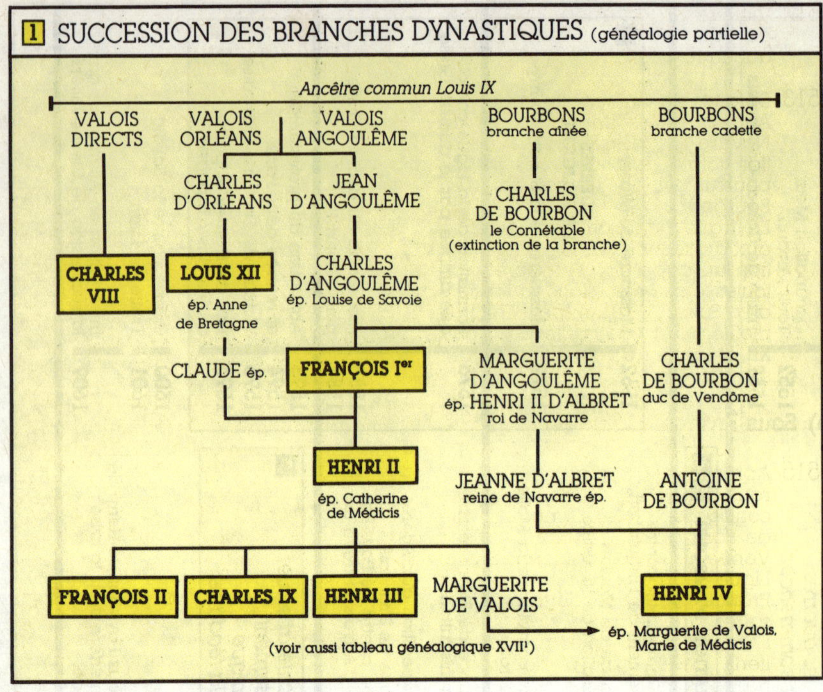

2 LES GUERRES D'ITALIE
(jusqu'à Marignan).

a) Sous Louis XII.

Par sa grand-mère Valentine Visconti, Louis XII est l'héritier légitime du duché de Milan qui devient l'enjeu principal des guerres d'Italie.

1500 **Conquête du Milanais** (il avait été conquis une première fois, par l'intermédiaire de Trivulce, et reperdu en 1499).

1501 **Conquête et perte de Naples.** La conquête commune avec l'Aragon, décidée par le traité de Grenade, est suivie par un désaccord sur le partage et l'expulsion des Français : abandon de la ville de Naples, combats sur le Garigliano, capitulation de Gaète et évacuation par mer. Signature d'une trêve
1504 de trois ans.

1504 **Traités de Blois** avec l'empereur Maximilien et son fils Philippe le Beau, gouverneur des Pays-Bas :
– 1er traité. Louis XII est investi du Milanais contre indemnité.
– 2e traité. Par une promesse de mariage, Louis XII prend le risque d'un véritable dépeçage de la France au profit du futur Charles Quint : ce traité, qui est un sommet d'aberration politique ou d'hypocrisie, sera annulé par les états généraux de Tours en 1506.
– un 3e traité (secret) avec le pape est dirigé contre la Vénétie.

1506 **Reconquête de Gênes** qui s'est révoltée (elle est théoriquement française depuis son acquisition par Charles VI en 1396). La France adhère à la ligue de Cambrai (papauté, empire, Aragon) contre Venise.

1508 **Conquête de la Vénétie occidentale** à la suite de la victoire d'Agnadel.

1511 **Formation de la Sainte Ligue** contre la France par le pape Jules II qui s'effraye maintenant de l'implantation grandissante de Louis XII en Italie (papauté, Venise, Suisses, Espagne et Angleterre. L'empire y adhérera en 1512).

1512 Victoire de Ravenne (où Gaston de Foix est tué). Elle n'apporte aucun résultat.

1513 Défaites de Guinegatte contre les Anglais et les Impériaux, et de Novare contre les Suisses : évacuation totale de l'Italie. Les Suisses poursuivent les Français jusqu'en Bourgogne.
Le traité de Dijon (renonciation aux droits sur Milan et Asti, restitution au pape et à l'empereur de toutes leurs possessions, indemnité aux Suisses), signé par La Trémoille, n'est pas ratifié par Louis XII, et la guerre va continuer avec son successeur.

b) Sous François Ier.

1515 Après une série d'accords bilatéraux avec l'Angleterre (neutralité contre indemnité), l'empire (traité de Paris avec le prince Charles), Venise et Gênes, l'ancienne Sainte Ligue se trouve démembrée : la France n'a plus comme adversaires que le pape, les Suisses, l'Aragon et quelques princes italiens, et François Ier rouvre les hostilités.
Victoire de **Marignan** : reconquête du Milanais. Elle est suivie d'une série de traités :

Concordat de Bologne (1515) avec le pape Léon X : annulation de la Pragmatique Sanction (les évêques de France ne seront plus élus par le clergé, mais nommés par le roi et investis par le pape).

Traité de Noyon (1516) avec Charles (futur Charles Quint) nouveau roi d'Espagne (promesse de mariage avec Louise, fille de François Ier. Dot : droits français sur Naples) que la mort de Louise rendra caduc.

Traité de Fribourg (1516) avec les cantons suisses, dit traité de la Paix perpétuelle (liquidation du contentieux contre indemnité. Les Suisses s'engagent à ne plus servir contre la France : ces anciens adversaires vont devenir les mercenaires les plus fidèles à la royauté française).

Traité de Cambrai (1517) avec Maximilien et Charles (alliance défensive et projet de croisade).

Traité de Londres (1518) avec Henri VIII (rachat de Tournai).

3 LES GUERRES CONTRE CHARLES QUINT.

a) Sous François Ier.

1re guerre

1521 Hostilités en Navarre, Luxembourg, Italie : la défaite de La Bicoque entraîne la perte du Milanais et de Gênes. Échec de plusieurs tentatives pour reprendre le Milanais (mort de Bayard). Raid des Impériaux en Provence.

1525 Défaite de Pavie : François Ier est fait prisonnier.

Traité de Madrid (1526) : pour être libéré, François Ier accepte des conditions draconiennes qu'il est bien décidé à ne pas respecter : cession de la Bourgogne et de Tournai ; abandon de la suzeraineté sur la Flandre et l'Artois ; renonciation à tous ses droits sur l'Italie ; engagement de fournir une armée et une flotte pour la croisade ; restitution de ses biens au connétable de Bourbon ; prise en charge des dettes de Charles Quint envers Henri VIII ; engagement d'épouser Éléonore sœur de Charles Quint ; remise de deux de ses fils en otages ; serment d'exécuter le traité.

Dès sa libération, François Ier prépare la reprise de la guerre :
Ligue de Cognac avec le pape, Venise, et les princes italiens. La France laisse le Milanais à Francesco Sforza et recouvre la suzeraineté sur Asti et Gênes. Rejet de toute tutelle de Charles Quint sur l'Italie du Nord.

2e guerre

1527 Les alliés de Cognac reprennent Milan et Gênes ; en représailles, Charles Quint ordonne la prise et le sac de Rome (où le connétable de Bourbon est tué).
Après un désastre devant Naples, où l'armée est décimée par la peste, puis la défaite de Landriano, la France est contrainte de signer la paix.

Traité de Cambrai (1529) ou Paix des Dames (parce que négociée par Louise de Savoie et Marguerite d'Autriche). C'est une variante adoucie du traité de Madrid : la France conserve la Bourgogne et les enfants royaux sont libérés contre rançon.

Pour renforcer sa position vis-à-vis de Charles Quint, François Ier conclut des alliances d'une part avec les princes protestants allemands de la ligue de Smalkalde, et d'autre part avec le sultan ottoman Soliman II. Puis il prend de nouveau l'initiative de la guerre.

3e guerre

1536 Attaque française de la Savoie et du Piémont. Campagnes sans résultat de Charles Quint en Provence, Roussillon, Picardie (siège de Péronne). Perte et reprise du Piémont. Trêves de Bomy (Nord) et Monçon (Italie).

1538 Après une médiation du pape, la France conserve les deux-tiers du Piémont, et la guerre prend fin à l'entrevue d'Aigues-Mortes, par une entente factice entre les deux souverains.

4e guerre pendant laquelle Henri VIII va s'allier à Charles Quint.

1542 La France attaque dans le Piémont, le Roussillon et le Luxembourg, puis prend Nice avec l'aide de la flotte turque.
Victoire de Cérisoles, mais Henri VIII prend Boulogne et Charles
1544 Quint envahit la Champagne.

Traité de Crépy (1544) avec Charles Quint :
François Ier renonce à la Savoie et au Piémont, Charles Quint à la Bourgogne, et ils s'allient contre les Turcs.

Traité d'Ardres (1546) avec Henri VIII : rachat de Boulogne qui sera réoccupée en 1550 à la fin des versements.

b) Sous Henri II.

Le successeur de François Ier reprend la politique de son père. Le traité de Chambord va provoquer une 5e guerre contre Charles Quint.

Traité de Chambord (1552) avec Maurice de Saxe et les princes protestants allemands : cession à la France des trois évêchés de Metz, Toul et Verdun contre promesse d'une aide financière aux princes pour leur lutte contre Charles Quint.

5e guerre avec de nouveau l'intervention de l'Angleterre.

1552 Occupation française des Trois Évêchés. Échec de Charles Quint devant Metz. Intervention en Corse contre les Gênois. Campagnes dans le Piémont et en Belgique.

1556 Abdication de Charles Quint. Son fils Philippe II et Henri II signent à Vaucelles une trêve de cinq ans.

1557 La France rompt la trêve, et l'Angleterre entre en guerre (la reine Marie Tudor est l'épouse de Philippe II). Les Français sont battus par les Espagnols à St-Quentin puis à Gravelines, mais reprennent Ca-
1558 lais aux Anglais.

Traité de Cateau-Cambrésis (1559) conclu avec Philippe II et la nouvelle reine d'Angleterre Elisabeth Ire.
- Disposition de Calais pendant huit ans avec possibilité de rachat.
- Récupération de St-Quentin, Thérouanne, Le Castelet.
- Abandon de Marienbourg, Thionville, Damvillers, Montmédy, Bresse, Bugey, Savoie, Piémont, Milanais, Montferrat, Corse.

Ce traité, signé contre l'avis des Guise et sous la pression du connétable de Montmorency (prisonnier), est désastreux, mais il met fin à soixante ans de guerres étrangères.

4 LA LUTTE CONTRE LA RÉFORME.

a) Sous François Ier.

1520 Trois ans après son éclosion en Allemagne, le luthéranisme fait son apparition en France. Il trouve un écho favorable auprès du cénacle de Meaux qui réunit, autour de l'évêque Briconnet, divers humanistes et théologiens (dont Lefèvre d'Étaples, Guillaume Farel, Calvin) déjà préoccupés par la nécessité de réformer l'Église.

1521 La nouvelle doctrine est condamnée par la Sorbonne. Néanmoins les premiers réformés jouissent d'une tranquillité relative, grâce surtout à la protection de la soeur du roi, Marguerite d'Angoulême (bientôt reine de Navarre).

1525 Pendant la détention du roi, les premières mesures répressives sont prises par la régente Louise

1 – L'EMPIRE DE CHARLES QUINT À SON ABDICATION (1556). LA FRANCE AU TRAITÉ DE CATEAU-CAMBRÉSIS (1559).

Limite du Saint Empire Romain Germanique

Possessions personnelles de Charles Quint

Suisse et Gênes : appartenance purement formelle au Saint Empire

Lorraine : indépendante du Saint Empire depuis 1542 (traité de Nuremberg)

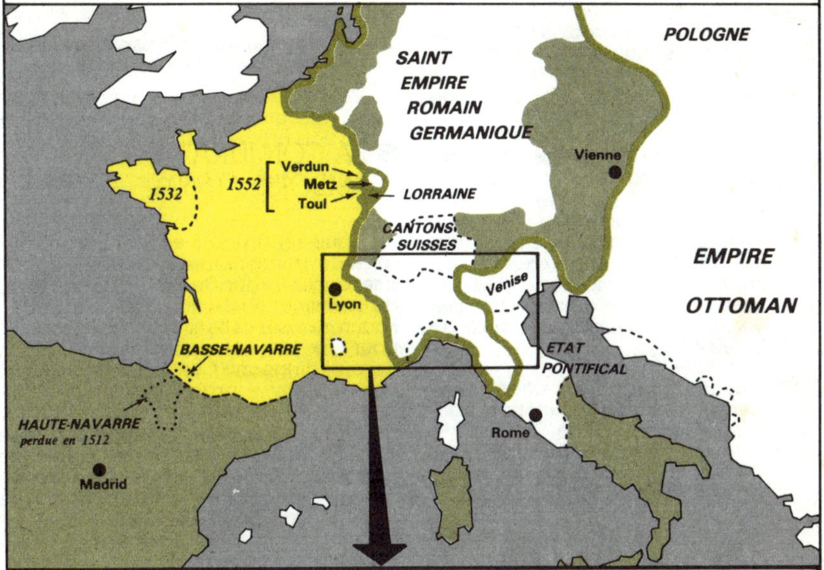

POLOGNE
SAINT EMPIRE ROMAIN GERMANIQUE
Vienne
1552 [Verdun, Metz, Toul
1532
LORRAINE
CANTONS SUISSES
Venise
EMPIRE OTTOMAN
Lyon
BASSE-NAVARRE
ETAT PONTIFICAL
HAUTE-NAVARRE perdue en 1512
Rome
Madrid

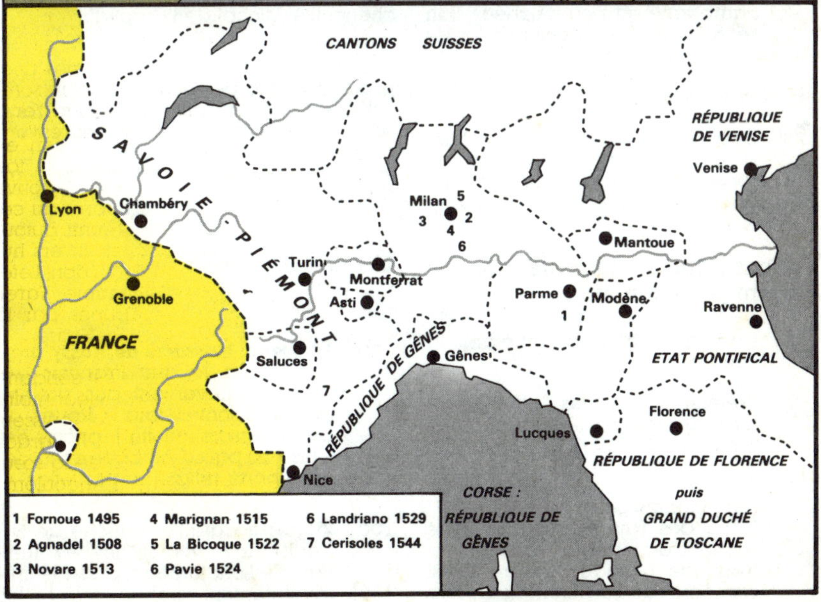

CANTONS SUISSES
RÉPUBLIQUE DE VENISE
Venise
SAVOIE
Lyon
Chambéry
Milan
PIÉMONT
Mantoue
Turin
Montferrat
Parme
Modène
Asti
Ravenne
Grenoble
FRANCE
Saluces
RÉPUBLIQUE DE GÊNES
Gênes
ETAT PONTIFICAL
Florence
Lucques
RÉPUBLIQUE DE FLORENCE puis GRAND DUCHÉ DE TOSCANE
Nice
CORSE : RÉPUBLIQUE DE GÊNES

1 Fornoue 1495
2 Agnadel 1508
3 Novare 1513
4 Marignan 1515
5 La Bicoque 1522
6 Pavie 1524
6 Landriano 1529
7 Cerisoles 1544

de Savoie avec l'appui de la Sorbonne et du Parlement. Le cénacle de Meaux est dispersé.

1526 La reprise du pouvoir par François Ier marque un retour à la conciliation, due à sa tolérance naturelle alliée à une motivation politique : le combat contre Charles Quint a la priorité.

1533 Le discours du recteur Cop à la rentrée des universités – probablement rédigé par Calvin – est un véritable défi lancé à l'Église de Rome.

1534 L'affaire des Placards (affiches) anticatholiques surprend le roi en révélant un mouvement plus étendu et structuré qu'on ne le pensait. Elle entraîne une répression sévère (vingt exécutions) mais brève, car le roi ne peut à la fois s'allier aux protestants allemands et poursuivre ceux de France.

1536 Calvin publie *l'Institution chrétienne,* base de la Réforme française. De son exil de Genève – la « Rome du protestantisme » – il codifie sa doctrine et organise les églises réformées : le calvinisme remplace alors le luthéranisme et va connaître un développement considérable dans les villes (la campagne est peu touchée). Son recrutement se fait dans toutes les classes de la société, mais particulièrement dans la bourgeoisie et la noblesse.

1540 L'édit de Fontainebleau met en place une véritable législation de répression (guerre contre les Vaudois de la vallée de la Durance).

b) Sous Henri II : la répression devient persécution.

1551 L'édit de Châteaubriant établit la censure.

1555 Premier synode des églises réformées de France (elles sont maintenant plus de 2000).

1559 L'édit d'Écouen établit la peine de mort comme sanction unique.
L'une des raisons pour laquelle Henri II accepte le traité désastreux de Cateau-Cambrésis est son désir de terminer la guerre étrangère pour se consacrer entièrement à la lutte contre les protestants.

c) Sous François II.

1560 Échec de la Conjuration d'Amboise (note 5).

1562 Le massacre de Wassy marque le début des guerres de religion (note 6).

5 LA CONJURATION D'AMBOISE (1560).

Depuis un an qu'il est roi, François II (âgé de 16 ans) laisse le gouvernement à ses oncles, le duc de Guise et le cardinal de Lorraine, chefs du parti catholique. Pour renverser cette situation menaçante pour eux, les protestants – à l'instigation de leurs dirigeants Condé, Henri de Bourbon, Coligny – organisent un complot dans le but de s'assurer d'abord de la personne du roi puis de porter Condé au pouvoir. Mais l'enlèvement échoue et le « tumulte » d'Amboise est noyé dans le sang. Condé, suspecté et arrêté, ne doit la vie sauve qu'à la mort inopinée du roi qui met le pouvoir entre les mains de la régente Catherine de Médicis et de son chancelier Michel de l'Hospital.

Première réaction par les armes des protestants à la persécution dont ils sont l'objet, cette conspiration marque la transition entre quarante ans de répression progressive et les guerres de religion qui vont commencer et se poursuivre pendant trente-six ans.

6 LES GUERRES DE RELIGION.

1562 **1re guerre. Massacre de Wassy** provoqué par le duc François de Guise. Soulèvement des protestants qui sont défaits à Rouen et Dreux. Assassinat de François de Guise. La paix d'Amboise accorde
1563 une liberté religieuse partielle.

1567 **2e guerre.** Bataille indécise de St-Denis où Montmorency est tué. Paix de Longjumeau, presque im-
1568 médiatement rompue.

1569 **3e guerre.** Victoire d'Henri, frère du roi, à Jarnac où Condé est tué, et à Moncontour. Traité de St-
1570 Germain dit Paix de la Reine.

1572 **4e guerre. Massacre de la Saint-Barthélemy.** Siège de La Rochelle et paix de Poitiers.

1575 **5e guerre.** Reprise des hostilités à l'initiative des réformés, battus à Dormans. Paix de Beaulieu, dite Paix de Monsieur, refusée par les états généraux.

1576 Formation de la Ligue catholique, dirigée par le duc Henri de Guise.

1577 **6e guerre.** Les royalistes prennent La Charité, Issoire et assiègent Montpellier. Paix de Bergerac, dite Paix du Roi, promulguée par l'édit de Poitiers.

1580 **7e guerre.** Reprise des hostilités entre Henri de Navarre et le maréchal de Biron (« guerre des amoureux » par allusion à l'atmosphère frivole de la cour de Nérac). Les protestants prennent Cahors. Paix de Fleix.

1585 Alliance de Nemours : Henri III adhère à la Ligue.

1587 **8e guerre.** Victoire à Coutras d'Henri de Navarre sur le duc de Joyeuse.

1588 La Ligue organise la journée des Barricades : Henri III s'enfuit de Paris. **Assassinat du duc de Guise** par Henri III : le duc de Mayenne devient chef de la Ligue.

1589 Réconciliation de Henri III avec Henri de Navarre. Siège de Paris. Assassinat de Henri III. Prise de Dieppe et victoire d'Arques.

1590 Victoire d'Ivry. Encerclement de Paris rompu par les Espagnols d'Alexandre Farnese.

1592 Prise de Chartres et Noyon. Échec du siège de Rouen.

1594 Henri IV rentre dans Paris livré par le gouverneur Brissac.

1595 Déclaration de guerre à l'Espagne et victoire de Fontaine-Française.

1596 Prise de Calais par les Espagnols. Ralliement des ducs de Mayenne, Joyeuse et Épernon.

1597 Perte et reprise d'Amiens contre les Espagnols.

1598 Prise de Dinan. Soumission de la Bretagne. Henri IV entre à Nantes. Paix de Vervins avec l'Espagne.

Édit de Nantes (1598).
- **Clauses religieuses.** Liberté de conscience. Liberté du culte réformé dans tous les lieux où il était pratiqué avant 1597, et dans certains châteaux. Autorisation des synodes. Restitution des anciens temples et autorisation d'en construire de nouveaux.
- **Clauses politiques.** Amnistie. Égalité civile. Chambres (tribunaux) mi-parties dans quelques villes.
- **Clauses territoriales.** Disposition d'une centaine de villes de sûreté.

7 BILAN DU RÈGNE DE HENRI IV.

En plus de la **paix religieuse,** le règne de Henri IV est marqué par :
- La restauration de la **monarchie absolue** : le Parlement devient une chambre d'enregistrement ; les états généraux ne sont plus réunis.
- Un **redressement économique** rapide et spectaculaire dû principalement à l'action de Sully (finances, agriculture, voies de communication) et Laffemas (commerce, industrie).
- La **fin de la féodalité** avec le rattachement au domaine royal du dernier grand fief, celui de la maison de Bourbon-Navarre, auquel Henri IV procède en 1607 après la mort sans enfants de sa sœur Marguerite.

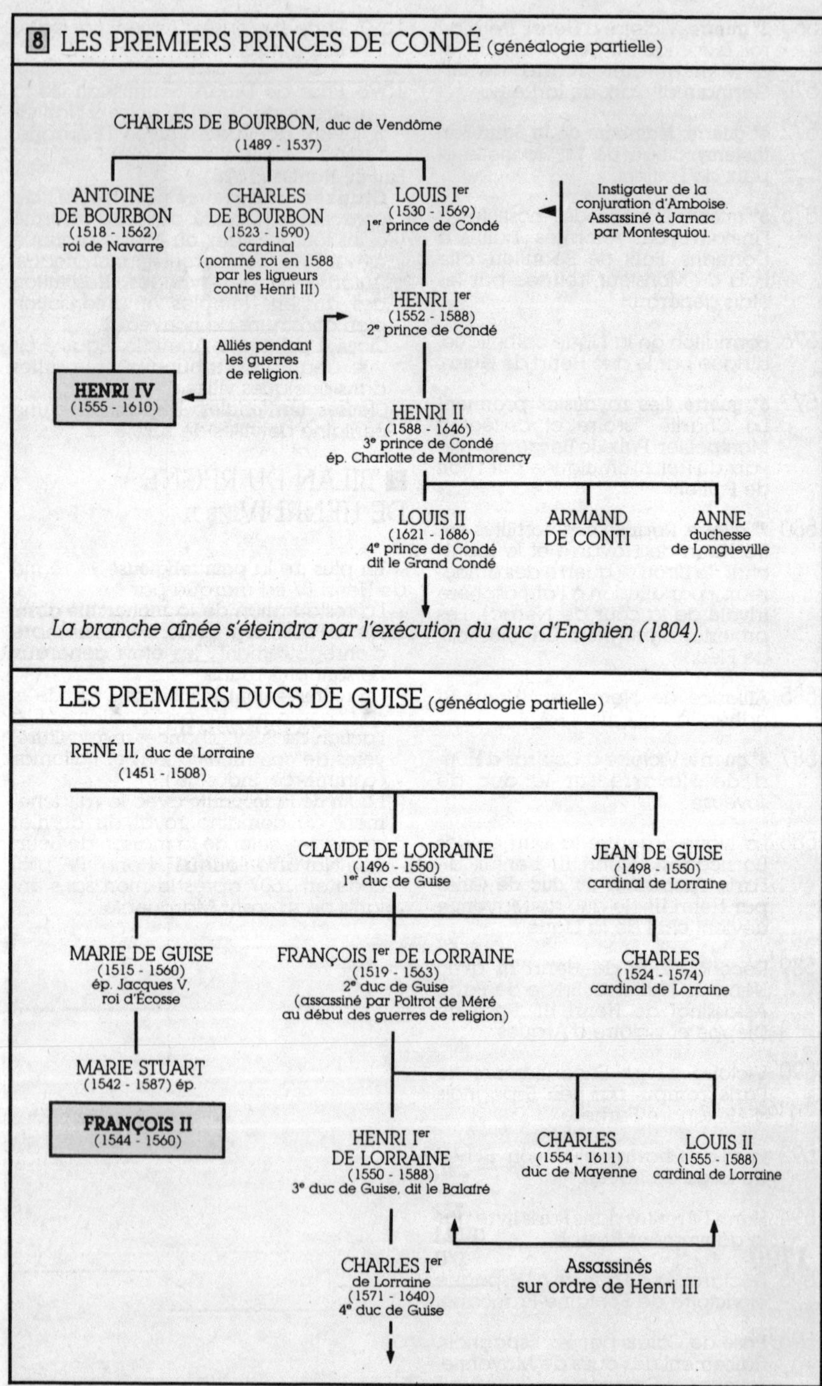
8 LES PREMIERS PRINCES DE CONDÉ (généalogie partielle)
CHARLES DE BOURBON, duc de Vendôme
(1489 - 1537)
ANTOINE DE BOURBON
(1518 - 1562)
roi de Navarre
CHARLES DE BOURBON
(1523 - 1590)
cardinal
(nommé roi en 1588 par les ligueurs contre Henri III)
LOUIS Ier
(1530 - 1569)
1er prince de Condé
Instigateur de la conjuration d'Amboise.
Assassiné à Jarnac par Montesquiou.
HENRI Ier
(1552 - 1588)
2e prince de Condé
Alliés pendant les guerres de religion.
HENRI IV
(1555 - 1610)
HENRI II
(1588 - 1646)
3e prince de Condé
ép. Charlotte de Montmorency
LOUIS II
(1621 - 1686)
4e prince de Condé
dit le Grand Condé
ARMAND DE CONTI
ANNE
duchesse de Longueville
La branche aînée s'éteindra par l'exécution du duc d'Enghien (1804).
LES PREMIERS DUCS DE GUISE (généalogie partielle)
RENÉ II, duc de Lorraine
(1451 - 1508)
CLAUDE DE LORRAINE
(1496 - 1550)
1er duc de Guise
JEAN DE GUISE
(1498 - 1550)
cardinal de Lorraine
MARIE DE GUISE
(1515 - 1560)
ép. Jacques V, roi d'Écosse
FRANÇOIS Ier DE LORRAINE
(1519 - 1563)
2e duc de Guise
(assassiné par Poltrot de Méré au début des guerres de religion)
CHARLES
(1524 - 1574)
cardinal de Lorraine
MARIE STUART
(1542 - 1587) ép.
FRANÇOIS II
(1544 - 1560)
HENRI Ier DE LORRAINE
(1550 - 1588)
3e duc de Guise, dit le Balafré
CHARLES
(1554 - 1611)
duc de Mayenne
LOUIS II
(1555 - 1588)
cardinal de Lorraine
Assassinés sur ordre de Henri III
CHARLES Ier
de Lorraine
(1571 - 1640)
4e duc de Guise

DIX-SEPTIÈME

XVIIe

SIÈCLE

		ANGLETERRE	SAINT-EMPIRE	ESPAGNE
1590				
1600	**HENRI IV** (Marie de Médicis)		**RODOLPHE II**	**PHILIPPE III**
1610	1610	STUARTS		
1620	**LOUIS XIII** (Anne d'Autriche)	**JACQUES Ier**	**MATTHIAS**	
1630			**FERDINAND II**	
1640	1643	**CHARLES Ier**		**PHILIPPE IV**
1650		**O. CROMWELL**	**FERDINAND III**	
1660		**R. CROMWELL**		
1670	**LOUIS XIV** (Marie-Thérèse) (Madame de Maintenon)	**CHARLES II**		
1680			**LÉOPOLD Ier**	**CHARLES II** (dernier Habsbourg d'Espagne)
1690		**JACQUES II**		
1700		**MARIE ET GUILLAUME III D'ORANGE**		
1710				

Décennies	Politique intérieure		Politique extérieure
1590 **1600**	**1589** **HENRI IV** Branche des Bourbons Tableau généalogique [1] **1594** 1re révolte de Croquants **1602** Exécution du maréchal de Biron **1604** Édit de la Paulette : vénalité et hérédité des charges administratives. **1608** Champlain fonde Québec	• *Monarchie absolue* • *Redressement économique* • *Fin de la féodalité* **XVI[7]** **1609** La fuite aux Pays-Bas de Henri de Condé interfère dans la crise allemande.	**XVI[6]** **1593** Abjuration du protestantisme **1594** et rentrée dans Paris **1595** Victoire de Fontaine-Française **1598** **Édit de Nantes** et paix de Vervins / Espagne **1600** Guerre contre la Savoie **1601** Traité de Lyon **1609** Intervention en Allemagne dans la succession de Clèves-Juliers
1610 1620 1630 1640	**1610** **1610 1614** Régence de **Marie de Médicis** [2] **LOUIS XIII** **1617** Assassinat de Concini. Gouvernement de Luynes. [2] **1619** Rébellion de Marie de Médicis. **1624** Richelieu Premier ministre (→ 1642) **1626** Conspiration de Chalais **1630** **Journée des Dupes** [5] **1632** Rébellion de Gaston d'Orléans et de Montmorency [6] **1639** Révolte des Va-Nu-Pieds **1641** Rébellion du comte de Soissons **1642** Conspiration de Cinq-Mars	**1621** **RÉVOLTE PROTESTANTE** [3] **1627** Siège de La Rochelle **1629** Édit d'Alès **1640** Publication de l'*Augustinus* : début du **jansénisme.**	**1610** Occupation provisoire de Juliers **1621** Intervention en Valteline [4] **DÉBUT DE LA POLITIQUE ANTI-HABSBOURG** **1631** Annexion de fait de la Lorraine **1635** Conquête : Martinique - Guadeloupe. **1635** **PARTICIPATION DIRECTE À LA GUERRE DE TRENTE ANS** [7] **1643** Victoire de **Rocroi**
1650	**1643** **1643** Régence d'Anne d'Autriche **Mazarin** Premier ministre	**1648** **LA FRONDE** [8]	**1648** Paix avec l'Empire : traités de Westphalie.

Décennie	Règne	Religion	Politique extérieure
1650	**1651** Majorité du roi qui confirme Mazarin dans son poste. **LOUIS XIV**	**1653**	Alliance Espagne - Fronde **1659** Paix avec l'Espagne : traité des Pyrénées.
1660	**1660** Mariage avec Marie-Thérèse **1661** Mort de Mazarin : début du règne personnel. **Colbert** et **Louvois** ministres	**1661** Condamnation du jansénisme : affaire du Formulaire. **1668** Compromis de la Paix de l'Église	**1662** Alliance avec les Provinces-Unies **1664** Victoire de St-Gotthard / Turcs **1667** **GUERRE DE DÉVOLUTION** 9 **1668** Traité d'Aix-la-Chapelle **1669** Expédition Candie / Turcs
1670	*Politique de domination*	**1673** **CONFLIT AVEC LA PAPAUTÉ** 11 jusqu'en 1693	**1672** **GUERRE DE HOLLANDE** 10 **1679** Traité de Nimègue
1680	**1679** Affaire des Poisons **1682** Installation à Versailles **1683** Mariage/Mme de Maintenon	**1685** **Révocation de l'édit de Nantes**	**1681** Occupation de Strasbourg et politique des « réunions ». **1683** Guerre / Espagne (au Luxembourg) **1684** Trêve de Ratisbonne
1690	*Déclin :* *Crise économique* *Famines répétées* *Emigration protestante* *Lassitude générale*	**1695** **LE QUIÉTISME** 12 **1699**	**1688** **GUERRE DE LA LIGUE D'AUGSBOURG** 13 **1696** Traité de Turin / Savoie **1697** Traité de Ryswick
1700	*Situation financière catastrophique*	**1702** Révolte protestante des Camisards dans les Cévennes. **1705**	**1702** **GUERRE DE SUCCESSION D'ESPAGNE** 14
1710	**1711** Mort de trois dauphins **1712** 1715	**1710** Démolition de Port-Royal-des-Champs.	**1713** Traités d'Utrecht et Rastadt

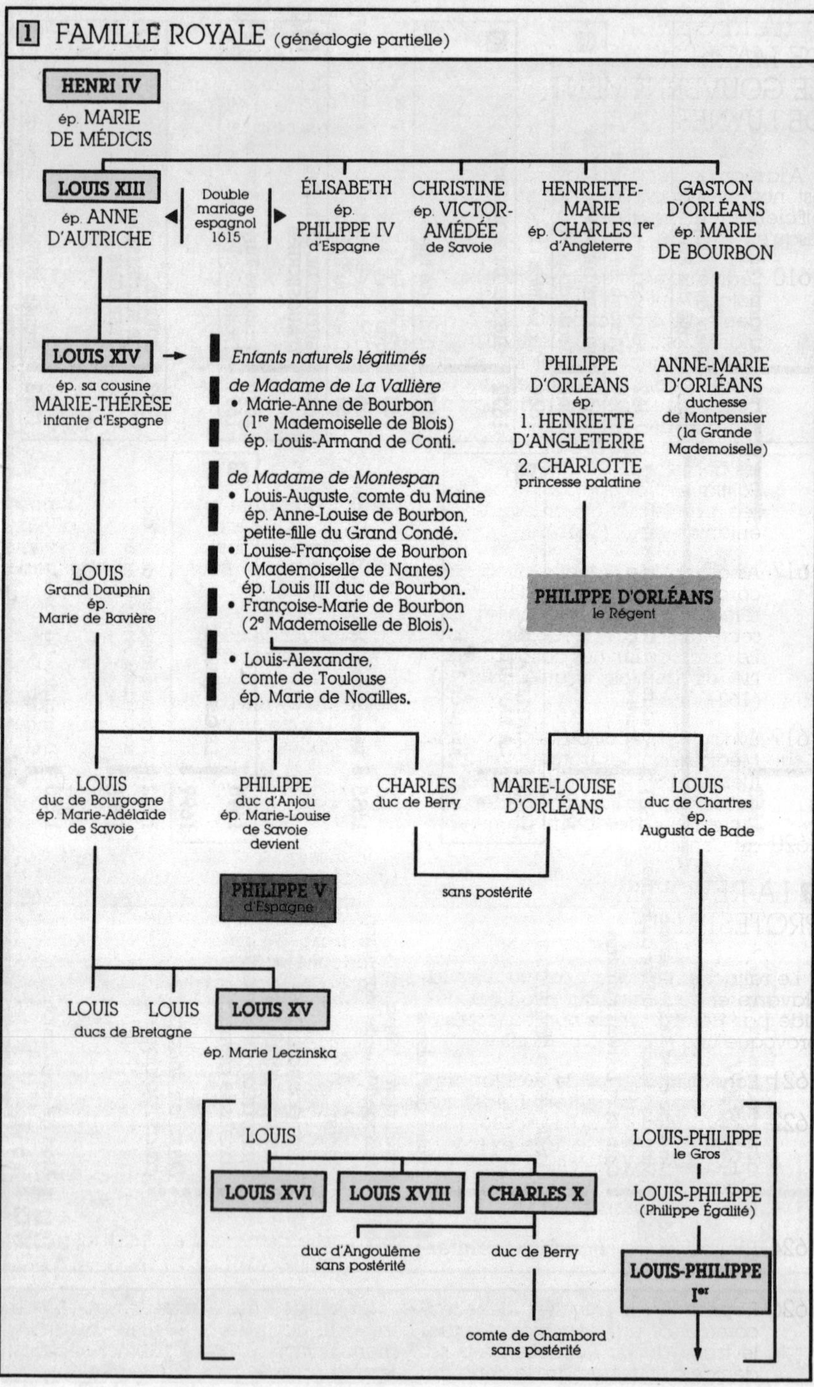
1 FAMILLE ROYALE (généalogie partielle)
HENRI IV
ép. MARIE DE MÉDICIS
LOUIS XIII
ép. ANNE D'AUTRICHE
Double mariage espagnol 1615
ÉLISABETH ép. PHILIPPE IV d'Espagne
CHRISTINE ép. VICTOR-AMÉDÉE de Savoie
HENRIETTE-MARIE ép. CHARLES Ier d'Angleterre
GASTON D'ORLÉANS ép. MARIE DE BOURBON
LOUIS XIV
ép. sa cousine MARIE-THÉRÈSE infante d'Espagne
Enfants naturels légitimés
de Madame de La Vallière
• Marie-Anne de Bourbon (1re Mademoiselle de Blois) ép. Louis-Armand de Conti.
de Madame de Montespan
• Louis-Auguste, comte du Maine ép. Anne-Louise de Bourbon, petite-fille du Grand Condé.
• Louise-Françoise de Bourbon (Mademoiselle de Nantes) ép. Louis III duc de Bourbon.
• Françoise-Marie de Bourbon (2e Mademoiselle de Blois).
• Louis-Alexandre, comte de Toulouse ép. Marie de Noailles.
PHILIPPE D'ORLÉANS ép. 1. HENRIETTE D'ANGLETERRE 2. CHARLOTTE princesse palatine
ANNE-MARIE D'ORLÉANS duchesse de Montpensier (la Grande Mademoiselle)
LOUIS Grand Dauphin ép. Marie de Bavière
PHILIPPE D'ORLÉANS le Régent
LOUIS duc de Bourgogne ép. Marie-Adélaïde de Savoie
PHILIPPE duc d'Anjou ép. Marie-Louise de Savoie devient
PHILIPPE V d'Espagne
CHARLES duc de Berry
MARIE-LOUISE D'ORLÉANS
sans postérité
LOUIS duc de Chartres ép. Augusta de Bade
LOUIS LOUIS ducs de Bretagne
LOUIS XV
ép. Marie Leczinska
LOUIS
LOUIS XVI
LOUIS XVIII
CHARLES X
duc d'Angoulême sans postérité
duc de Berry
comte de Chambord sans postérité
LOUIS-PHILIPPE le Gros
LOUIS-PHILIPPE (Philippe Égalité)
LOUIS-PHILIPPE Ier

2 LA RÉGENCE DE MARIE DE MÉDICIS. LE GOUVERNEMENT DE LUYNES.

A la mort de Henri IV, Marie de Médicis est nommée régente : elle le restera officiellement jusqu'en 1614, en fait jusqu'en 1617.

1610 Séditions répétées des princes - notamment Condé - contre la régente et son favori Concini (le maréchal d'Ancre), jusqu'au traité de Loudun par lequel Marie de Médicis donne des gages aux rebelles et accepte une réduction de son pouvoir.
Vaine réunion des états généraux, les derniers avant 1789.
Politique pro-espagnole concrétisée par le double mariage des enfants royaux (1615).

1617 Assassinat de Concini avec l'accord du roi. Marie de Médicis est reléguée à Blois, et Richelieu, ex-secrétaire d'État, à Avignon.
Le favori de Luynes détient la réalité du pouvoir jusqu'à sa mort (1621).

1619 Évasion et rébellion de Marie de Médicis dont les troupes sont battues aux Ponts-de-Cé. Une réconciliation avec le roi est négociée par Richelieu : elle obtient de revenir
1620 au Conseil.

3 LA RÉVOLTE PROTESTANTE.

Le rattachement à la Couronne de la Navarre et du Béarn, qui avait été décidé par Henri IV mais non concrétisé, provoque une révolte protestante.

1621 Échec des sièges de Montauban puis de Montpellier. L'édit de
1622 Montpellier modifie celui de Nantes : il étend le libre exercice du culte mais réduit à deux les places de sûreté protestantes : La Rochelle et Montauban.

1624 Richelieu est nommé Premier ministre.

1626 Reprise de la révolte. Richelieu commence par négocier et signe le traité de La Rochelle, puis se décide à entreprendre le siège de la ville qui capitule malgré l'inter-
1628 vention anglaise.

1629 Victoire en Languedoc. L'édit de Grâce d'Alès confirme les libertés religieuses des protestants mais supprime leurs assemblées politiques et leurs deux dernières places de sûreté.

4 DÉBUT DE LA POLITIQUE ANTI-HABSBOURG.

1621 Intervention diplomatique puis militaire pour maintenir l'indépendance de la Valteline (sous la suzeraineté du canton des Grisons) contre les Espagnols et le pape, concrétisée par le traité de
1626 Monçon.

1627 Campagne d'Italie pour la succession de Mantoue. Victoire du Pas-de-Suse contre le duc de Savoie allié des Espagnols, mais résis-
1629 tance de Casale.

1630 Seconde campagne d'Italie : prise de Pignerol.

1631 **Occupation de la Lorraine** (jusqu'en 1697 sauf durant de brefs intervalles).

5 LA JOURNÉE DES DUPES.

Depuis l'édit d'Alès, la cour et le pays sont divisés entre :
- « le parti dévôt » : la reine-mère Marie de Médicis, la reine Anne d'Autriche, le frère du roi Gaston d'Orléans, et surtout le garde des Sceaux Marillac, farouchement antiprotestant et prônant une alliance avec les Habsbourg,
- le « parti des bons Français »: partisans de Richelieu qui refusent l'immixtion de la religion dans les affaires de l'État et considèrent les Habsbourg comme le plus grand danger qui menace le pays.

1630 Une tentative de Marie de Médicis pour faire évincer Richelieu se retourne contre elle. (Prisonnière, elle s'évadera en 1631 et restera exilée jusqu'à sa mort en 1642.)

La journée des Dupes marque la défaite du parti dévôt et scelle définitivement l'alliance Louis XIII-Richelieu qui fera la grande force du règne.

6 LA RÉBELLION DE GASTON D'ORLÉANS ET DE MONTMORENCY.

1632 Gaston d'Orléans, frère du roi, – qui a déjà été le complice de Chalais, et qui continuera de comploter toute sa vie – soutient ouvertement la rébellion du duc de Montmorency, gouverneur du Languedoc. Après leur défaite de Castelnaudary, le duc est exécuté et Gaston d'Orléans gracié, essentiellement parce qu'il est encore à cette époque l'héritier présomptif du trône.

7 INTERVENTION DANS LA GUERRE DE TRENTE ANS ET CONTRE L'ESPAGNE.

A l'origine religieux et allemand, le conflit devient politique et international par l'intervention du Danemark et surtout de la Suède (Gustave-Adolphe en 1631) soutenue financièrement par la France (traité de Bärwalde). Le but de Richelieu est toujours d'affaiblir les Habsbourg d'Autriche et d'Espagne. Aussi, après les échecs suédois de 1634, il renforce son réseau d'alliances – Suède, Provinces-Unies, Savoie –, s'assure le concours de Bernard de Saxe et intervient directement dans la guerre en prenant comme prétexte l'occupation de Trèves par les Espagnols.

1re période : guerre simultanée contre l'Espagne et l'Empire.

1635 **Opérations dans le Nord** (Condé). Après une offensive qui amène les Espagnols jusqu'à Pontoise, les Français reprennent Corbie, puis Hesdin, Arras, Bapaume. La victoire de **Rocroi** (1643) brise une nouvelle offensive espagnole sur Paris. Prise de Courtrai, Furnes, Dunkerque, et Ypres après la victoire de Lens.

Opérations en Allemagne (Bernard de Saxe, puis Guebriant, 1639 puis Turenne, 1643).

L'offensive des Impériaux vers la Bourgogne est arrêtée à St-Jean-de-Losne. Prise de Brisach et de Fribourg-en-Brisgau. Victoire de Nordlingen et jonction franco-suédoise en Hesse. Victoire franco-suédoise de Zusmarshausen, puis **marche sur Vienne** qui est arrêtée par la signature de la paix en 1648 : traités de Westphalie.

Autres théâtres d'opérations.

Perte de St-Jean-de-Luz. Reprise de Turin. Aide à la Catalogne et au Portugal révoltés. Conquête du Roussillon et de Perpignan (de La Meilleraye) facilitée par la victoire navale de Barcelone (de Brézé). Échec des actions en Espagne (siège de Lérida), dans le Mila-
1647 nais et à Naples (Guise).

Traité de Westphalie (1648) : paix avec l'Empire.

La France se voit reconnaître la possession des Trois Évêchés – Metz, Toul et Verdun –, acquiert la majeure partie de l'Alsace (sauf Strasbourg, ville libre, et Mulhouse), et conserve Pignerol.

2e période : poursuite de la guerre contre l'Espagne seule.

1648 **Pendant la Fronde** : ralliement aux Espagnols de Turenne (jusqu'en 1651), puis de Condé (à partir de 1652). Perte de Dunkerque.

1653 Siège de Rocroi par Condé.

1654 **Dernière phase de la guerre.**
Traité d'amitié franco-anglais (Olivier Cromwell), transformé ultérieurement en alliance offensive. Victoire des Dunes de Turenne sur Condé. Prise de Dunkerque remise à l'Angleterre. Invasion des Pays-Bas espagnols arrêtée par la signature de la paix : traité des
1659 Pyrénées.

Traité des Pyrénées (1659) : paix avec l'Espagne.

La France acquiert le Roussillon, l'Artois, le Barrois, le Clermontois, et quatorze places fortes sur la frontière du Nord. Soumission de Condé. Promesse de mariage Louis XIV – Marie-Thérèse.

En 1648, les Provinces-Unies avaient signé une paix séparée avec l'Espagne qui reconnaissait leur indépendance par le traité de Munster.

8 LA FRONDE.

Réaction contre l'autoritarisme de Richelieu, la Fronde est une révolte désordonnée où des ambitions concurrentes se conjuguent et s'affrontent tour à tour, sur fond de guerre étrangère et de crise économique. Mazarin voit se coaliser contre lui tous les mécontents : le Parlement d'une part, les grands seigneurs de l'autre, soutenus par une partie du peuple, vont tenter d'imposer leur tutelle à la régente et de se débarrasser du Premier ministre détesté. Le rôle important joué par les femmes de la noblesse – Mme de Longueville, la Grande Mademoiselle, etc. – crée un climat passionnel autour de ces luttes qui laisseront le pays ravagé.

1648 **Fronde parlementaire.** Le parlement de Paris exige une réforme du royaume augmentant ses pouvoirs : arrestation de Broussel immédiatement rapportée (barricades). Momentanément maîtres de la capitale dont l'armée royale (Condé) fait le blocus, les frondeurs se soumettent moyennant un
1649 pardon général (paix de Rueil).

1649 **Fronde des princes.** Condé, qui réclame le poste de Premier ministre, est arrêté avec ses beaux-frères Longueville et Conti. A l'instigation de la noblesse, des soulèvements se produisent en province, notamment en Guyenne. Ils sont matés par les troupes royales : capitulation de Bordeaux, et victoire de Rethel sur Turenne allié
1650 aux Espagnols.

1650 **Union des deux Frondes.** Le Parlement réclame le départ de Mazarin qui s'exile. Libération de
1651 Condé. Soumission de Turenne.

1651 **Fronde de Condé.** Nouveau soulèvement du Sud-Ouest : gouvernement de l'Ormée à Bordeaux. Affrontements entre Condé qui marche sur Paris et Turenne nouveau chef de l'armée royale : combats de Bléneau, Étampes et du Faubourg-St-Antoine où Condé est sauvé par l'intervention de l'artillerie de la Bastille à l'initiative de la Grande Mademoiselle.
Paris devient rapidement hostile à Condé (massacres de l'Hôtel de Ville) qui s'enfuit aux Pays-Bas espagnols. Retour de Louis XIV, et d'Anne d'Autriche, qui procède à une répression modérée. Retour
1653 définitif de Mazarin.

9 LA GUERRE DE DÉVOLUTION CONTRE L'ESPAGNE.

Dans son contrat de mariage, l'infante Marie-Thérèse a du renoncer à ses droits de succession. Mais à la mort de Philippe IV (1665) Louis XIV soutient que, la dot n'ayant pas été payée, cette renonciation est caduque, et il revendique au nom de la reine la Flandre espagnole : en effet, la législation brabançonne accorde un droit de « dévolution » aux enfants du premier lit. Le refus de l'Espagne d'accepter cet argument entraîne la guerre.

1667 Louis XIV diffère d'un an les hostilités pour ne pas interférer dans la guerre anglo-hollandaise, puis, en deux courtes campagnes, Turenne conquiert le sud de la Flandre dont Lille, et Condé la Franche-Comté.

1668 Les Provinces-Unies, inquiètes, rompent le traité d'alliance de 1662 et forment avec l'Angleterre et la Suède une triple alliance dirigée tacitement contre la France. Louis XIV estime prudent de proposer la paix à l'Espagne.

Traité d'Aix-la-Chapelle (1668). La France acquiert douze villes de Flandre dont Lille, Douai, Tournai. L'Espagne récupère la Franche-Comté.

10 LA GUERRE DE HOLLANDE.

Louis XIV n'a pas pardonné aux Provinces-Unies d'avoir rompu en 1668 l'alliance avec la France, mais la véritable cause de la guerre est d'ordre économique : l'essor de l'industrie et des exportations françaises passe par l'élimination de la concurrence hollandaise et surtout de sa marine marchande qui a un quasi-monopole du commerce maritime.

La diplomatie française parvient à rompre la Triple Alliance : l'Angleterre et la Suède renouent avec la France, et les Provinces-Unies se trouvent provisoirement isolées.

1672 Franchissement du Rhin et prise d'Utrecht. Les Hollandais arrêtent l'avance française en inondant le pays. Défaite de la flotte franco-anglaise à Sole-Bay. Prise de
1673 Maastricht.
Guillaume d'Orange, nouveau Stathouder et âme de la résistance, parvient à former une coalition contre la France : Provinces-Unies, Lorraine, Espagne, Autriche, Danemark et quelques princes allemands.
L'Angleterre signe la paix séparée de Westminster. Conquête de la Franche-Comté (Louis XIV, Vauban). Victoire de Seneffe (Condé). En Alsace, après sa victoire de Turckheim, Turenne franchit le

1 – EXTENSION DE LA FRANCE SOUS LES RÈGNES DE HENRI IV – LOUIS XIII – LOUIS XIV.

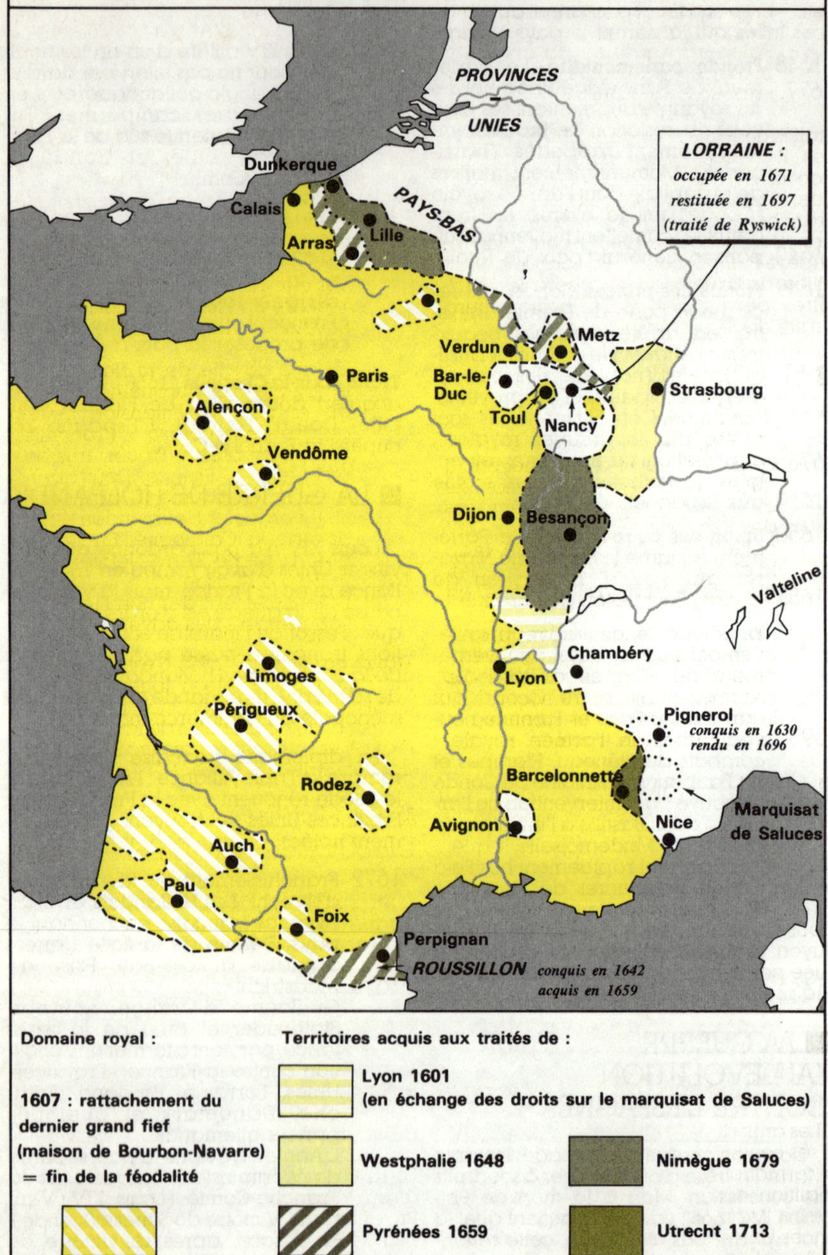

Rhin mais est tué à Salzbach. Louis XIV et Vauban entreprennent la conquête systématique des Pays-Bas espagnols.
Aide à la Sicile révoltée contre l'Espagne : les victoires navales d'Agosta, où Ruyter est tué, et de Palerme, marquent la fin de la marine espanole. Prise de
1677 Fribourg-en-Brisgau.

Traités de Nimègue (1678-1679).
Les Provinces-Unies conservent leurs frontières (mais elles sortent ruinées de la guerre). L'Espagne cède à la France la Franche-Comté et une partie de la Flandre. L'empereur cède Fribourg et récupère Philippsbourg. La Suède, unique alliée de la France, récupère les territoires perdus contre le Brandebourg (traité de St-Germain-en-Laye).

11 LE CONFLIT AVEC LA PAPAUTÉ.

1673 Le conflit s'ouvre avec Innocent XI au sujet de la généralisation du droit de Régale sur les bénéfices des diocèses vacants. Louis XIV obtient le soutien du clergé, mais la déclaration des Quatre Articles, qui officialise le gallicanisme, est rejetée par le pape.
Après une aggravation provoquée par l'affaire des Franchises – droit d'asile des ambassades – le conflit est réglé avec Innocent XII : le droit de Régale est confirmé et
1693 la déclaration rétractée.

12 LE QUIÉTISME.

Le quiétisme est une doctrine mystique, d'origine espagnole, qui prône une contemplation passive et déculpabilisante, au détriment de la pratique religieuse. Elle est propagée par Mme Guyon, soutenue par Fénelon, mais attaquée par Bossuet et finalement condamnée par Innocent XII.

13 LA GUERRE DE LA LIGUE D'AUGSBOURG.

Les ambitions territoriales de Louis XIV et ses continuelles provocations suscitent la formation de la ligue d'Augsbourg, coalition contre la France de tous ses voisins (sauf la Suisse) : Empire, Provinces-Unies, Lorraine, Espagne, Savoie, et Angleterre lorsque Jacques II est détrôné par Guillaume III d'Orange. La succession au siège d'électeur de Cologne donne le signal de la guerre.

1688 Louis XIV envoie à l'empereur Léopold Ier un ultimatum le sommant de reconnaître les « réunions » faites par la France depuis les traités de Nimègue, de nommer à Cologne son candidat et d'indemniser la duchesse d'Orléans contre l'abandon de ses droits sur le Palatinat.
Attaque française : prise de Cologne et de Liège, **dévastation du Palatinat.**
Échec d'une tentative de restauration de Jacques II en Angleterre.
Victoire navale de Beachy-Head.
Victoire de **Fleurus.** Invasion de la Savoie et du Piémont. Prise de Mons.
Défaite navale de **la Hougue** qui empêche le débarquement prévu en Angleterre. Extension de la guerre de « course » (Tourville, Jean Bart, Dugay-Trouin) très bénéfique à la France. Deux offensives de Guillaume III arrêtées à Steinkerque et Neerwinden. Invasion de la Catalogne. En Amérique, prise de Terre-Neuve et de
1693 la Baie d'Hudson.
Ralentissement des hostilités dû à l'épuisement des adversaires.

Traités de Ryswick (1697). S'estimant satisfait d'avoir tenu tête à tous ses voisins coalisés, Louis XIV renonce aux « réunions » et aux conquêtes de la guerre. La France se retrouve *grosso modo* dans les frontières de Nimègue.

14 LA GUERRE DE SUCCESSION D'ESPAGNE.

En prévision de la succession d'Espagne (le roi Charles II n'a pas d'enfant), la France, l'Angleterre et les Provinces-Unies signent successivement deux traités de partage (1698, 1700) qui n'ont l'accord ni de Charles II ni de l'empereur Léopold Ier.

A sa mort, Charles II lègue l'ensemble de ses possessions – avec interdiction de partage – à Philippe d'Anjou (2e fils du dauphin) ou, en cas de refus, à l'archiduc Charles (2e fils de l'empereur). Louis XIV accepte le testament rompant ainsi le traité avec l'Angleterre et les Provinces-Unies, et provoquant la formation de la Grande Alliance de La Haye : Autriche, Angleterre, Provinces-Unies (et ultérieurement Danemark, Savoie, Portugal et majorité des princes allemands).

1702 Déclaration de guerre à la France et à ses alliés : Espagne, Bavière, et provisoirement Savoie qui rejoindra l'Alliance en 1703.
Aux victoires françaises initiales succèdent **la prise de Gibraltar par les Anglais** et, après la défaite de Blenheim, l'évacuation de la Bavière. Le soulèvement de la Catalogne permet aux Anglais de s'installer à Barcelone. Défaites de Turin et de Ramillies (Malborough contre Villeroi) : évacuation des Pays-Bas. Invasion provisoire de la Provence arrêtée à Toulon. Les Espagnols perdent le royaume de Naples. Défaite d'Audenarde et perte de Lille.
Plusieurs tentatives de négociations échouent pendant que les combats se poursuivent : défaite française de Malplaquet, mais tellement meurtrière pour les alliés qu'ils renoncent à leur offensive. Victoire de Villaviciosa. Incendie de Rio-de-Janeiro par Dugay-Trouin.
Armistice franco-anglais. Victoire de Denain. Prise de Landau et de
1713 Fribourg.

L'empereur Joseph Ier est mort sans enfant en 1711. L'avènement de son frère Charles VI – qui s'était fait proclamer roi d'Espagne concurremment à Philippe V – modifie les données politiques du conflit, car aucune puissance européenne n'est prête à accepter un nouveau Charles Quint régnant simultanément à Vienne et à Madrid. De plus, les dernières victoires de Villars facilitent les négociations de paix.

Traités d'Utrecht (1713) avec l'Angleterre, les Provinces-Unies, la Prusse, le Portugal et la Savoie.

Traité de Rastadt (1714) avec l'Empire :
La France sauve l'essentiel : elle se retrouve, à quelques rectifications près, dans les frontières de Nimègue, les acquis du règne étant confirmés. Mais elle doit céder à l'Angleterre une partie de ses possessions nord-américaines (Terre-Neuve, Acadie, Baie d'Hudson), s'engager à combler le port de Dunkerque (clause qui ne sera pas exécutée), et lui concéder d'importants avantages commerciaux.

La victoire de l'Alliance se fait surtout au détriment de l'Espagne qui est démembrée : Philippe V est reconnu comme roi mais doit céder – en plus de Gibraltar et Minorque aux Anglais – toutes ses possessions européennes à l'Autriche (Pays-Bas, Milanais, Sardaigne) et à la Savoie (Sicile).

Les traités consacrent la création du royaume de Prusse, ex-Brandebourg, nouvelle puissance européenne.

DIX-HUITIÈME
XVIIIe
SIÈCLE

	France	ANGLETERRE	SAINT-EMPIRE	PRUSSE	ESPAGNE
1690					
1700	**LOUIS XIV** (Mme de Maintenon)				
1710		**ANNE STUART**	**JOSEPH Ier**	**FRÉDÉRIC Ier**	
	1715				
1720		**GEORGE Ier**			**PHILIPPE V** Petit-fils de Louis XIV Premier Bourbon d'Espagne
1730			**CHARLES VI**	**FRÉDÉRIC-GUILLAUME Ier** (le Roi-Sergent)	
1740		**GEORGE II**	**CHARLES VII**		
1750	**LOUIS XV** (Marie Leczynska)		**FRANÇOIS Ier** (ép. Marie-Thérèse)		**FERDINAND VI**
1760				**FRÉDÉRIC II LE GRAND**	
1770					
	1774				
1780	**LOUIS XVI** (Marie-Antoinette) **RÉVOLUTION**		**JOSEPH II**		**CHARLES III**
1790		**GEORGE III**			
	1792		**LÉOPOLD II**	**FRÉDÉRIC-GUILLAUME II**	
1800	**DIRECTOIRE CONSULAT PREMIER EMPIRE NAPOLÉON Ier** (Joséphine de Beauharnais) (Marie-Louise)		**FRANÇOIS II**		**CHARLES IV**
1810					
	1815				

1690

1700

Louis XIV (voir XVIIe siècle)

1702–1705 Révolte protestante des Camisards dans les Cévennes.

1710

1710 Démolition de Port-Royal

1711–1712 Mort de trois dauphins.

1702 **GUERRE DE SUCCESSION D'ESPAGNE** XVII[14]

1713 Traités d'Utrecht et Rastadt

1715

1720

Régence de Philippe d'Orléans
Ministre : cardinal Dubois

LOUIS XV **1723–1726** Ministère du duc de Bourbon

1716–1720 La politique financière de Law déclenche la spéculation et finit en banqueroute.

1718–1720 **GUERRE CONTRE L'ESPAGNE** **1**
Traité de Madrid

- *Extension des comptoirs de la Compagnie française des Indes orientales.*
- *Commerce maritime « triangulaire » : France → Afrique → Amérique → France (négriers).*

- *Nouvel équilibre européen*
- *Ligue de Hanovre (France + Angleterre + Prusse + Provinces-Unies) :*
- *Renforcement de l'Angleterre.*
- *Abaissement de l'Espagne.*

1730

- *Louis XV laisse ensuite un pouvoir absolu au cardinal de Fleury :*
  - *Redressement financier.*
  - *Essor industrie et commerce.*
  - *Développement voies de communication.*
  - *Difficultés religieuses et parlementaires.*

1733–1738 **GUERRE DE SUCCESSION DE POLOGNE** **2**
Traité de Vienne

1740

1740 Le sultan renouvelle le régime des Capitulations à la France « protectrice des Lieux saints ».

1741 **GUERRE DE SUCCESSION D'AUTRICHE** **3**
France + Espagne + Bavière + Prusse contre Autriche + Angleterre + Provinces-Unies
1748 Traité d'Aix-la-Chapelle

1742 Dupleix (directeur de la Compagnie française des Indes orientales) établit un

1743 Gouvernement personnel de Louis XV.

1749 Le clergé fait échouer la réforme du « vingtième » (impôt sur le revenu).

1750

1750

1753 Conflit clergé / parlements au sujet des jansénistes.

1754 quasi-protectorat sur l'Inde centrale et orientale.

1756 1757 Renversement des alliances : France Autriche contre Angleterre Prusse

1757 Attentat de Damiens

1760

Ministère Choiseul :
- *Réorganisation de l'armée.*
- *Reconstruction de la marine.*
- *Bannissement des jésuites.*
- *Grave révolte parlementaire.*

1758 1761 **PERTE DU PREMIER EMPIRE COLONIAL (INDE, CANADA)** 4

1756 1763 **GUERRE DE SEPT ANS** 4
France + Autriche + Russie + Suède contre Prusse + Angleterre + Hanovre
Traité de Paris

1766 Rattachement de la **Lorraine**
1768 Achat de la **Corse** à Gènes

1770

1770 1774 Le « triumvirat »
- Chancelier Maupéou : réforme autoritaire des parlements.
- Abbé Terray : rétablissement partiel des finances.
- Duc d'Aiguillon : politique étrangère désastreuse.

1774

LOUIS XVI

1780

Les réformes fiscales – Turgot, Necker, Calonne – échouent par la faiblesse du roi face aux privilégiés.

En évitant de participer aux conflits continentaux, Vergennes devient l'arbitre de l'Europe (succession de Bavière, Crimée, Pays-Bas).

1775 1783 Participation à la **GUERRE D'INDÉPENDANCE DES U.S.A.** 5
Traité de Versailles

1790

1788 Brienne convoque les états généraux.
Rappel de Necker

1789 **RÉVOLUTION** 6

1792

Ire RÉPUBLIQUE

1800

1795 **DIRECTOIRE** 7
1799 **CONSULAT**

1792 1797 **1re coalition**
1798 1802 **2e coalition**

1804

Ier EMPIRE

1810

1804 1815 **EMPIRE** 8 9

1805 1815 **3e à 7e coalitions**
Guerre d'Espagne
Campagne de Russie

1815

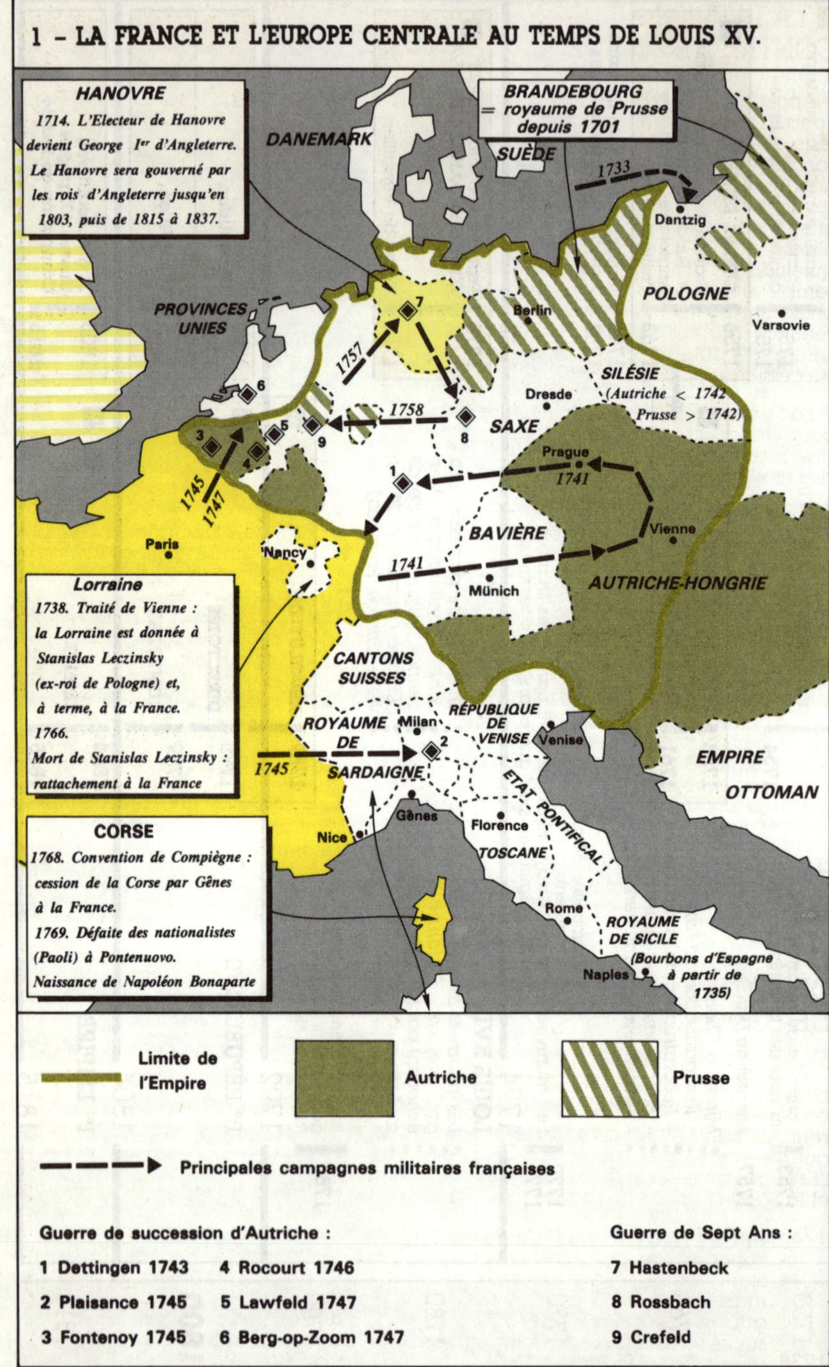
1 – LA FRANCE ET L'EUROPE CENTRALE AU TEMPS DE LOUIS XV.
HANOVRE
1714. L'Electeur de Hanovre devient George Ier d'Angleterre. Le Hanovre sera gouverné par les rois d'Angleterre jusqu'en 1803, puis de 1815 à 1837.
BRANDEBOURG = royaume de Prusse depuis 1701
DANEMARK
SUÈDE
1733
Dantzig
POLOGNE
Varsovie
PROVINCES UNIES
Berlin
1757
SILÉSIE
(Autriche < 1742
Prusse > 1742)
Dresde
1758
SAXE
Prague
1741
1745
1747
Vienne
BAVIÈRE
Paris
Nancy
1741
Münich
AUTRICHE-HONGRIE
Lorraine
1738. Traité de Vienne : la Lorraine est donnée à Stanislas Leczinsky (ex-roi de Pologne) et, à terme, à la France.
1766. Mort de Stanislas Leczinsky : rattachement à la France
CANTONS SUISSES
ROYAUME DE SARDAIGNE
Milan
RÉPUBLIQUE DE VENISE
Venise
1745
EMPIRE OTTOMAN
ETAT PONTIFICAL
Gênes
Florence
Nice
TOSCANE
CORSE
1768. Convention de Compiègne : cession de la Corse par Gênes à la France.
1769. Défaite des nationalistes (Paoli) à Pontenuovo.
Naissance de Napoléon Bonaparte
Rome
ROYAUME DE SICILE
(Bourbons d'Espagne à partir de 1735)
Naples
Limite de l'Empire
Autriche
Prusse
Principales campagnes militaires françaises
Guerre de succession d'Autriche :
1 Dettingen 1743
2 Plaisance 1745
3 Fontenoy 1745
4 Rocourt 1746
5 Lawfeld 1747
6 Berg-op-Zoom 1747
Guerre de Sept Ans :
7 Hastenbeck
8 Rossbach
9 Crefeld

1 LA REPRISE DE LA GUERRE CONTRE L'ESPAGNE.

Après le traité d'Utrecht et la mort de Louis XIV, il devient rapidement manifeste que l'Espagne – sous l'impulsion de son nouveau Premier ministre, le cardinal Alberoni – cherche à prendre sa revanche, notamment en Italie du Nord et en Méditerranée. A cette menace générale s'ajoute pour la France une inquiétude particulière : le jeune Louis XV semble avoir une santé fragile, et son oncle Philippe V d'Espagne n'a jamais renoncé formellement à la couronne. L'Europe peut craindre une guerre de succession de France.

Face à cette situation, un premier accord franco-anglais (Dubois-Stanhope) devient une triple alliance par l'adhésion des Provinces-Unies.

1718 L'Espagne reconquiert la Sardaigne et prépare une expédition contre la Sicile, ce qui entraîne l'adhésion de l'Empereur à la Triple-Alliance.

1720 Par l'intermédiaire de son ambassadeur à Paris Cellamare, Alberoni fomente une insurrection contre le Régent : la France déclare alors la guerre et envahit le pays basque pendant que la flotte anglaise fait le blocus des ports espagnols. Philippe V est contraint de négocier.

Traité de Madrid (1720). Il confirme celui d'Utrecht. L'Espagne adhère à la Quadruple-Alliance, et Philippe V renonce définitivement au trône de France.

2 LA GUERRE DE SUCCESSION DE POLOGNE.

A la mort d'Auguste II de Pologne, le nouveau roi élu Stanislas Leczinsky est contesté par les partisans de son concurrent Auguste III. Ce conflit dégénère en guerre européenne entre la France et l'Espagne d'une part, la Russie, l'Autriche et la Saxe d'autre part.

1733 Après l'échec d'un corps expéditionnaire français devant Dantzig, Stanislas est chassé de Pologne, mais la guerre se poursuit sur les autres théâtres d'opérations : succès français en Allemagne
1738 (Berwick) et en Italie (Villars).

Traité de Vienne (1738). Il procède à un échange multiple de trônes. Stanislas Leczinsky reçoit en viager la Lorraine qui sera, à sa mort, rattachée à la France (1766).

3 LA GUERRE DE SUCCESSION D'AUTRICHE.

A la mort de l'empereur Charles VI, sa fille Marie-Thérèse lui succède sur le trône d'Autriche en vertu de la Pragmatique Sanction de 1713 qui est maintenant contestée. Cette succession, qui en d'autres circonstances aurait pu rester un conflit inter-allemand, sert de détonateur à un affrontement européen latent depuis plusieurs années (l'Angleterre et l'Espagne sont déjà en guerre).

1740 La Prusse occupe immédiatement la Silésie.

1741 La France, l'Espagne, le Piémont, la Saxe, la Bavière et la Prusse forment la coalition de Nymphenbourg pour soutenir la candidature au titre impérial de Charles de Bavière contre François de Lorraine, époux de Marie-Thérèse. L'Angleterre et le Hanovre – qui ont le même souverain – confirment leur appui à l'Autriche.
Offensive française (prise de Prague) et victoires prussiennes. Charles de Bavière est élu empereur (Charles VII). Marie-Thérèse, dans une situation qui semble désespérée, signe une paix séparée avec la Prusse, par laquelle elle renonce à la Silésie, puis, libre de concentrer ses efforts à l'Ouest, elle obtient une série de succès militaires (retraite des Français, prise de Münich) et diplomatiques : la Saxe se retire du conflit, le Piémont change de camp puis l'empereur lui-même. Sur le front du Hanovre, les Français sont battus à Dettingen. La coalition est disloquée,
1743 l'Alsace menacée.

1744 Retour de la Prusse dans le conflit. Mort de l'empereur Charles VII : élection de François Ier époux de Marie-Thérèse. Nouvelle défection de la Prusse qui traite avec l'Angleterre puis avec l'Autriche. En Italie : conquête puis abandon de Parme, Plaisance, Milan. Perte de Madras aux Indes et de Louisbourg au Canada.
Conquête des Pays-Bas autri-

chiens par le maréchal de Saxe : victoires de **Fontenoy,** Rocourt, Lawfeld, prise de Gand, Bruxelles, Namur, Anvers. Attaque de la Hol-
1747 lande : prise de Maastricht.

Les dernières victoires françaises entraînent l'ouverture de négociations.

Traité d'Aix-la-Chapelle (1748). C'est une trêve par lassitude plus qu'un traité de paix :

- la Prusse, principale bénéficiaire de la guerre, déjà assurée de la Silésie, ne participe pas au traité.
- La France rend les Pays-Bas à l'Autriche, et avec l'Angleterre se restituent leurs conquêtes coloniales.
- Don Philippe, frère du roi d'Espagne et gendre de Louis XV, reçoit Parme et Plaisance.
- Marie-Thérèse est reconnue comme souveraine d'Autriche, et son mari François Ier confirmé empereur.

4 LA GUERRE DE SEPT ANS.

La guerre est causée par une double rivalité :

- franco-anglaise dans le commerce maritime et la conquête des colonies,
- austro-prussienne pour la possession de la Silésie et, au-delà, l'hégémonie en Allemagne.

Dans la perspective de la guerre, le besoin qu'éprouve l'Angleterre, pour protéger le Hanovre, d'avoir sur le continent un allié plus efficace que l'Autriche, entraîne un renversement des alliances : **l'Angleterre s'allie à la Prusse** (traité de Westminster) et **la France à l'Autriche** (traité de Versailles) rejointes ultérieurement par **la Russie et la Suède.**

1756 La France enlève Minorque aux Anglais. La Prusse envahit la Saxe. Défaite de Frédéric II de Prusse en Bohême contre les Autrichiens. La Suède envahit la Poméranie. Victoire française sur les anglo-hanovriens, mais l'armistice de Kloster-Seven n'est pas ratifié à Londres. Attaqué sur trois fronts, Frédéric II bat successivement les Français à Rossbach, les Autrichiens à Leuthen, les Russes à Zondorf. Après la nouvelle défaite de Crefeld, la France n'interviendra plus à l'Est et la guerre se scinde en deux conflits parallèles : France contre Angleterre, et Prusse contre
1758 Autriche.

1758 **Sur le continent.** Reprise du combat par l'armée anglaise qui repousse les Français hors du Hanovre. Échec d'un débarquement anglais à St-Cast mais attaques navales de Rochefort, Lorient, et défaites de deux flottes françaises à Lagos et Belle-Isle empêchant un débarquement projeté en Angleterre.
En Amérique. Après des succès initiaux, les Français perdent la totalité du Canada et les Antilles.
Aux Indes. Perte de toutes les possessions françaises.
Le traité franco-espagnol – pacte de famille – et l'entrée en guerre de l'Espagne incitent les Anglais, malgré leur conquête de Cuba et
1761 de la Floride, à négocier.

Traité de Paris (1763). Il consacre la fin du premier empire colonial français : la France ne recouvre que la Martinique, la Guadeloupe et les cinq comptoirs originels des Indes. En plus des territoires perdus militairement (Indes et Canada) elle cède à l'Angleterre le Sénégal (sauf Gorée) et la moitié Est de la Louisiane.

L'Espagne, qui recouvre Cuba, perd la Floride et reçoit de la France, en compensation, la moitié Ouest de la Louisiane.

5 LA GUERRE D'INDÉPENDANCE DES U.S.A.

a) Avant l'intervention française.

Pendant cette première phase, les « insurgents » vont recevoir l'aide indirecte de la France (argent, armes) et celle de volontaires européens (La Fayette, von Steuben).

1775 Prémices : émeutes antifiscales, insurrections armées (Lexington, Bunker Hill). Création d'une armée (Washington). **Déclaration d'indépendance** de la Virginie puis de l'Union des treize colonies (Jefferson).

1777 Une armée anglaise, débarquée à New York, est d'abord arrêtée à Trenton, puis prend Philadelphie. Celle venant du Canada capitule à Saratoga.

b) A partir de l'intervention française.

1778 La France reconnaît l'indépendance des U.S.A. Traité d'alliance franco-américain. Philadelphie, réoccupée par Washington, est assiégée par les Anglais : une flotte française les force à lever le siège. Échec de l'attaque par mer de

Savannah. Traité franco-espagnol
d'Aranjuez : l'Espagne rentre en
guerre sans alliance directe avec
1779 les Américains.

1780 Le corps expéditionnaire français
(Rochambeau) débarque à
Rhode-Island. Français et Américains font leur jonction sur l'Hudson. Abandonnant leur objectif initial (New York), ils vont encercler
par terre et par mer (de Grasse)
la principale armée anglaise
(Cornwallis) : siège et **capitulation**
1782 **de Yorktown.** Les hostilités se poursuivent vers les Grands Lacs.

Hostilités simultanées hors des U.S.A. : échec du siège de Gibraltar par les franco-espagnols, mais prise de Minorque. Grande activité de la marine française aux Indes, en Guyane, aux Antilles. Après la victoire de Yorktown, de Grasse est battu aux Saintes.

Traité de Versailles (1783). Il reconnaît l'indépendance des U.S.A.
- la France recouvre plusieurs îles des Antilles, St.-Pierre-et-Miquelon et le Sénégal,
- l'Espagne : Minorque et la Floride,
- L'Angleterre conserve le Canada et Gibraltar.

2 – POSSESSIONS COLONIALES EN 1700.

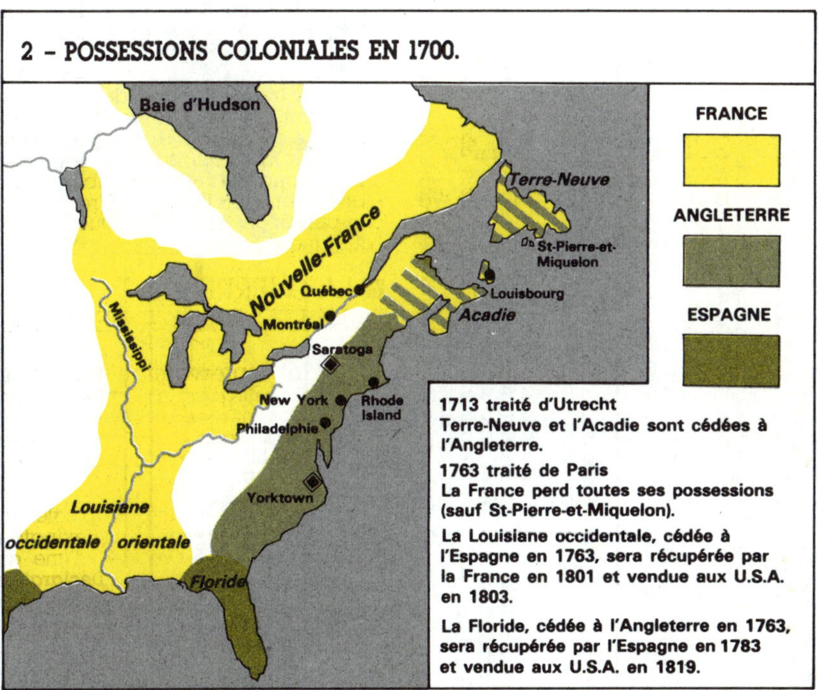

6 LA RÉVOLUTION

1789 — CONSTITUANTE

États généraux. Le tiers état se proclame Assemblée nationale puis, après le serment du Jeu de paume, et rejoint par la noblesse et le clergé, Assemblée constituante : fin de l'absolutisme royal.

Émeute et prise de la Bastille. Création de la Commune de Paris (Bailly) et de la Garde nationale (La Fayette). Révolutions municipales. Grande Peur dans les campagnes. Soulèvements contre les seigneurs. Premiers émigrés. Abolition des privilèges. Déclaration des droits de l'homme : fin de l'Ancien Régime. Louis XVI quitte Versailles pour Paris.

1790

Fête de la Fédération (fin apparente de la Révolution).

Influence considérable des clubs : Jacobins, Cordeliers, Feuillants.

Œuvre de la Constituante : Constitution de 1791 : monarchie parlementaire. Une assemblée unique (législative / suffrage indirect) détient le pouvoir. Véto suspensif du roi.
Confiscation et vente des biens ecclésiastiques.
Constitution civile du clergé (condamnée par le pape).
Impôt direct sur les revenus.
Refonte administrative : départements, districts, cantons, communes, avec administrateurs et juges élus.
Suppression de la vénalité des charges. Abolition de la torture.

1791 — LÉGISLATIVE

Fuite du roi arrêté à Varennes : insurrection du Champ-de-Mars.

1792

Attaque des Tuileries et emprisonnement du roi (10 août).
Massacres de septembre

Ire RÉPUBLIQUE

Conseil exécutif provisoire

Le gouvernement girondin provoque la guerre, et l'invasion étrangère précipite la chute de la monarchie.

Guerre contre l'Autriche + Prusse puis contre la première coalition

Déclaration de guerre de la France (accord du roi).
Invasion (Brunswick) : capitulation Longwy, Verdun.
Victoire de **Valmy** (Dumouriez et Kellermann).
Occupation de Nice et de la Savoie.
Victoire de **Jemmapes** (Dumouriez). Occupation Belgique.

1793 An I

Exécution de Louis XVI
Élimination des Girondins
Assassinat de Marat
Gouvernement des Montagnards [a]

LA TERREUR

Soulèvements royalistes en province, dont **guerre de Vendée.** [b]

1re coalition (Europe sauf Russie, Scandinavie, Suisse).
Défaite de Neerwinden. Trahison de Dumouriez.

Contre-attaques victorieuses sur tous les fronts : Nord, Savoie, Pyrénées. Les Anglais sont chassés de Toulon (Dugommier, Bonaparte).

Année	Régime	Politique intérieure	Politique extérieure
1794 An II	CONVENTION	**9 thermidor : chute de Robespierre** *La convention thermidorienne (Cambacérès, Barras) réduit les pouvoirs des comités, élimine les responsables de la Terreur, abroge les lois d'exception.*	Victoire de Tourcoing (Pichegru) et Fleurus (Jourdan) : toute la Belgique est reconquise. Les Anglais prennent la Corse. Prise de St-Sébastien. Invasion de la Catalogne. Conquête de la Hollande (Pichegru).
1795 An III	CONVENTION	Vote de la Constitution de l'An III (Directoire). **13 vendémiaire** : émeute royaliste à St-Roch, brisée par Bonaparte. **DIRECTOIRE**	Échec d'un débarquement d'émigrés à Quiberon. Traité de Bâle / Prusse Traité de La Haye / Hollande Traité de Bâle / Espagne c
			La guerre continue contre l'Angleterre, l'Autriche.

a **Gouvernement des Montagnards** : la Constitution de l'An I est suspendue dès sa promulgation et le Comité de salut public devient le vrai gouvernement du pays (Robespierre, Couthon, St-Just, Barère, Billaud-Varenne, Collot d'Herbois, Carnot, etc.).

b **Guerre de Vendée et chouannerie.**

1793. Après des succès initiaux, les insurgés sont battus à Nantes, Cholet, Savenay. Représailles gouvernementales : le pays est ravagé par les « colonnes infernales » (Turreau).

1794. Guérilla des Chouans. Après thermidor, Hoche est chargé de la pacification.

1795. Paix de La Jaunaye et St-Florent rompue par une tentative de débarquement d'émigrés à Quiberon.

1796. La guerre de Vendée s'éteint avec la mort de Charette et Stofflet, mais la chouannerie continue jusqu'en 1800.

c **1er traité de Bâle** : la Prusse quitte la coalition et cède à la France ses possessions sur la rive gauche du Rhin.

Traité de La Haye : les Provinces-Unies cèdent à la France la Flandre hollandaise et Maastricht. Elles se transforment en république Batave, unie à la France par une alliance défensive et offensive.

2e traité de Bâle : l'Espagne recouvre ses territoires perdus et cède à la France la partie orientale d'Haïti.

7 LE DIRECTOIRE – LE CONSULAT

1795 An III	**DIRECTOIRE** Dominé par Barras, Rewbell et La Revellière.			(suite de la **1re coalition**) Campagne d'Italie (Bonaparte)	Campagne d'Allemagne (Moreau-Jourdan)
1796 An IV	Conspiration des Égaux (Babeuf).	*Crise économique et financière.* *Spéculation.* *Corruption.* *Brigandage. Laxisme des mœurs.*	Traité de St-Ildefonse : l'Espagne met sa flotte à la disposition de la France. Échec d'un débarquement en Irlande.	Victoire de Lodi Occupation de Milan Contre-offensive autrichienne arrêtée à Arcole	Défaites en Bavière et retraite
1797 An V	Élections : majorité de droite. 18 fructidor : coup d'État anti-royaliste (aidé – d'Italie – par Bonaparte). →	*Puis régime policier révolutionnaire (déportations).*		Victoire de **Rivoli** Marche sur Vienne Armistice de Leoben Traité de Tolentino / pape [a] **Traité de Campo-Formio** / Autriche [b]	Nouvelle offensive arrêtée par l'armistice
1798 An VI	Élections : poussée à gauche. La loi du 22 floréal, anti-jacobine, invalide la moitié des élections.	*Assainissement financier du « tiers consolidé ».* *Développement industrie.* *Gros effort sur l'enseignement.*	**Expédition d'Égypte** Prise de Malte Conquête du delta Défaite navale d'Aboukir	La guerre maritime continue contre l'Angleterre. *La politique expansionniste du Directoire provoque la 2e coalition.* **2e coalition** (Angleterre, Autriche, Russie, Turquie, Deux-Siciles)	
1799 An VII	Élections : victoire jacobine : remaniement du Directoire. Coup d'État du **18 brumaire** — **CONSULAT**		Campagne de Palestine Départ de Bonaparte	Prise de Naples Défaite de Novi : évacuation Italie.	Victoires de Zürich (Masséna), Bergen (Brune). Capitulation anglo-russe d'Alkmar.
1800 An VIII	Bonaparte Premier consul. Cambacérès Lebrun Attentat de la rue St-Nicaise	*Préfets.* *Tribunaux d'appel et de cassation.* *Banque de France (privée).*	Victoire d'Héliopolis Assassinat de Kléber Chute de Malte après deux ans de blocus naval anglais.	2e campagne d'Italie de Bonaparte. Prise de Milan Victoire de **Marengo** Prise de Vérone	Suisse : occupation Grisons. Prise de Trente (MacDonald). Prise d'Ulm, Münich Victoire **Hohenlinden** (Moreau).

Année	Intérieur		Extérieur	
1801 An IX	Signature avec Pie VII du concordat : paix religieuse.	• *Paix intérieure et extérieure.*	Défaite de Canope. Évacuation sous contrôle anglais Traité d'Aranjuez [c]	**Traité de Lunéville** / Autriche : - Confirmation du traité de Campo-Formio, - Agrandissement de la République cisalpine, - Création du Royaume d'Étrurie (ex Toscane autrichienne).
1802 An X	Bonaparte consul à vie	• *Stabilisation monnaie (franc germinal).* • *Essor industrie (Chaptal), agriculture et commerce.* • *Amélioration des routes.* • *Lycées* • *Légion d'honneur* • *Code civil*	Expédition d'Haïti [d] Annexion du Piémont « Acte de médiation » : la Suisse devient un protectorat français.	**Traité d'Amiens** / Angleterre : - Rétrocession des colonies prises à la France et à l'Espagne, - Engagement d'évacuer l'Égypte et Malte.
1803 An XI			Vente aux U.S.A. de la Louisiane occidentale	• *La politique expansionniste de la France inquiète l'Angleterre qui refuse d'évacuer Malte.* Reprise de la guerre / Angleterre
1804	Échec du complot de Cadoudal. Exécution du duc d'Enghien. **EMPIRE**			Projet avorté d'un débarquement en Angleterre (faute de la maîtrise de la mer)

[a] **Traité de Tolentino**
Pie VI cède Avignon et le comtat Venaissin à la France, et trois légations à la République cisalpine.

[b] **Traité de Campo-Formio**
L'Autriche cède à la France ses possessions sur la rive gauche du Rhin, dont les Pays-Bas. Elle reconnaît la République cisalpine.
La République de Venise cesse d'exister, partagée entre l'Autriche, la République cisalpine et la France (Corfou, Zante, Céphalonie).

[c] **Traité d'Aranjuez**
La France donne la souveraineté du nouveau royaume d'Étrurie au duc de Parme, gendre de Charles IV d'Espagne qui rend à la France la moitié occidentale de la Louisiane (c'est cette moitié qui sera vendue aux U.S.A. en 1803).

[d] **Expédition d'Haïti**
Leclerc est chargé de mater les esclaves, révoltés depuis 1791. Capture de Toussaint-l'Ouverture. Mais la révolte continue avec Dessalines et le corps expéditionnaire sera anéanti par la fièvre jaune. Indépendance en 1804.

8 L'EMPIRE

Année	Intérieur	Europe	Espagne / Portugal	Guerres
1804 An XII	**EMPIRE**	*L'Europe napoléonienne*	L'Espagne se joint à la France contre l'Angleterre.	Projet avorté de débarquement en Angleterre
1805 An XIII		Napoléon roi d'Italie, Eugène de Beauharnais vice-roi Traité de Schönbrunn : la Prusse reçoit le Hanovre.	*Le refus du Portugal d'appliquer le Blocus continental entraîne l'intervention de la France dans la péninsule ibérique.*	**3e coalition** (Angleterre + Autriche + Russie + Suède) Défaite de **Trafalgar** Victoire d'**Austerlitz** Traité de Presbourg [a]
1806	*Prud'hommes*	Confédération du Rhin [b] Blocus continental		**4e coalition** (Angleterre + Prusse + Russie + Suède) Victoire d'Iéna, Auerstaedt Occupation Berlin, Varsovie. Bataille d'Eylau Prise de Dantzig Victoire de Friedland Traité de Tilsit [c]
1807	*Cour des comptes* *Cadastre*	Jérôme Bonaparte roi de Westphalie	**GUERRE D'ESPAGNE ET DU PORTUGAL** Traité de Fontainebleau / Espagne droit de passage Conquête Portugal (Junot) reperdu à Sintra.	
1808	*Organisation de la nouvelle université*	Murat roi de Naples Joseph Bonaparte roi d'Espagne → **Conflit avec Pie VII :** occupation puis annexion de Rome et États pontificaux.	Insurrection espagnole : capitulation Bailen. Campagne de Napoléon : Somossierra. Madrid. ←	Entrevue d'Erfurt / Alexandre Ier : Napoléon s'assure de la paix à l'Est avant de partir en Espagne.
1809	*Baccalauréat* Divorce Joséphine	Excommunication de Napoléon Arrestation de Pie VII conduit à Savonne.	Prise de Saragosse (Lannes) Reconquête Espagne et Portugal (Soult) sauf : Cadix (junte espagnole) Lisbonne + Torres Vedras (Wellington).	**5e coalition** (Angleterre + Autriche) V. Eckmühl. Prise de Vienne Victoire de Wagram Traité de Vienne [d]
1810	Mariage Marie-Louise *Code pénal*			Paix avec la Suède Bernadotte prince héritier de Suède. La Russie rompt le Blocus continental.
1811	Naissance du Roi de Rome	Le concile national refuse de soutenir Napoléon contre le pape.	Échec contre Torres Vedras (Masséna). Contre-offensive de Wellington. Bataille de Fuentes-de-Onoro Marmont remplace Masséna.	L'annexion du duché d'Oldenbourg va provoquer la rupture avec la Russie.

1812	Échec du complot du général Malet	Annulation du Concordat Transfert de Pie VII à Fontainebleau	Défaite des Arapiles	**Campagne de Russie** Prise de Moscou Retraite Désastre de la Bérésina
1813		Nouveau concordat accepté puis refusé par le pape.	Évacuation de Madrid Défaite de Vittoria Traité Valençay : Ferdinand VII redevient roi d'Espagne.	**6ᵉ coalition** (Angleterre + Autriche + Russie + Prusse + Suède) Succès initiaux puis défaite de **Leipzig** Repli en-deçà du Rhin Campagne de France Capitulation de Paris Premier traité de Paris [e]
1814	Abdication / Louis XVIII 1ʳᵉ Restauration	Départ de Pie VII **Le congrès de Vienne** définit les nouvelles frontières des États européens.		
1815	Retour de Napoléon à Paris (20-3) **Les Cent-Jours** Abdication définitive (22-6)			**7ᵉ coalition** (Angleterre + Autriche + Russie + Prusse + Suède) Défaite de **Waterloo** Second traité de Paris [f]

[a] Traité de Presbourg / Autriche
L'Autriche cède à la France l'Istrie occidentale, la Dalmatie, la Vénétie (rattachée au royaume d'Italie) et divers territoires à la Bavière (qui devient un royaume) et au Wurtemberg.

[b] Confédération du Rhin
Elle rassemble d'abord 16 puis 36 états allemands dont Napoléon est le « protecteur » et le chef des armées. **C'est la fin du Saint-Empire** (fondé en 962).

[c] Traité de Tilsit / Russie et Prusse
La Russie reconnaît la Confédération du Rhin et cède à la France les Bouches-de-Kotor et les îles Ioniennes. La Prusse, réduite de moitié, est occupée par des troupes françaises. Création du royaume de Westphalie (roi Jérôme Bonaparte) et du grand duché de Pologne (rattaché au royaume de Saxe).

[d] Traité de Vienne / Autriche
L'Autriche perd le cinquième de son territoire et l'accès à l'Adriatique : elle cède la Carinthie, la Carniole, la Croatie maritime, l'Istrie orientale à la France, et divers territoires à la Russie, la Pologne et la Bavière.

[e] Premier traité de Paris
La France retrouve approximativement ses frontières de 1789 (soit ses frontières actuelles moins Nice et une partie de la Savoie) et ses anciennes colonies (moins Ste-Lucie, Tobago, Maurice, Seychelles).

[f] Second traité de Paris
La France perd Chambéry, Sarrelouis, Marienbourg. Elle doit payer une indemnité de 700 millions et les frais des armées d'occupation.

3 – LES GUERRES DE LA RÉVOLUTION À L'EMPIRE.

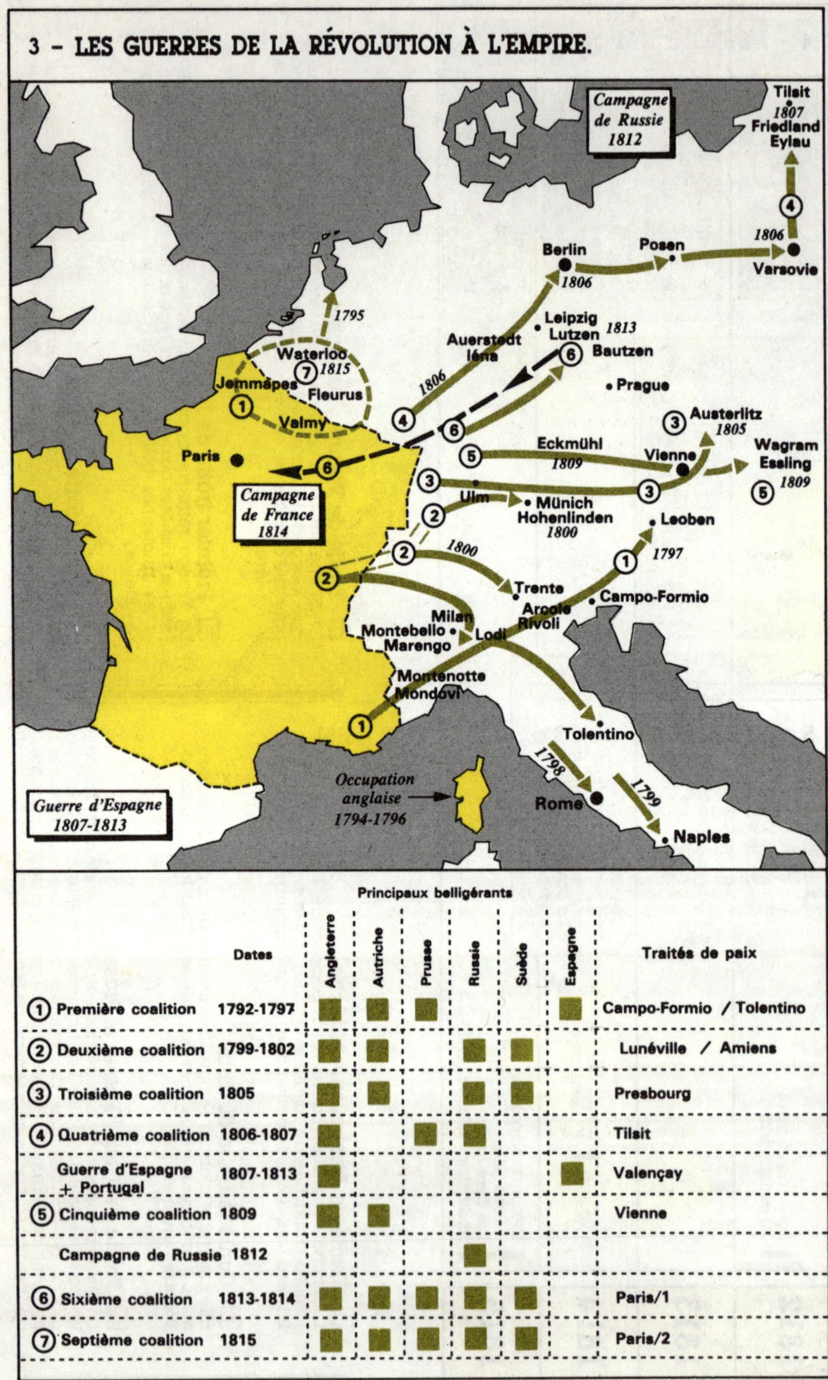

	Dates	Angleterre	Autriche	Prusse	Russie	Suède	Espagne	Traités de paix
		Principaux belligérants						
(1) Première coalition	1792-1797	■	■	■			■	Campo-Formio / Tolentino
(2) Deuxième coalition	1799-1802	■	■		■	■		Lunéville / Amiens
(3) Troisième coalition	1805	■	■		■	■		Presbourg
(4) Quatrième coalition	1806-1807	■		■	■			Tilsit
Guerre d'Espagne + Portugal	1807-1813	■					■	Valençay
(5) Cinquième coalition	1809	■	■					Vienne
Campagne de Russie	1812				■			
(6) Sixième coalition	1813-1814	■	■	■	■	■		Paris/1
(7) Septième coalition	1815	■	■	■	■	■		Paris/2

4 – L'EUROPE NAPOLÉONIENNE À SON APOGÉE (1811).

5 – L'EUROPE DU CONGRÈS DE VIENNE (1815).

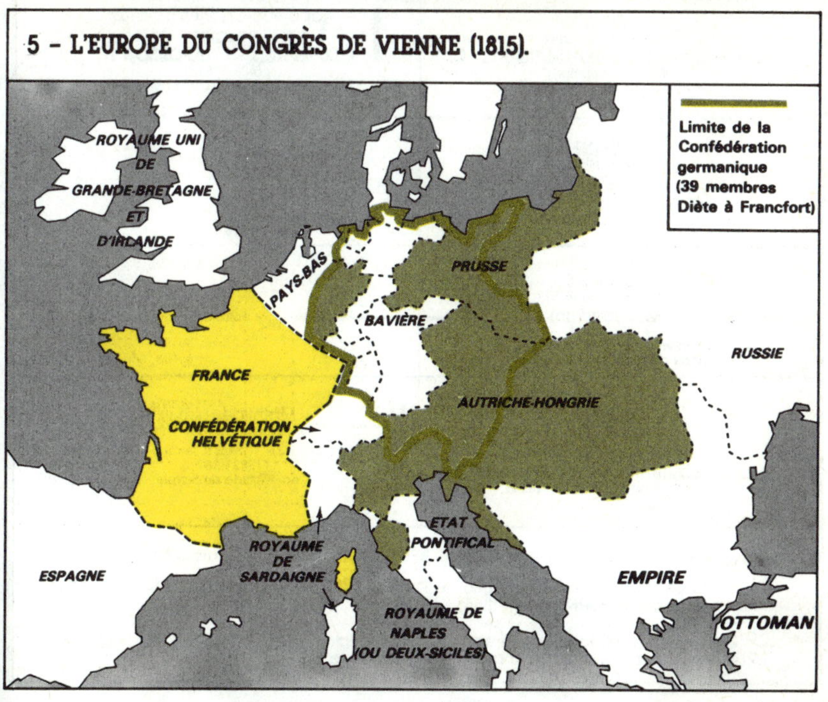

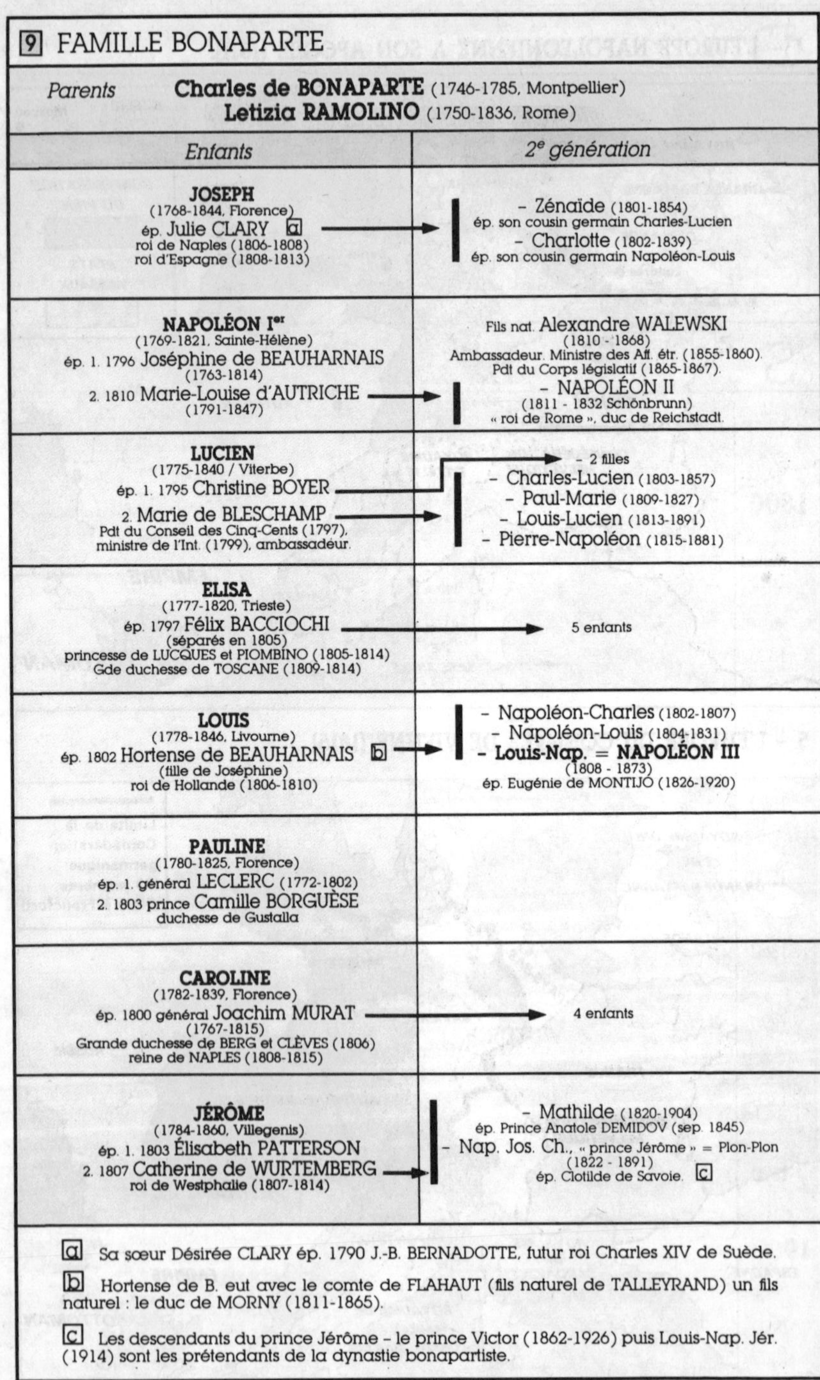

9 FAMILLE BONAPARTE

Parents **Charles de BONAPARTE** (1746-1785, Montpellier)
Letizia RAMOLINO (1750-1836, Rome)

Enfants	*2e génération*
JOSEPH (1768-1844, Florence) ép. Julie CLARY [a] roi de Naples (1806-1808) roi d'Espagne (1808-1813)	– Zénaïde (1801-1854) ép. son cousin germain Charles-Lucien – Charlotte (1802-1839) ép. son cousin germain Napoléon-Louis
NAPOLÉON Ier (1769-1821, Sainte-Hélène) ép. 1. 1796 Joséphine de BEAUHARNAIS (1763-1814) 2. 1810 Marie-Louise d'AUTRICHE (1791-1847)	Fils nat. Alexandre WALEWSKI (1810 - 1868) Ambassadeur. Ministre des Aff. étr. (1855-1860). Pdt du Corps législatif (1865-1867). – NAPOLÉON II (1811 - 1832 Schönbrunn) « roi de Rome », duc de Reichstadt.
LUCIEN (1775-1840 / Viterbe) ép. 1. 1795 Christine BOYER 2. Marie de BLESCHAMP Pdt du Conseil des Cinq-Cents (1797), ministre de l'Int. (1799), ambassadeur.	– 2 filles – Charles-Lucien (1803-1857) – Paul-Marie (1809-1827) – Louis-Lucien (1813-1891) – Pierre-Napoléon (1815-1881)
ELISA (1777-1820, Trieste) ép. 1797 Félix BACCIOCHI (séparés en 1805) princesse de LUCQUES et PIOMBINO (1805-1814) Gde duchesse de TOSCANE (1809-1814)	5 enfants
LOUIS (1778-1846, Livourne) ép. 1802 Hortense de BEAUHARNAIS [b] (fille de Joséphine) roi de Hollande (1806-1810)	– Napoléon-Charles (1802-1807) – Napoléon-Louis (1804-1831) – **Louis-Nap. = NAPOLÉON III** (1808 - 1873) ép. Eugénie de MONTIJO (1826-1920)
PAULINE (1780-1825, Florence) ép. 1. général LECLERC (1772-1802) 2. 1803 prince Camille BORGUÈSE duchesse de Gustalla	
CAROLINE (1782-1839, Florence) ép. 1800 général Joachim MURAT (1767-1815) Grande duchesse de BERG et CLÈVES (1806) reine de NAPLES (1808-1815)	4 enfants
JÉRÔME (1784-1860, Villegenis) ép. 1. 1803 Élisabeth PATTERSON 2. 1807 Catherine de WURTEMBERG roi de Westphalie (1807-1814)	– Mathilde (1820-1904) ép. Prince Anatole DEMIDOV (sep. 1845) – Nap. Jos. Ch., « prince Jérôme » = Plon-Plon (1822 - 1891) ép. Clotilde de Savoie. [c]

[a] Sa sœur Désirée CLARY ép. 1790 J.-B. BERNADOTTE, futur roi Charles XIV de Suède.

[b] Hortense de B. eut avec le comte de FLAHAUT (fils naturel de TALLEYRAND) un fils naturel : le duc de MORNY (1811-1865).

[c] Les descendants du prince Jérôme – le prince Victor (1862-1926) puis Louis-Nap. Jér. (1914) sont les prétendants de la dynastie bonapartiste.

DIX-NEUVIÈME

XIXe

SIÈCLE

1790 · **1800** · 1810 · 1820 · 1830 · 1840 · 1850 · 1860 · 1870 · 1880 · 1890 · **1900** · 1910

	ANGLETERRE	AUTRICHE	PRUSSE	ESPAGNE
NAPOLÉON Ier (Joséphine de Beauharnais) (Marie-Louise)	**GEORGE III**	FIN DU SAINT-EMPIRE	**FRÉDÉRIC-GUILLAUME III**	**CHARLES IV**
1815		EMPIRE D'AUTRICHE		
LOUIS XVIII (Louise de Savoie)		**FRANÇOIS Ier** (ex-François II)		**FERDINAND VII**
1824	**GEORGE IV**			
CHARLES X (Marie-Thérèse de Savoie)				
1830	**GUILLAUME IV**			
LOUIS-PHILIPPE (Marie-Amélie de Bourbon)		**FERDINAND Ier**		**ISABELLE II**
1848			**FRÉDÉRIC-GUILLAUME IV**	
NAPOLÉON III (Eugénie)				
1870	**VICTORIA**	**FRANÇOIS-JOSEPH**	**GUILLAUME Ier** EMPIRE D'ALLEMAGNE	INTERRÈGNE
				ALPHONSE XII
IIIe RÉPUBLIQUE			**FRÉDÉRIC III**	
			GUILLAUME II	**ALPHONSE XIII**

1790

1800

1799 **CONSULAT** XVII[7]

(Pour respecter la continuité politique des différents régimes, le Consulat et le Premier Empire ont été placés à la fin du XVIIIe siècle.)

1804 **PREMIER EMPIRE** XVIII[8]

1810

1815 **LOUIS XVIII**

1820

OCTROI DE LA CHARTE CONSTITUTIONNELLE 1

Opposition républicaine :
1820 Assassinat du duc de Berry. Charbonnerie (sergents de La Rochelle).

1818 Congrès d'Aix-la-Chapelle. Évacuation des troupes d'occupation.
1822 Congrès de Vérone : intervention militaire en Espagne contre la révolte libérale (Trocadéro).

1824 **CHARLES X**

1825 Émeute aux obsèques du général Foy
- *Politique ultra prônant une véritable restauration.*

Intervention franco-anglo-russe / indépendance Grèce.
1827 Victoire navale Navarin / Turcs
1828 Campagne française de Morée

1830

1830 **RÉVOLUTION DE JUILLET** 2

LOUIS-PHILIPPE
- *La bourgeoisie au pouvoir.*
- *Immobilisme de Guizot.*

Opposition populaire, républicaine, royaliste et bonapartiste :
1831 Révolte des Canuts à Lyon. Arrestation de la duchesse de Berry.
1840 Attentat de Fieschi. Soulèvement militaire bonapartiste (Louis Napoléon). Conspiration royaliste / Avignon, Toulouse.
1847 Campagne des « banquets ».

1831 Aide
1832 à l'indépendance de Belgique et Italie. Occupation d'Ancone (→ 1838).
- *Première entente cordiale franco-anglaise.*

EMPIRE COLONIAL
Prise d'Alger
Algérie occupation restreinte
Nossi-Bé
Mayotte
Tahiti
Algérie occupation étendue (Bugeaud)

1840

1850

1848 **RÉVOLUTION ET IIe RÉPUBLIQUE** 3

1849 Intervention militaire à Rome dans le conflit entre le pape et les républicains.

1850 · 1860 · 1870 · 1880 · 1890 · **1900** · 1910

1852 SECOND EMPIRE

NAPOLÉON III

- *Empire autoritaire favorisé par les succès extérieurs et une conjoncture économique favorable.*

1858 Attentat d'Orsini

- *L'Empire devient libéral par nécessité.*
- *Crise économique et agitation sociale.*
- *Renaissance d'une opposition républicaine (Ferry, Gambetta).*
- *Défection des catholiques (opposés à la politique italienne) et des industriels (touchés par le traité de Libre échange / Angleterre).*

1853–1856 **GUERRE DE CRIMÉE** [4]

1859 **GUERRE D'ITALIE** [5]

1860 Intervention au Liban

1861–1867 **GUERRE DU MEXIQUE** [6]

Nouvelle-Calédonie
Sénégal
(Fondation Dakar 1857)

Chine
Cochinchine
Annam
Cambodge

1870

1870 **GUERRE CONTRE L'ALLEMAGNE** [7] **1871** **LA COMMUNE** [8]

IIIe RÉPUBLIQUE

CONSTITUTION IIIe RÉPUBLIQUE [9]

- *République « opportuniste » :*
- *Réaction anticléricale.*
- *Rétablissement libertés.*
- *Très gros effort enseignement (Ferry).*
- *Progression socialisme (Guesde, Jaurès) et syndicats (CGT).*

1899 Victoire électorale du Bloc des gauches.

- *République radicale*

1871–1879 Libération du territoire (Thiers). Échec d'une restauration monarchique / comte de Chambord. Politique cléricale de l'Ordre moral (Mac-Mahon). Amendement Wallon, puis consolidation de la république dans les esprits et les institutions (démission de Mac-Mahon).

1886–1889 Menace de l'opposition « boulangiste ».

1889 Scandale de Panama

1892 Attentats de Ravachol
Attentat de Vaillant
1894 Assassinat du Pt Carnot

1894–1906 AFFAIRE DREYFUS

1882 Triple-Alliance défensive Allemagne - Autriche - Italie contre la France.

1887 Incident Schnaebele franco-allemand.

1893 Alliance défensive franco-russe.

1898 Incident franco-anglais de Fachoda.

Congo
(Brazza)

Tunisie - Sahara
Tonkin
Laos
Soudan
Djibouti
Comores
Côte d'Ivoire
Guinée
Dahomey
Madagascar
(Galliéni)

1 LA CHARTE CONSTITUTIONNELLE DE 1814.

« Octroyée » par Louis XVIII, elle garantit les principales libertés publiques dont celle de la presse – sous réserve « d'abus » – et celle du culte.

Le pouvoir exécutif appartient au roi qui a de plus l'initiative des lois, le droit de dissoudre la Chambre des députés et, dans certains cas, celui de légiférer par ordonnances.

Le pouvoir législatif comprend deux Chambres :
- la Chambre des pairs, nommés par le roi à titre viager ou héréditaire ;
- la Chambre des députés des départements, élus au suffrage censitaire, et renouvelables par cinquième chaque année.

2 LA RÉVOLUTION DE 1830. L'AVÈNEMENT DE LA MONARCHIE DE JUILLET.

Alors que le ministère ultra de Polignac, en place depuis sept mois, devient de plus en plus impopulaire, le discours du trône, particulièrement réactionnaire, mécontente la majorité des députés qui demandent au roi le respect de la Charte (adresse des 221). Charles X dissout la Chambre, mais les élections confortent l'opposition : les 221 deviennent 274.
Le roi riposte par les ordonnances de St-Cloud :
- dissolution de la nouvelle Chambre,
- modification restrictive de la loi électorale,
- menace sur l'existence des journaux, soumis désormais à une autorisation trimestrielle.

1830 (27, 28 et 29 juillet) Devant ce coup de force royal, les journaux d'opposition appellent à l'insurrection populaire. Celle-ci prend le gouvernement au dépourvu : en trois journées de combats de rues – les Trois Glorieuses – dix mille émeutiers, en majorité des anciens gardes nationaux ayant conservé leurs armes, repoussent les troupes de Marmont hors de Paris (mille morts environ).
Pour éviter la République, aboutissement probable de l'émeute, les modérés menés par Thiers sollicitent le duc d'Orléans, que Charles X est contraint de nommer lieutenant-général du royaume avant d'abdiquer. Ayant reçu le ralliement des républicains (La Fayette), le duc d'Orléans prête serment sur la Charte modifiée et devient « Louis-Philippe Ier roi des Français ».

Modifications de la Charte :
- Le corps électoral est élargi par abaissement de l'âge minimum et du cens.
- Les Chambres reçoivent le droit d'initiative des lois, jusque là réservé au roi.
- La censure de la presse devient illégale.
- L'État n'a plus le droit d'utiliser des mercenaires étrangers.
- Le catholicisme n'est plus religion d'État.

3 LA RÉVOLUTION DE 1848. LA IIe RÉPUBLIQUE. LE SECOND EMPIRE.

1848
Février (22, 23, 24). Après l'interdiction d'un « banquet » d'opposition, une manifestation de protestation dégénère. Guizot démissionne, mais un incident de rue provoque des morts et la manifestation tourne à l'insurrection. Refusant de suivre le conseil de Thiers qui préconise l'évacuation de Paris puis un retour en force, et constatant la défection de la garde nationale, Louis-Philippe abdique pendant qu'à l'Hôtel-de-Ville les insurgés (Lamartine, Ledru-Rollin) proclament la République.

Un gouvernement provisoire prend des mesures :
– politiques : suffrage universel, liberté de réunion, liberté totale de la presse, enseignement primaire gratuit et obligatoire, abolition de l'esclavage, etc. ;
– sociales : création des Ateliers nationaux pour employer les chômeurs, législation du travail, réduction de la durée du travail.

Avril. Élection de l'Assemblée constituante. Remplacement du gouvernement provisoire par une commission exécutive restreinte : Arago, Garnier-Pages, Marie, Lamartine, Ledru-Rollin.

Mai-juin. Malgré son élection au suffrage universel, l'Assemblée est très modérée, et un conflit avec la minorité révolutionnaire est inévitable : il commence avec les clubs, dont les dirigeants sont arrêtés, et s'aggrave avec la suppression des

Ateliers nationaux qui provoque l'insurrection de l'Est de Paris. La répression par l'armée (Cavaignac, qui a reçu les pleins pouvoirs) est impitoyable : plusieurs milliers de morts dont 1 500 fusillés.

Novembre. Promulgation de la Constitution de 1848 :
- une Assemblée législative élue pour trois ans au suffrage universel ;
- pouvoir exécutif : un président de la République élu pour quatre ans au suffrage universel, non rééligible.

Décembre. Louis-Napoléon Bonaparte est élu président de la République avec 74 % des suffrages.

1849

Mai. Élection de l'Assemblée législative : le parti de l'Ordre (royalistes) obtient la majorité absolue.

Juin. Le parti de l'Ordre au pouvoir (Barrot, Tocqueville) cherche à se débarrasser de l'opposition démocrate socialiste. Le prétexte lui en est fourni par les manifestations contre la politique italienne du gouvernement (intervention du corps expéditionnaire d'Oudinot à Rome contre les républicains au profit du pape) : des députés d'opposition sont déchus, les clubs fermés, la liberté de la presse restreinte.

1850

Alors que le Président et un nouveau gouvernement à sa dévotion se tiennent dans l'expectative, l'Assemblée prend l'initiative de trois lois réactionnaires :

Mars. Loi Falloux : liberté de l'enseignement.

Mai. Loi électorale : réduction de trente pour cent du corps électoral.

Juillet. Loi sur la presse : rétablissement du cautionnement et du timbre.

1851

Le conflit latent entre le Président et l'Assemblée se précise : cette dernière refuse d'abord une révision de la Constitution qui permettrait la rééligibilité du président sortant, puis refuse d'abroger la loi électorale de mai 1850, permettant ainsi au Président d'apparaître comme le défenseur de la démocratie.

2 décembre. Coup d'État de Louis-Napoléon : arrestation de quelques députés, dissolution de l'Assemblée, rétablissement du suffrage universel. Ceux qui tentent de résister sont nombreux mais dispersés et désunis : ils sont rapidement matés (10 000 déportations).

22 décembre. Le pays approuve le coup d'État par plébiscite et charge Louis-Napoléon d'élaborer une nouvelle constitution.

1852

Constitution de 1852 :
- Pouvoir exécutif : un président élu pour dix ans et qui a seul l'initiative des lois.
- Pouvoir législatif :
Le Conseil d'État rédige les projets de lois. Ses membres sont nommés par le Président.
Le Sénat, gardien de la Constitution mais qui peut la modifier, valide les lois. Ses membres sont nommés à vie par le Président.
Le Corps législatif discute et vote les lois. Ses membres sont élus pour six ans au suffrage universel, dénaturé par la procédure des « candidatures officielles ».

Février. Élection du Corps législatif : sont élus 257 candidats « officiels » et 4 opposants qui démissionnent.

Novembre. Après une tournée d'autopropagande dans le pays, Louis-Napoléon rétablit l'Empire héréditaire par un senatus-consulte que le pays approuve par plébiscite.

2 décembre. Proclamation de l'Empire : Napoléon III.

4 LA GUERRE DE CRIMÉE.

Elle oppose la Russie à la Turquie, la France, l'Angleterre, et ultérieurement la Sardaigne. Buts des belligérants :
- Russie : s'étendre au Sud au détriment de la Turquie.
- Angleterre : empêcher la Russie d'accéder aux détroits.
- France : modifier à son profit l'équilibre européen grâce à l'alliance anglaise, et défendre au Moyen Orient ses intérêts politiques et religieux menacés par la Russie.

1853 La Russie envahit les principautés turques de Serbie, Moldavie, Valachie, et anéantit la flotte turque à Sinope. Les flottes française et anglaise pénètrent en mer Noire.

1854 Déclaration de guerre franco-anglaise à la Russie et débarquement à Gallipoli. Occupation de la Dobroudja où le corps expéditionnaire est décimé par le choléra. Opération de diversion en Baltique.
En menaçant de se joindre aux alliés, l'Autriche obtient de la Russie l'évacuation des principautés.
Débarquement franco-anglais en Crimée : victoire de l'Alma, siège de Sébastopol. Échec des tentatives russes de dégagement à Balaklava et Inkerman.

1855 Prise de la tour **Malakoff** (Mac-Mahon) et chute de Sébastopol. La menace de l'Autriche et de la Suède de se joindre aux alliés précipite la fin de la guerre.

Congrès de Paris (1856) :

- Neutralisation de la mer Noire interdite à tout navire de guerre.
- Liberté de navigation sur le Danube.
- Autonomie des principautés de Serbie, Moldavie et Valachie.
- Garantie de l'indépendance ottomane par les signataires.

Au-delà des clauses du traité de Paris, la guerre de Crimée aura à terme pour l'Europe des conséquences considérables : la France apparaît comme le principal vainqueur, mais l'éclatement de la Sainte-Alliance qu'elle a cherché et obtenu va éloigner l'Angleterre et la Russie des affaires européennes, isoler l'Autriche, et libérer la Prusse dont l'expansionnisme n'aura plus de frein jusqu'en 1914.

(Ultérieurement – en 1858, 1861, 1864 – l'intervention de la France sera décisive pour permettre à la Moldavie et à la Valachie de former un nouvel état indépendant : la Roumanie).

5 LA GUERRE D'ITALIE DE 1859. LE RATTACHEMENT DE NICE ET DE LA SAVOIE.

Favorable *a priori* à la cause de l'indépendance italienne, Napoléon III propose au royaume de Sardaigne-Piémont (entrevue de Plombières avec Cavour) l'aide de la France pour son extension jusqu'à l'Adriatique par l'annexion de la Lombardie et de la Vénétie autrichiennes.

Bien que ce plan soit très en-deçà de l'objectif de Cavour, qui est l'unification totale de la péninsule y compris l'État pontifical, il est concrétisé par le **traité de Turin** : en échange de son aide, la France recevra Nice et la Savoie.

1859 Fort de l'alliance française, Cavour provoque délibérément la guerre avec l'Autriche. Prenant personnellement le commandement des troupes franco-piémontaises, Napoléon III défait les Autrichiens à Montebello, **Magenta** et **Solferino.** Mais contrairement à son engagement, il renonce à conquérir la Vénétie et signe l'armistice de Villafranca, consacrant la cession au Piémont de la seule Lombardie. Le revirement de l'Empereur est motivé par le carnage de Solferino – 40 000 morts – et la crainte de l'entrée en guerre de la Prusse.

Le congrès de Zurich crée une confédération des états italiens qui répond à la conception de Napoléon III, mais qui va être immédiatement dépassée par le mouvement unificateur.

Le second traité de Turin (1860) confirme le rattachement à la France de **Nice** et de la **Savoie,** approuvé à la quasi-unanimité par des référendums locaux.

Après l'intervention décisive de la France, l'unification de l'Italie va se poursuivre sans elle, voire même contre elle. En effet, pour satisfaire les catholiques français, Napoléon III envoie à Rome un corps expéditionnaire de volontaires – les **zouaves pontificaux** du général de Charette – chargé de protéger ce qui reste de l'État pontifical. Il infligera à Garibaldi la défaite de Mentana, mais son rapatriement en 1870 permettra à Victor-Emmanuel II de prendre la ville sans combat.

6 LA GUERRE DU MEXIQUE.

En 1860, après trois ans de lutte contre les conservateurs, le nouveau président mexicain Juarez décide unilatéralement de ne pas reconnaître les dettes extérieures du gouvernement précédent. Les pays européens concernés – France, Angleterre, Espagne –, déjà indisposés par les exactions commises contre leurs ressortissants pendant la guerre civile, décident une intervention militaire commune pour obtenir réparation. Le débarquement à Vera-Cruz amène Juarez à composition : l'Angleterre et l'Espagne acceptent les propositions mexicaines et se retirent de l'opération.

Mais Napoléon III a un objectif beaucoup plus ambitieux : créer un empire mexicain catholique à travers lequel la France s'assurerait une position morale et économique dominante sur le Nouveau Continent au détriment des U.S.A. Ces derniers, en pleine guerre de Sécession, ne seront pas en mesure – pense-t-on – de contrecarrer ce projet.

Abusé sur la situation politique réelle du Mexique, et très mal conseillé (notamment par le duc de Morny qu'un créancier a intéressé personnellement au remboursement des dettes), Napoléon III décide de continuer seul l'expédition.

1862 Débarquement à Vera-Cruz. Retrait de l'Angleterre et de l'Espagne. Début de la conquête, mais échec devant Puebla.

1 - CAMPAGNE D'ITALIE DE 1859. RATTACHEMENT À LA FRANCE DE NICE ET DE LA SAVOIE.

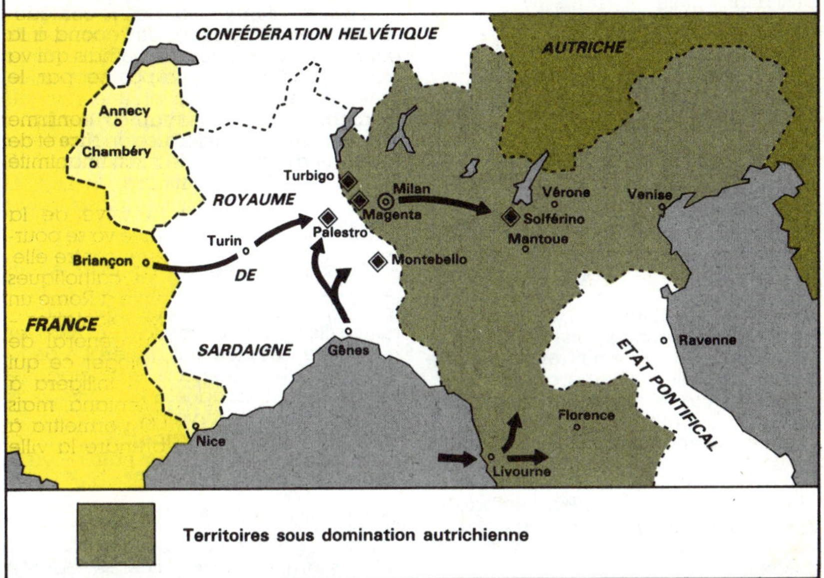

1863 Prise de Puebla. (Extermination d'un détachement de la Légion à Camerone.) Occupation de Mexico et création de l'empire du Mexique dont le trône est proposé à Maximilien d'Autriche (frère de l'empereur François-Joseph).

1864 Maximilien hésite pendant un an et finalement n'accepte le trône qu'après avoir obtenu de Napoléon III l'engagement formel de maintenir le corps expéditionnaire français aussi longtemps que nécessaire.
Juarez, réfugié dans le Nord, dirige une guerilla très active dans l'ensemble du pays.

1865 Les U.S.A., dès la fin de la guerre de Sécession, commencent à livrer des armes à Juarez.

1867 Ne voulant pas risquer un conflit direct avec les U.S.A., et devant le danger prussien qui se précise après Sadowa (1866), Napoléon III décide de rapatrier le corps expéditionnaire.
Maximilien, qui a refusé de regagner l'Europe, est capturé par Juarez et fusillé.

Le bilan de l'opération est désastreux : sacrifice de vies humaines, de temps et d'argent pour une cause chimérique, discrédit de l'empereur en France et à l'étranger, démoralisation de l'armée. Le fiasco du Mexique annonce la capitulation de Sedan.

7 LA GUERRE DE 1870. CHUTE DU SECOND EMPIRE.

Depuis la victoire prussienne sur l'Autriche à Sadowa (1866), la diplomatie française cherche à opposer les états allemands du Sud – Bavière, Wurtemberg, Hesse, Bade – à la Confédération de l'Allemagne du Nord dominée par la Prusse. Le chancelier prussien Bismarck est convaincu que l'unification allemande, celle du territoire et celle des esprits, passe par une victoire militaire sur la France. Pour amener celle-ci à prendre l'initiative de la guerre, et ainsi faire jouer l'alliance défensive qui lie les états du Sud à ceux du Nord, il saisit l'occasion d'un incident diplomatique fortuit (concernant la candidature d'un prince Hohenzollern au trône d'Espagne), incident qu'il rend public de façon délibérément provocatrice (dépêche d'Ems).

1870

19 juillet. Le but recherché par Bismarck est atteint : la France déclare à l'Allemagne une guerre qu'elle croit gagnée d'avance.

Août. Les Allemands envahissent l'Alsace et la Lorraine :
- L'armée de Mac-Mahon, battue à Froeswiller-Reichshoffen, se replie sur le camp de Chalons.
- L'armée de Bazaine, battue à Forbach, Gravelotte, Mars-la-Tour, St-Privat, se trouve enfermée dans Metz.
- L'armée de Chalons, que Napoléon III a rejointe, cherchant à secourir Bazaine, se laisse encercler à **Sedan** et capitule (1er septembre).

Septembre. Constitution d'un gouvernement de Défense nationale (Trochu, Favre, Gambetta, etc.). Entrevue de Ferrières entre Favre et Bismarck : le gouvernement refuse les conditions allemandes et décide de poursuivre la guerre, tandis que les Allemands achèvent d'investir Paris.

Octobre. Gambetta quitte Paris en ballon : il est délégué du gouvernement en province, aidé par Freycinet. Reddition de Bazaine à Metz.

1871

Quatre armées levées en province – deux sur la Loire, une dans le Nord, une dans l'Est – sont mises hors de combat. Toutes les tentatives de sortie de Paris échouent.

28 janvier. Capitulation de Paris. Simultanément Bismarck accepte un armistice devant permettre l'élection d'une Assemblée nationale chargée des négociations de paix : opposition et démission de Gambetta.

Février. Élection de l'Assemblée : deux tiers de royalistes, un tiers de républicains. Thiers, élu président de l'Assemblée, reçoit tous les pouvoirs. Les négociations de paix commencent avec l'Allemagne.

Traité de Francfort : (1871)

- Perte de l'Alsace et de la partie germanophone de la Lorraine.
- Indemnisation de guerre de cinq milliards payables en trois ans, gagée par l'occupation de dix-sept départements.
- Droits de douane : la France consent à l'Allemagne la clause de la nation la plus favorisée.

8 L'INSURRECTION DE LA COMMUNE (1871).

L'insurrection de la Commune parisienne est l'aboutissement d'un conflit, latent depuis septembre 1870, entre les républicains modérés du gouvernement de Défense nationale et une minorité radicale (Blanqui, Pyat, Delescluzes, Flourens) voulant effectuer une véritable révolution sociale. Cette fraction s'appuie sur la population ouvrière de l'Est de Paris et sur les gardes nationaux qui en émanent.

Pendant le siège, le gouvernement s'était opposé à l'élection d'une municipalité parisienne unique, qui risquait d'installer dans la capitale un pouvoir parallèle. Les élections générales de février 1871 isolent encore davantage les révolutionnaires : face à la nouvelle assemblée très conservatrice, dans un climat passionnel exacerbé par les souffrances du siège, leur hostilité va se muer en révolte.

1871

Mars. Les gardes nationaux, qui n'ont pas été désarmés à l'armistice, se fédèrent pour « défendre la République menacée ». La décision de Thiers de les désarmer provoque une explosion de colère : la capture et le meurtre des deux généraux chargés de l'opération entraîne l'insurrection et rend la répression inévitable.
Thiers décide d'évacuer Paris : il abandonne aux insurgés les forts du Sud avec armes et munitions. La capitale se trouve encerclée par les Versaillais d'un côté, et les Allemands – neutres – de l'autre.
Élection de la Commune de Paris dans laquelle les extrémistes dominent. Les quelques modérés élus la quittent.

Avril. Première attaque gouvernementale à Courbevoie. Contre-attaque des fédérés qui sont battus au Mont-Valérien, à Châtillon, Bellevue.

Mai. La Semaine sanglante : les troupes gouvernementales (Gallifet) font la reconquête systématique de Paris. Des atrocités sont commises dans les deux camps ; en se repliant, les insurgés incendient les Tuileries, l'Hôtel de Ville, le Palais de Justice, etc. Les derniers d'entre eux succombent au **mur des Fédérés**.

Bilan de l'insurrection : plus de 20 000 morts et 10 000 condamnations diverses, plus 3 000 par contumace.

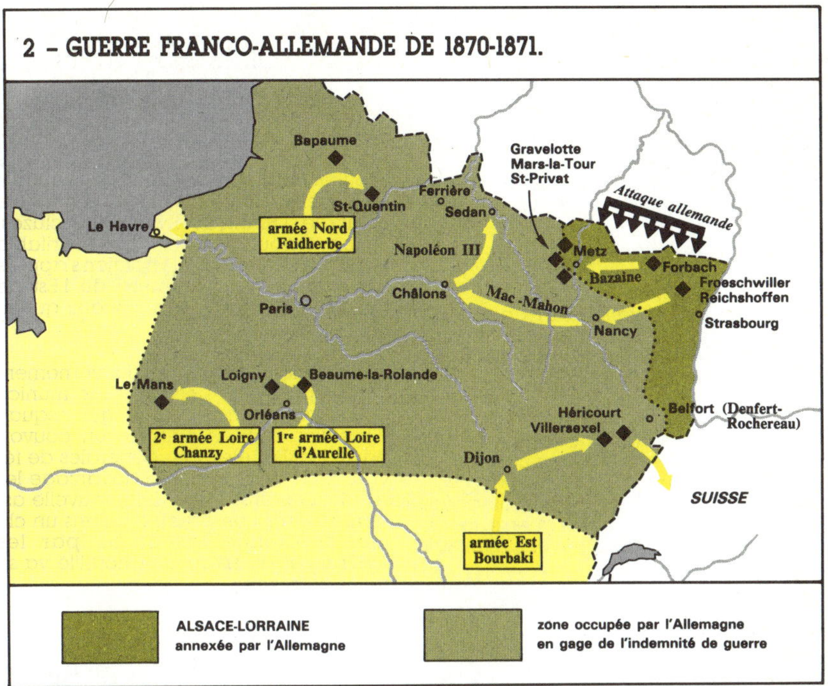

2 - GUERRE FRANCO-ALLEMANDE DE 1870-1871.

9 LA CONSTITUTION DE LA IIIe RÉPUBLIQUE.

Elle est la somme de l'amendement Wallon et de trois lois constitutionnelles de 1875.

Pouvoir législatif. Le Parlement est composé de deux chambres :

- La Chambre des députés, élus pour quatre ans au suffrage universel. (Électeurs : hommes de plus de 21 ans.)
- Le Sénat. Les sénateurs, âgés de plus de 40 ans, sont élus pour neuf ans, renouvelables par tiers tous les trois ans. (Électeurs : collège départemental restreint.)

Pouvoir exécutif. Le président de la République est élu pour sept ans par le Parlement réuni. Il a, comme les Chambres, mais par l'intermédiaire des ministres, l'initiative des lois. Il a le droit de dissoudre la Chambre des députés. Il nomme à tous les emplois de la fonction publique. Il n'est pas responsable, mais ses ministres le sont solidairement devant chaque chambre.

(Cette constitution, légèrement modifiée à diverses reprises, durera jusqu'en 1940.)

VINGTIÈME
XXe
SIÈCLE

		ANGLETERRE	AUTRICHE	ALLEMAGNE	ESPAGNE
1890 **1900** 1910 1920 1930 1940 1950 1960 1970 1980 1990 **2000** 2010	**IIIe RÉPUBLIQUE** 1940 **ÉTAT FRANÇAIS** 1945 **IVe RÉPUBLIQUE** 1958 **Ve RÉPUBLIQUE**	**EDOUARD VII** **GEORGE V** **EDOUARD VIII** **GEORGE VI** **ELISABETH II**	**FRANÇOIS-JOSEPH**	**GUILLAUME II** **RÉPUBLIQUE DE WEIMAR** **IIIe REICH** **OCCUPATION ALLIÉS** **PARTAGE** **R.F.A.** **R.D.A.**	**ALPHONSE XIII** **IIe RÉPUBLIQUE GUERRE CIVILE** **FRANCO** **JUAN-CARLOS**

1890 – 1900 – 1910 – 1920 – 1930 – 1940 – 1950

1894–1906 AFFAIRE DREYFUS

1899 Victoire du Bloc des gauches.

1902 Triomphe radical

- *République radicale : Renforcement de l'anti-cléricalisme. Séparation Église / État. Répression brutale des conflits sociaux et d'une mutinerie militaire (Clémenceau). Fin de l'unité de la gauche.*
- *Intensification nationalisme (Barrès, Maurras) et pacifisme.*

1913 **POINCARÉ** Pt de la République

1914 1918 Première Guerre mondiale 1

1920 Gouvernement Bloc national (Millerand - Poincaré) : échec de la politique de fermeté sur les réparations allemandes 1

1924 1926 Gouvernement Cartel des gauches : politique de réconciliation franco-allemande et de coopération internationale (Briand).

Crise économique mondiale

Préludes à la IIe Guerre mondiale ⟶

1936 Gouvernement de Front populaire (Blum) : accords Matignon. Lois sociales. Tardif réarmement.

1940 État français **PÉTAIN**

1939 1945 Seconde Guerre mondiale 2

1900 Angleterre et Italie reconnaissent le Maroc zone d'influence

1904 française puis ⟶

1904 2e entente cordiale et triple entente France – Angleterre – Russie.

1911 1913 Participation indirecte aux guerres balkaniques : prélude à la Première Guerre mondiale.

1921 1925 Occupation Düsseldorf et Duisbourg puis de toute la Ruhr.

1925 Traité de Locarno 1

1928 Pacte Briand - Kellog

1930 Évacuation de la Rhénanie.

1933 Hitler arrive au pouvoir.

1935 Pacte France - U.R.S.S.

1936 L'Allemagne réoccupe la Rhénanie.

1938 Anschluss. Accords de Münich.

1906 Conférence d'Algésiras : prépondérance française au Maroc.

1911 Incident franco-allemand d'Agadir.

1912 Traité de Fez : protectorat (Lyautey).

1920 Conférence de San-Remo : mandat français Liban – Syrie.

1925 1926 Maroc : guerre du Rif.

1930 Tonkin : révolte de Yen-Bay.

1945

IVe RÉPUBLIQUE

Constitution IVe République 5

- *Reconstruction et rééquipement industriel.*
- *Nationalisations. Sécurité sociale.*

1947 Plan Marshall

1949 O.T.A.N. pacte politique et militaire.

1946 **GUERRE** 3

1950

- *Très grande instabilité ministérielle (18 gouvernements en 13 ans).*

1952 Redressement financier (Pinay).
1954 Règlement guerre d'Indochine (Mendès-France).
- *Essor économique favorisé par :* ⟶ **1957** Traité de Rome créant la C.E.E. (à six).

1950 C.E.C.A. (France + All.)

1954 **D'INDOCHINE**

1954–**1962** **GUERRE D'ALGÉRIE** 4

1958

1960

Ve RÉPUBLIQUE

Constitution IVe République 6

DE GAULLE (–1969)

1958 Insurrection des Français d'Algérie :
1959 Rappel de de Gaulle. Nouvelle constitution.
1965 Réélection de de Gaulle au suffrage universel.
1968 Agitation étudiante. Grèves.
1969 Référendum négatif : démission de de Gaulle.

- *Politique d'indépendance nationale :*
- *Maintien dans l'alliance atlantique,*
- *Mais rapprochement / U.R.S.S.*
- *Relations privilégiées / Allemagne,*
- *Force atomique de dissuasion.*

- *Décolonisation et DOM-TOM*
- *Maintien d'une forte présence en Afrique noire : accords bilatéraux de défense et d'aide économique.*

1970

1969 **POMPIDOU**

Grande prospérité économique

1974 **GISCARD D'ESTAING**

1974 Premier « choc pétrolier » : début de la crise.
- *La forte progression du chômage devient la préoccupation majeure du pays.*

- *Après de Gaulle, la politique étrangère reste d'inspiration gaulliste, mais devient plus européenne :*
- *Extension de la C.E.E. (Angleterre + Irlande + Danemark + Grèce + Espagne + Portugal),*
- *Parlement européen.*

1980

1981 **MITTERRAND**

1981 Victoire électorale de l'Union de la gauche.
- *Échec d'une relance économique.*
- *Persistance du chômage.*

1986 Élections législatives : victoire de la droite. Cohabitation : Président de gauche - Gouvernement de droite.

1990

2000

1 LA PREMIÈRE GUERRE MONDIALE (1914-1918).

a) Les causes.

La 1re Guerre mondiale est l'aboutissement de la compétition impérialiste des grandes puissances, et du nationalisme des minorités ethniques qui récusent désormais le principe de légitimité.

Après la guerre italo-turque (1911) et les deux guerres balkaniques (1912-1913), toutes les grandes puissances se préparent à un conflit général ; la plupart le souhaitent. Deux coalitions se font face :
- **la Triplice** : Allemagne, Autriche, Italie (mais l'engagement de l'Italie est douteux : en fait elle se déclarera neutre au début du conflit et rejoindra les Alliés en 1915).
- **la Triple Entente** : France, Angleterre, Russie. A cette alliance s'ajoute la garantie anglaise pour la neutralité belge, et la « protection naturelle » de la Russie promise aux peuples slaves. C'est le jeu de ces alliances qui, après l'attentat de Sarajevo (28-6-1914) et la déclaration de guerre de l'Autriche à la Serbie, (28-7-1914), va généraliser le conflit.

b) Les opérations militaires : voir double page suivante.

c) Le traité de Versailles (1919) avec l'Allemagne :

- **Clauses territoriales.** A l'Ouest, rétrocession de l'Alsace-Lorraine. La Sarre est mise sous le contrôle de la S.D.N. pendant 15 ans, puis décidera par un plébiscite de son rattachement à la France ou à l'Allemagne.
A l'Est, cession de la Posnanie et de la Prusse occidentale à la Pologne reconstituée. Dantzig devient ville libre. Plébiscite en Haute-Silésie.
Les colonies allemandes sont réparties, sous mandat de la S.D.N., entre la France, l'Angleterre, l'Union Sud-africaine et le Japon.
- **Clauses militaires.** Abolition du service militaire. Interdiction des armements lourds. Limitation des forces armées. Occupation militaire alliée pendant 15 ans de la rive gauche du Rhin et de trois têtes de pont : Mayence, Coblence, Cologne. Démilitarisation de la rive droite sur 50 km. Suppression du grand état-major.
- **Clauses économiques et financières.** Reconnaissance de la responsabilité allemande pour les dommages corporels et matériels, et versement d'une indemnité au titre de « réparations » (voir ci-après). Livraison d'une partie du parc de machines, du matériel ferroviaire, de la flotte marchande. Internationalisation des voies d'eau : Rhin, Danube, Elbe, Oder. Propriété française du bassin houiller sarrois.

Le traité est imposé à l'Allemagne qui n'a pas été admise aux délibérations : elle envisage de ne pas le signer, avant de s'y résoudre. D'autre part son élaboration a entraîné de graves dissensions entre la France – qui aurait voulu annexer la Rhénanie et enlever à l'Allemagne toute possibilité de redressement, voire même la démembrer – et les anglo-saxons soucieux de ne pas créer une situation politique, économique et sociale explosive alors que le régime communiste se consolide en U.R.S.S. Le compromis entre les deux thèses ne satisfait personne, et le traité n'est pas ratifié par le Sénat américain qui le juge dangereux par sa sévérité. Des traités de paix séparés sont signés avec l'Autriche, la Bulgarie, la Hongrie et la Turquie.

d) Les « réparations » par l'Allemagne des dommages de guerre.

Ce problème domine la vie internationale de 1919 à 1932. Le principe des réparations est prévu au traité de Versailles mais, faute d'accord entre alliés, les chiffres ne sont fixés qu'ultérieurement :
- **en 1920 pourcentages de répartition** : France 52 %, Grande-Bretagne 22 %, Italie 10 %,
- **en 1921 montant global** : 226 milliards de marks-or (contre 1 000 évalués).

Très vite il apparaît que l'Allemagne ne pourra pas payer une telle somme. L'occupation, comme moyen de pression, de Düsseldorf et Duisbourg en 1921 (par la France, la Grande-Bretagne, la Belgique), puis celle de toute la Ruhr en 1923 (par la France et la Belgique) aggrave la situation : résistance passive de la population, puis émeutes, effondrement du mark.

Le problème parallèle des dettes alliées envers les U.S.A. amène ceux-ci à prendre une part prépondérante dans le règlement de la question : les annuités sont progressivement réduites et modulées – plans Dawes (1924), Young (1929) – puis suspendues – moratoire Hoover (1931) – et finalement supprimées en 1932. L'Allemagne a versé au total 36 milliards de marks-or (soit 50 milliards de francs-or).

1 - 1re GUERRE MONDIALE 1914-1918 - FRONT FRANÇAIS.

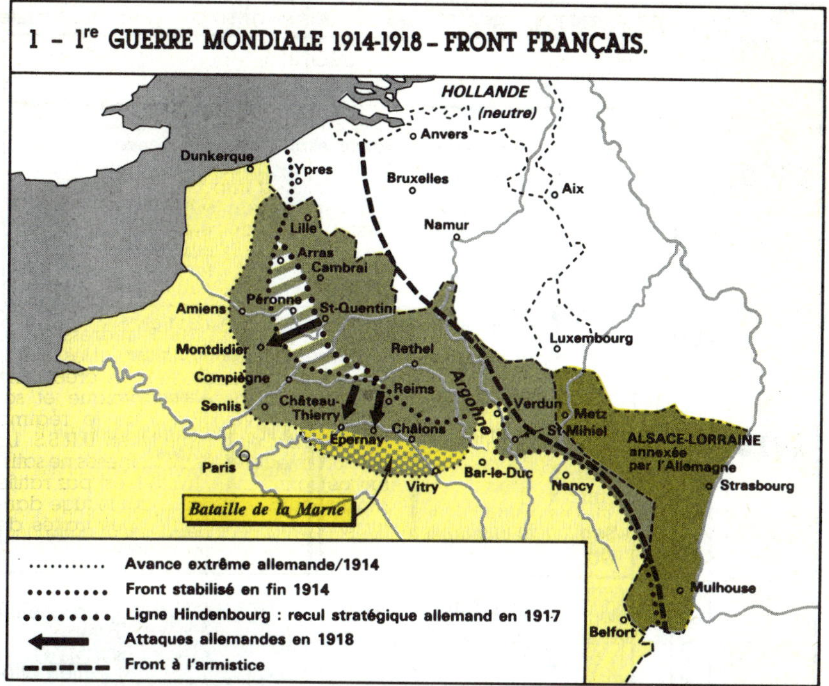

e) Traité de Locarno (1925) entre l'Allemagne, la France, la Grande-Bretagne, la Belgique, l'Italie, la Pologne et la Tchéco-Slovaquie.

- **Frontière allemande occidentale.** L'Allemagne confirme les clauses rhénanes du traité de Versailles ; en échange elle obtient l'évacuation de Cologne par la France et la promesse d'un siège permanent au Conseil de la S.D.N. (réalisée en 1926).
- **Frontières orientales.** Sans les reconnaître juridiquement, l'Allemagne s'engage à ne pas les modifier par la force.

Le traité présente, par rapport à celui de Versailles, l'avantage majeur d'être librement consenti par l'Allemagne, mais l'esprit de Locarno ne résistera pas au national-socialisme hitlérien.

I Première Guerre mondiale - Les hostilités

Pt du Conseil / Cdt en chef / Front français

Présidents du Conseil : VIVIANI (1914-1915), BRIAND (1915-1917), RIBOT (1917), PAINLEVÉ (1917), CLÉMENCEAU (1917-1918)

Commandants en chef : JOFFRE (1914-1916), NIVELLE (1916-1917), FOCH + PÉTAIN (1917-1918)

1914

- **Aoû.** Invasion de la Belgique et du Nord de la France.
- **Sep.** Victoire de la Marne : repli allemand sur l'Aisne.
- Course à la mer. — Chute d'Anvers.
- Arrêt de l'avance allemande sur l'Yser / Belges puis à Ypres / Anglais.
- **Nov.** Fin de la guerre de mouvement.

1915

Constitution d'un front continu : guerre de tranchées.

Échec de toutes les offensives de part et d'autre :

Alliés :
- **Avr.** St-Mihiel
- **Mai Juil.** Artois
- **Sep. Oct.** Champagne, Artois
- Argonne

Allemands :
- **Avr. Mai** Deuxième bataille d'Ypres (premier emploi des gaz).
- Début des bombardements aériens.

1916

Bataille de Verdun :
- **Fév.** Offensive allemande.
- **Juil.** Arrêt de l'avance allemande.
- Contre-offensive française.
- **Déc.** Reprise des forts de Douaumont et Vaux.

Bataille de la Somme :
- **Juil.–Nov.** Offensive franco-anglaise : échec très coûteux, mais contribue au rétablissement de Verdun (premier emploi des chars).

1917

- **Mar.** Repli stratégique allemand sur la ligne Hindenburg.
- **Avr.** Échec de la double offensive. → Anglais / Cambrai - St-Quentin. Français / Chemin des dames.
- **Mai** Mutineries
- Arrivée du corps expéditionnaire des U.S.A.
- **Nov.** Offensive anglaise Cambrai et Flandre

1918

- **Mar.** Quatre offensives successives amènent les Allemands vers Compiègne et Château-Thierry (bombardement de Paris).
- **Ju. Juil.** Échec de la cinquième offensive : seconde bataille de la Marne.
- **Nov.** Offensive finale des Alliés : Tardenais (juillet), Picardie (août), St-Mihiel (septembre). Repli allemand sur la ligne Hindenburg puis vers la frontière belge.

Front italien	Front russe occidental	Front de Turquie Balkans - Proche-Orient
Entrée en guerre de l'Italie aux côtés des Alliés. ↓	**Aoû. Sep.** Défaites russes de Tannenberg et des lacs de Mazurie. Avance russe en Galicie.	*Entrée en guerre de la Turquie aux côtés des Austro-allemands.* ↓ **Nov.** Front russo-turc / Arménie. Front anglo-turc / Sinaï.
Mai Front austro-italien en Carinthie - Tyrol. Offensive italienne sur l'Isonzo.	**Ju. Aoû.** Conquête allemande de la Pologne et Lithuanie puis stabilisation du front.	**Avr.** Débarquement anglo-français aux Dardanelles (rembarquement en janvier 1916). **Oct.** Entrée en guerre de la Bulgarie. Fin de la résistance serbe et du Montenegro. Occupation de Salonique / Français (malgré la neutralité grecque).
Aoû. Nov. Offensive italienne du Carso.	**Ju. Aoû.** Offensives russes en Galicie et Karpathes sans résultat. Nouvelle stabilisation du front.	**Fév.** Offensive russe / Arménie. **Aoû. Sep.** Entrée en guerre de la Roumanie, immédiatement occupée par les Austro-allemands. **Nov.** Conquête de Monastir par les Français.
Oct. Défaite de Caporetto. Recul de l'Isonzo sur la Piave.	**Mar. – Oct.** Révolution russe **Déc.** Armistice de Brest-Litovsk.	**Mar.** Offensive anglaise en Irak : prise de Bagdag. **Ju.** Entrée en guerre de la Grèce. **Déc.** Offensive anglaise en Palestine : prise de Jérusalem.
Renforts franco-anglais. **Oct.** Victoire italienne de Vittorio-Veneto.	Reprise de la guerre. **Mar.** Paix de Brest-Litovsk.	Avance anglaise Syrie - Irak. **Sep. Oct.** Offensive alliée. Reconquête Serbie Roumanie. Défaite de la Bulgarie. Victoire de Megiddo : prise de Damas.

2 LA FRANCE DANS LA SECONDE GUERRE MONDIALE

Année	Chef de l'État	Gouvernement	Événements	GOUVERNEMENT DE VICHY	LA RÉSISTANCE
1939	LEBRUN	DALADIER	Déclaration de guerre « Drôle de guerre »		
		REYNAUD	Campagne de Norvège Campagne de France	**Mai** Pétain nommé vice-président du Conseil. **Ju.** De Gaulle nommé sous-secrétaire d'État à la Défense.	
1940	PÉTAIN CHEF DE L'ÉTAT FRANÇAIS / GOUVERNEMENT DE VICHY	LAVAL	ARMISTICE	**Juil.** Délégation de pouvoir de l'Assemblée à Pétain. Actes constitutionnels. **Oct.** Entrevue Pétain - Hitler (Montoire) : principe de la collaboration. **Déc.** Arrestation de Laval	
1941		FLANDIN DARLAN	*Partage du pays en deux zones :* occupée libre	*La « révolution nationale » :* • *Appel à un redressement moral autour de valeurs traditionnelles.* • *Embrigadement de la jeunesse.* • *Lois discriminatoires / juifs, francs-maçons.* • *Dissolution partis et syndicats.* • *Propagande intensive.*	• *Début presse clandestine. Réseaux dispersés de tendances diverses (+ communistes en juin). Début attentats et représailles (Chateaubriant).*
1942				**Fév.** Procès de Riom **Avr.** Retour de Laval imposé par les Allemands. • *Déportation juifs étrangers, puis français avec participation du gouvernement. Développement de la collaboration.*	• *Première mission Jean Moulin : regroupement partiel de réseaux qui reconnaissent l'autorité de de Gaulle.*
			Nov.	Débarquement allié en Afrique du Nord : occupation de la zone libre, sabordage de la flotte à Toulon.	
1943		LAVAL	*Occupation totale* **Sep.** **Oct.** Libération Corse	• *Renforcement lutte contre la Résistance (Gestapo + Milice française).* • *S.T.O. : travail obligatoire en Allemagne contre retour partiel des prisonniers.* • *Déportations massives : juifs, communistes, résistants, suspects, etc.*	• *Seconde mission Jean Moulin : création du C.N.R. (réseaux + syndicats + partis politiques).* • *Arrestation de Jean Moulin remplacé par Bidault.*
			DÉBARQUEMENTS ALLIÉS :		• *Regroupement organisation et armement des maquis : F.F.I.*
1944	DE GAULLE		**Ju.** Normandie **Aoû.** Provence Libération du territoire	**Aoû.** Pétain et le gouvernement de Vichy sont transférés à Sigmaringen. Le gouvernement de Gaulle s'installe à Paris.	• *Participation à la libération.* • *Représailles allemandes contre la population civile.*
1945			**Mai** Capitulation allemande **Sep.** Capitulation japonaise	• *Le gouvernement reprend en main l'administration (neutralisation puis dissolution des Milices patriotiques).* • Épuration des « collaborateurs ».	• *Les maquis communistes se transforment en Milices patriotiques.*

GOUVERNEMENT DISSIDENT (DE GAULLE) LONDRES - ALGER	RALLIEMENT DES COLONIES À DE GAULLE	OPÉRATIONS MILITAIRES	ÉVÉNEMENTS PRINCIPAUX DU CONFLIT MONDIAL
Ju. Appel du général de Gaulle **Nov.** Comité de défense de l'Empire (premier acte politique)	Tchad - Cameroun - Congo - Gabon - Tahiti - Nouvelles-Hébrides - Nouvelle-Calédonie	**Juil.** Mers-el-Kébir **Sep.** Échec d'un débarquement gaulliste à Dakar.	
Sep. Comité national avec un commissaire à l'Intérieur (gouvernement de fait, mais non reconnu par les Alliés). ← Mission de liaison avec la Résistance.	Liban Syrie ← St-Pierre-et-Miquelon ←	**Jan. Mar.** Offensive Leclerc en Lybie (Koufra). **Ju. Juil.** Conquête Anglais + gaullistes **Déc.** Débarquement gaulliste	**Ju.** Guerre Allemagne - U.R.S.S. **Déc.** Guerre Japon Pearl-Harbor
Jan. B.C.R.A. : coordination + équipement/Résistance. ← Première mission de Jean Moulin. **Sep.** Staline reconnaît le Comité national (facilite l'intégration des réseaux communistes).	Madagascar ← (sous autorité de Gaulle en décembre)	**Mai** Débarquement anglais **Ju. Juil.** Participation française à la bataille d'El-Alamein (Bir-Hakeim).	**Ju. Aoû.** Victoires américaines Midway Guadalcanal ↑ *Tournant de la guerre* ↓
Débarquement Alliés en Afrique du Nord	Maroc Algérie	←	
Giraud commandant civil + militaire en Afrique du Nord. **Jan.** Entrevue d'Anfa [de Gaulle-Giraud-Roosevelt-Churchill] **Ju.** Comité français de Libération nationale (de Gaulle + Giraud) **Sep.** Assemblée consultative provisoire Giraud abandonne progressivement ses fonctions.	Afrique occidentale Réunion Djibouti Tunisie ← Antilles Guyane	**Jan. Fév. Mai** Leclerc : conquête du Fezzan puis participation à la campagne de Tunisie.	**Fév.** Capitulation allemande Stalingrad **Ju.** Débarquement Sicile **Nov.** Conférence de Téhéran
Jan. Conférence de Brazzaville (sur l'organisation future de l'Empire) **Ju.** C.F.L.N. → gouvernement provisoire de la République française			**Fév.** Conférence de Yalta
Aoû. De Gaulle et le gouvernement s'installent à Paris.	Indochine :		
Mar. / **Sep.**	Les Japonais mettent hors de combat l'armée française (ex-vichyste). Parachutage de commandos gaullistes au Laos. Capitulation japonaise. Occupation anglaise et chinoise. Arrivée de l'armée Leclerc.		**Mai** Capitulation Allemagne **Aoû.** Conférence de Potsdam **Sep.** Capitulation Japon

3 LA GUERRE (FRANÇAISE) D'INDOCHINE (1946-1954).

A la fin de la Seconde Guerre mondiale, avec l'accord des Alliés – difficilement arraché aux U.S.A. – la France peut se rétablir en Indochine, où elle prend la relève des troupes d'occupation britanniques et chinoises qui ont procédé au désarmement des Japonais.

La réoccupation du Sud – Cochinchine, Cambodge, Annam – se fait sans difficultés, mais au Tonkin les Français se trouvent en face d'une république du Viêt-nam qui vient d'être proclamée par Hô Chi Minh et qui réclame unification et indépendance. Il apparaît très vite qu'il faut composer, et des négociations aboutissent à :

– **l'accord Sainteny-Hô Chi Minh** : la France reconnaît le Viêt-nam comme un état libre faisant partie de l'Union française. Une conférence ultérieure précisera les rapports entre les deux pays, et la réunion des trois « kys » (Tonkin, Annam, Cochinchine) sera soumise à référendum.

Trois mois plus tard, sans attendre ni la conférence ni le référendum, le haut-commissaire Thierry d'Argenlieu proclame la République autonome de Cochinchine : cette violation flagrante et délibérée de l'accord est la cause primordiale de la guerre qui va éclater.

A la conférence de Fontainebleau, un *modus-vivendi* de façade masque l'échec total de la négociation.

1946 Décembre. Après une émeute à Haïphong et un bombardement de représailles, l'insurrection d'Hanoï marque le début de la guerre.

1947 Face à l'extension de la guerilla, et pensant court-circuiter le Viêt-minh, la France traite avec l'ex-empereur d'Annam Bao-Daï. L'accord de la baie d'Halong lui accorde ce que l'on a précédemment refusé à Hô Chi Minh : l'in-
1949 dépendance du Viêt-nam unifié.

1950 L'U.R.S.S. et la Chine reconnaissent le gouvernement du Viêt-minh. Après le **désastre de Cao-Bang,** les Français abandonnent Lang-Son et le Haut-Tonkin.

1951 Après trois ans pendant lesquels l'armée du Tonkin s'est limitée à la défense du delta, le commandement français monte l'opération de **Diên Biên Phu** : destinée à détourner puis fixer – voire écraser – le gros des forces viêt-minh, elle tourne au désastre et contraint le gouvernement français à ouvrir
1954 des négociations.

Accord de Genève. Partage du Viêt-nam au 17e parallèle. Évacuation sous dix mois des troupes françaises de la zone Nord. Libre transfert des populations civiles (900 000 catholiques quittent le Nord pour le Sud). Élections dans les deux zones avant deux ans sous contrôle international. Indépendance du Laos et du Cambodge.

1955 Les troupes françaises évacuent la zone Nord. Dans le Sud Bao-Daï est déposé, et Ngo Dinh Diem devient président de la République.

1956 Les Français évacuent le Viêt-nam du Sud qui se retire de l'Union française.

Le refus du gouvernement de Saïgon de procéder aux élections prévues par l'accord de Genève entraînera la seconde guerre (américaine) d'Indochine (1960-1975).

4 LE DÉVELOPPEMENT DU NATIONALISME ALGÉRIEN.

Entre les deux guerres mondiales, les Algériens engagés politiquement se répartissent en trois tendances :
- Les Ulémas, docteurs de la loi coranique. Objectif : patrie algérienne musulmane.
- P.P.A. Parti populaire algérien (Messali Hadj). Objectif : autonomie et révolution sociale.
- Fédération des élus algériens (Abbas). Objectif : assimilation pure et simple à la France.

1936 Le gouvernement de Front populaire propose un projet de réforme « Blum-Violette » étendant les droits politiques à l'élite musulmane. Rencontrant l'opposition absolue du Parlement et des Français d'Algérie, il n'est même pas discuté à la Chambre.

1943 Manifeste du peuple algérien : Abbas abandonne sa politique d'assimilation et réclame un état algérien autonome avec suffrage universel : en fait, l'indépendance à terme.

1944 Discours de Constantine du général de Gaulle et ordonnance donnant la citoyenneté française à 65 000 Algériens : c'est le projet Blum-Violette amélioré, mais trop tard. Cette politique est condamnée par tous les partis algériens, par les Français d'Algérie, et approuvée seulement par les socialistes et les communistes.

1945 Insurrection du Constantinois (Sétif, etc.) : elle est réprimée brutalement par le gouvernement provisoire du général de Gaulle (10 000 morts environ).

Après la guerre, deux partis se forment :
- U.D.M.A., Union du manifeste algérien (Abbas),
- M.T.D.L., Mouvement pour le triomphe des libertés démocratiques (Messali Hadj).

1946 Le congrès du M.T.D.L. décide du maintien d'une organisation clandestine et la création d'une « organisation spéciale », organisme militaire secret.

1947 Statut organique de l'Algérie : une Assemblée algérienne mixte 50 %/50 % ne satisfait ni les Français ni les musulmans. Les décisions devant être prises à la majorité des deux tiers, elle est totalement impuissante et sera dissoute en 1956.

1954 Scission du M.T.D.L. : les plus radicaux s'éloignent des partisans de Messali Hadj et forment le Comité révolutionnaire d'unité et d'action qui décide l'insurrection du 1er février 1954. Le C.R.U.A. se transforme au Caire en Front de libération nationale (F.L.N.).

1956 Abbas et les Ulémas se joignent au F.L.N. Messali Hadj est en résidence surveillée en France : non seulement le pionnier de l'indépendance algérienne sera absent du combat, mais ses partisans s'opposeront par les armes au F.L.N.

Note 4 (suite) : la guerre d'Algérie : voir double page suivante.

4 LA GUERRE D'ALGÉRIE

			ALGÉRIE	
1954	LEONARD	CHERRIERE CALLIES	**Nov.** Début de la rébellion. Attentats simultanés Aurès et Kabylie.	Au Caire : formation du F.L.N. (Front de libération nationale) sous la direction de Ben Bella.
1955	SOUSTELLE	CHERRIERE CALLIES	*Extension de la guérilla à la Kabylie et au Nord-Constantinois puis à l'Oranie et aux villes.*	*Le « maintien de l'ordre » nécessite un quadrillage militaire important (200 000 puis 400 000 hommes).*
1956	LACOSTE	LORILLOT	**Avr.** Contacts secrets F.R.-F.L.N. **Aoû.** Congrès de la Summam : organisation militaire et administrative du F.L.N. **Sep.** Échec des négociations secrètes à Rome. **Oct.** Capture de Ben Bella.	**Avr.** Dissolution de l'Assemblée algérienne déclarée non représentative.
1957	LACOSTE	LORILLOT	**Jan.**–**Sep.** Bataille d'Alger Élimination des groupes F.L.N. dans la ville (général Massu).	*Construction de la ligne Morice sur la frontière tunisienne.*
1958	LACOSTE / DELOUVRIER	SALAN	**Fév.** Bombardement aérien de Sakiet (base F.L.N. en Tunisie). → **Mai** Émeute population civile française : occupation du Gouvernement général. Comité de salut public soutenu par l'armée. Extension du mouvement → Corse. **Sep.** Au Caire, le F.L.N. devient le G.P.R.A. (Gouvernement provisoire de la République algérienne) F. Abbas.	**Oct.** Plan de Constantine de développement économique.
1959	DELOUVRIER	CHALLE		**Sep.** De Gaulle reconnaît aux Algériens le droit à l'autodétermination mais préconise une solution d'association.
1960	DELOUVRIER	CREPIN	**Jan.** Massu relevé de son commandement. Semaine des barricades / activistes. **Ju.** Échec des pourparlers de Melun avec le G.P.R.A.	**Nov.** Annonce d'un référendum sur l'autodétermination.
1961	MORIN	GAMBIEZ	**Fév.** Fondation de l'O.A.S. (Organisation de l'armée secrète / Lagaillarde). **Mar.** Annonce des pourparlers d'Évian. →	**Avr.** Échec du putsch des généraux (Salan, Challe, Jouhaud, Zeller).
1962	FOUCHET	AILLERET	**Ma.** Accords d'Évian Cessez-le-feu. **Juil.** Référendum en Algérie : indépendance.	*L'O.A.S. poursuit l'insurrection par des attentats et des destructions systématiques. Représailles des Algériens (massacre d'Oran).*

RÉPERCUSSIONS NATIONALES, INTERNATIONALES ET ÉVÉNEMENTS CONNEXES

		Président du Conseil	Président
		LANIEL	COTY
		MENDÈS-FRANCE	
Déc. Dissolution de l'Assemblée nationale : élections.	*La France obtient – difficilement – que l'O.N.U. ne se saisisse pas du problème algérien.*	FAURE	
Le nouveau gouvernement reconnaît la « personnalité algérienne ». **Mar.** Vote des Pouvoirs Spéciaux (dont engagement du contingent en Algérie).	**Mar.** Indépendance Maroc et Tunisie. **Nov.** Expédition franco-anglaise de Suez.	MOLLET	
	Accroissement de l'opposition internationale et du malaise de l'opinion publique en France.	GALLAND	
→ Crise franco-tunisienne et internationalisation du conflit. ← La perspective de négociations (Pflimlin) provoque le soulèvement d'Alger.	**Ju.** Gouvernement de Gaulle avec pleins pouvoirs. **Nov.** Constitution de la Ve République.	DE GAULLE	
Politique d'intégration. **Sep.**	*Évolution de la politique de de Gaulle.*	DEBRÉ	DE GAULLE
Politique d'association. **Nov.**	**Déc.** L'O.N.U. reconnaît le droit de l'Algérie à l'autodétermination.		
Indépendance inéluctable. **Mar.**	**Jan.** Référendum : approbation massive de la politique d'autodétermination. **Juil.** Attaque tunisienne de Bizerte. **Sep.** Premier attentat contre de Gaulle.		
Attentats en métropole et manifestation anti-O.A.S. (Charonne).	**Mai.** Référendum : ratification des accords d'Évian. **Aoû.** Second attentat contre de Gaulle.		
Retour massif en métropole de la population française d'Algérie.			

5 LA CONSTITUTION DE LA IVe RÉPUBLIQUE (1946).

C'est un régime parlementaire privilégiant l'Assemblée nationale.

Pouvoir législatif :

- **Assemblée nationale.** Les députés sont élus pour 5 ans au suffrage universel (pour la première fois, vote des femmes et des militaires). L'Assemblée vote seule les lois et peut renverser le gouvernement, lequel peut la dissoudre sous certaines réserves.
- **Conseil de la République.** Les Sénateurs sont élus pour 6 ans au suffrage indirect. Simple chambre de réflexion, le Sénat ne vote pas les lois mais peut imposer une seconde lecture à l'Assemblée.

Pouvoir exécutif :

- **Président de la République.** Il est élu pour 7 ans par les deux Chambres réunies. Politiquement non responsable, il désigne le président du Conseil qui doit ensuite être investi par l'Assemblée nationale.
- **Gouvernement.** Le président du Conseil et ses ministres sont collectivement responsables devant l'Assemblée nationale. Le gouvernement ne peut être investi et renversé qu'à la majorité absolue (cette précaution s'est avérée insuffisante pour réduire l'instabilité ministérielle).

6 LA CONSTITUTION DE LA Ve RÉPUBLIQUE (1958).

C'est un régime mi-présidentiel, mi-parlementaire, privilégiant le président de la République et assurant la stabilité ministérielle.

Pouvoir législatif : deux Chambres non permanentes.

- **Assemblée nationale.** Les députés sont élus pour 5 ans au suffrage universel. L'Assemblée vote les lois avec le Sénat, avec primauté sur ce dernier en cas de désaccord. Elle peut être dissoute par le président de la République, et peut renverser le gouvernement par le vote d'une motion de censure à la majorité absolue.
- **Sénat.** Les sénateurs sont élus pour 9 ans au suffrage indirect, et renouvelables par tiers.

Pouvoir exécutif :

- **Président de la République.** Il est élu pour 7 ans par un collège de grands électeurs, puis, à partir de 1962, au suffrage universel. Il nomme le Premier ministre, dirige la diplomatie, peut dissoudre l'Assemblée nationale, soumettre au pays par voie de référendum certains projets de lois, disposer de pleins pouvoirs dans des cas exceptionnels.
- **Gouvernement.** Le Premier ministre, puis les autres ministres sur sa proposition, sont nommés par le président de la République.

DICTIONNAIRE-INDEX

La référence entre crochets placée à la fin de chaque entrée indique le numéro du (ou des) chapitre(s) dans lequel l'événement, ou le personnage, est mentionné. Le cas échéant, cette indication est complétée par des numéros de notes, cartes, ou tableaux généalogiques auxquels on doit se reporter.
Ce dictionnaire permet donc à la fois de situer l'événement dans le temps et de le repérer dans le présent ouvrage.

SIGNES CONVENTIONNELS UTILISÉS

✡	bataille
+	mariage
=	enfant issu du mariage
/	marque l'opposition
//	prédécesseur // successeur
▷	renvoi à une autre entrée

ABRÉVIATIONS UTILISÉES

All.	Allemagne
Angl.	Angleterre
Autr.	Autriche
C^{al}	cardinal
cdt	commandant (verbe)
déf.	défaite
éd.	édit
emp.	empereur
Esp.	Espagne
Fr.	France
fr.	français(e)
g^{al}	général
gouv^{r}	gouverneur
gouv^{t}	gouvernement
gu.	guerre
imp.	impératrice
m^{al}	maréchal
p^{t}	président
rég.	régent(e)
succ^{on}	succession
Tr.	traité
vict.	victoire

ABOUKIR ✡ 1798. Déf. navale Brueys/Nelson. La destruction de la flotte enferme l'armée de Bonaparte en Égypte **[XVIII^{7}]**.

ACADIE ▷ *Canada fr.*

ADÉLAÏDE DE POITOU ou **d'AQUITAINE** (?-1004). Reine Fr. 987-996. Carolingienne, fille de Guillaume III duc d'Aquitaine ; + Hugues Capet 970 = Robert II **[X, XI]**.

ADÉLAÏDE DE SAVOIE (?-1154). Reine Fr. 1115-1137. Fille d'Humbert comte de Savoie ; + Louis VI le Gros 1115 = Louis VII ; + connétable Mathieu de Montmorency **[XII]**.

ADÈLE DE CHAMPAGNE (?-1206). Reine Fr. 1160-1180. Fille de Thibaut IV comte de Champagne ; + Louis VII 1160 = Philippe II Auguste **[XII]**.

AETIUS (390-454). G^{al} romain, vainqueur d'Attila aux champs Catalauniques, 451 **[V]**.

AGADIR Incident et accord d', 1911. Incident Fr./All. qui se conclut par la reconnaissance de la prédominance fr. au Maroc, contre la cession d'une partie du Congo à l'Allemagne **[XX]**. ▷ *Maroc.*

AGNÈS DE MÉRANIE (?-1201). Reine Fr. 1196-1200. Fille de Berthold duc de Méranie (Tyrol) ; + Philippe II Auguste 1196, répudiée 1200 **[XII]**.

AGRIPPA Campagnes en Gaule, 39-37 av. J.-C. **[I av. J.-C.]**.

AGRIPPA Réseau routier d' **[I av. J.-C., II carte 1]**.

AIGUILLON Duc d' (1720-1788). Ministre des Aff. étr. et de la Gu. dans le dernier gouv^{t} de Louix XV (le « triumvirat » Maupeou - Terray - d'Aiguillon) 1770-1774 **[XVIII]**.

AIX-LA-CHAPELLE Congrès d', 1818. Angl. - Autr. - Prusse - Russie. Fin de l'occupation militaire de la Fr. qui rentre dans l'alliance **[XIX]**.

AIX-LA-CHAPELLE Tr. 1668. Louis XIV/Esp. Fin de la gu. de Dévolution **[XVII, XVII^{9}]**.

AIX-LA-CHAPELLE Tr. 1748. Louis XV - Esp./Autr. - Angl. Fin de la gu. de succ^{on} d'Autr. **[XVIII, XVIII^{3}]**.

AIX-EN-PROVENCE (*Aquæ Sextiæ*) Fondation d', 123 av. J.-C. Par le g^{al} romain Sextius **[II av. J.-C.]**.

AIX-EN-PROVENCE ✡ 102 av. J.-C. Vict. Marius/Teutons **[II av. J.-C., carte 1]**.

ALBERONI C^{al} (1664-1752). Premier ministre de Philippe V d'Esp. 1716-1719 **[XVIII^{1}]**.

ALBIGEOIS Croisade contre les, 1208-1244 **[XIII, XIII^{3}]**.

ALBINUS Rébellion d', 196 **[II]**.

ALÈS Éd. 1629. 2e modification par Richelieu de l'éd. de Nantes **[XVII, XVII^{3}]**.

ALÉSIA ✡, 52 av. J.-C. Capitulation de Vercingétorix/César ; la conquête romaine de la Gaule s'achèvera l'année suivante **[I av. J.-C. carte 1]**.

ALGÉRIE Conquête, 1830-1847. Prise d'Alger par Duperré et Bourmont 1830 ; occupation restreinte 1830-1839 ; conquête totale par Bugeaud et Lamoricière 1840-1847 **[XIX]**.

ALGÉRIE Gu. d', 1954-1962 **[XX^{4}]**.

ALGÉSIRAS Conférence d', 1906. Conférence internationale - dont les U.S.A. - qui reconnaît à la Fr., malgré l'opposition de l'All., des droits spéciaux au Maroc **[XX]**. ▷ *Maroc.*

ALIÉNOR D'AQUITAINE (1122-1204). Reine Fr. 1137-1152. Fille de Guillaume X duc d'Aquitaine ; + Louis VII 1137, annulation 1152 ; + Henri Plantagenêt 1152 = Richard Cœur de Lion, Jean sans Terre ; reine Angl. 1154-1189 ; rég. Angl. 1189-1194 **[XII, XII$^{3, 4}$, t.g. XI^{5}]**.

ALLEMAGNE Gu. contre l', 1870-1871 **[XIX, XIX^{7}]**.

AMBOISE C^{al} d' (1460-1510). Principal ministre de Louis XII 1498-1510 **[XVI]**.

AMBOISE Conjuration d', 1560. Échec d'un complot du parti protestant contre l'entourage catholique de François II ; prélude aux gu. de religion **[XVI, XVI^{5}]**.

AMIENS Accord d', 1185. Philippe II Auguste/Philippe d'Alsace comte de Flandre. Implantation royale dans la vallée de la Somme **[XII]**. ▷ *Athis-sur-Orge, tr ; Pontoise, tr.*

AMIENS Tr. 1802. Napoléon Ier/Angl. Paix avec l'Angl. à la fin de la 2e coalition **[XVIII^{7}]**.

ANAGNI Expédition d', 1303. Tentative d'enlèvement du pape Boniface VIII par Philippe IV le Bel **[XIII, XIII^{6}]**.

ANCENIS ✡ 1468. Vict. Louis XI/François II duc de Bretagne **[XV^{4}]**.

ANDELOT Tr. 587. Alliance Austrasie - Bourgogne **[VI]**.

ANGLETERRE Conquête par le duc de Normandie Guillaume Ier (« le Conquérant »), 1066-1071 **[XI, XI^{3}]**.

ANNAM 1883-1956. Protectorat fr. 1883 ; partagé entre les deux républiques Viêt-nam Nord et Sud 1954 ; évacué par l'armée fr. 1956. (Ultérieurement englobé dans le Viêt-nam unifié 1975) **[XIX, XX^{3}]**.

ANNE D'AUTRICHE (1601-1666). Reine Fr. 1615-1643 ; rég. 1643-1651. Fille de Philippe III d'Esp. et Marguerite d'Autr. ; + Louis XIII 1615 = Louis XIV **[XVII, XVII^{8}, t.g. XVII^{1}]**.

ANNE DE BEAUJEU (1461-1522). Rég. pendant la minorité de son frère Charles VIII 1483-1491. Fille de Louis XI et Charlotte de Savoie ; + Pierre II duc de Bourbon sire de Beaujeu 1473 **[XV, XV^{6}, t.g. XV^{1}]**.

ANNE DE BRETAGNE (1477-1514). Reine Fr. 1491-1498 et 1499-1514. Fille de François II duc de Br. et Marguerite de Foix ; duch. de Br. 1488-1514 ; + Maximilien Ier 1490 (par procuration) ; + Charles VIII 1491 ; + Louis XII 1499 = Claude de Fr. **[XV^{6}]**.

ANNE DE KIEV ou **DE RUSSIE** (1024-1075). Reine Fr. 1049-1060. Fille de Iaroslav Ier grand duc de Russie et Ingegerd de Norvège ; + Henri Ier 1049 = Philippe Ier **[XI]**.

AOÛT Journée du 10, 1792. Attaque du palais des Tuileries par les sections de la Commune de Paris ; suspension et emprisonnement de Louis XVI par la Législative **[XVIII[6]]**.

AQUITAINE Indépendance, 675-687 **[VII]**.

AQUITAINE Reconquête, 761-768. Par Pépin le Bref contre les ducs Eudes, Hunaud et Waifre **[VIII, VIII[4]]**.

AQUITAINE Révolte, 812 **[VIII]**.

ARAGO Dominique (1786-1853). Physicien et astronome ; membre du gouvt provisoire 1848 **[XIX[3]]**.

ARAGON Gu. contre l', 1282-1291. Philippe III le Hardi et Philippe IV le Bel/Pierre III et Alphonse III **[XIII, XIII[5]]**.

ARANJUEZ Tr. 1801. Bonaparte/Esp. Création du royme d'Etrurie et rétrocession de la Louisiane occidentale à la Fr. **[XVIII[7]]**.

ARCOLE ✩ 1796. Vict. Bonaparte/Autr. **[XVIII[7], XVIII carte 3]**.

ARDRES Tr. 1546. François Ier/Henri VIII. Rachat de Boulogne **[XVI[3]]**.

ARIOVISTE ▷ *Suèves.*

ARLES Royme d', 947-1032. Royme carolingien germanique formé par la réunion des roymes de Haute-Bourgogne et de Provence **[X[3], X carte 1]**.

ARMAGNACS. Parti royal dans la gu. civile contre les Bourguignons 1407-1435, dirigé par Bernard comte d'Armagnac **[XV, XV[1]]**.

ARQUES ✩ 1589. Vict. Henri IV/Ligueurs (Charles de Mayenne) **[XVI[6], t.g. XVI[8]]**.

ARRAS Paix d', 1435. Fin de la gu. civile Armagnacs/Bourguignons **[XV, XV[1, 2]]**.

ARRAS Tr. 1482. Louis XI/Maximilien d'Autr. Démembrement de l'État bourguignon de Charles le Téméraire **[XV, XV[5]]**.

ARTHUR (1187-1203). Duc de Bretagne 1196-1203 **[XIII[2], t.g. XI[5]]**.

ATHIS-SUR-ORGE ou **ATHIS-MONS** Tr. 1305. Philippe IV le Bel/Robert III de Béthune comte de Flandre. Fin de la révolte de la Flandre. **[XIII[8]]**.

ATTILA [395-453). Roi des Huns 434-453. Vaincu par Aetius et les peuples fédérés de la Gaule aux champs Catalauniques 451. **[V]**.

AUERSTEDT ▷ *Iéna.*

AUGSBOURG Gu. de la Ligue d', 1688-1697 **[XVII, XVII[13]]**.

AUGUSTINUS Parution posthume de l', 1640. Début de la diffusion du Jansénisme **[XVII]**. ▷*Jansénisme.*

AURÉLIENNE Voie (via Aurelia). Voie romaine reliant l'Italie à la Provence **[II, carte 1]**.

AUSTERLITZ ✩ 1805. Vict. Napoléon Ier/Autr. et Russes. Fin de la 3e coalition **[XVIII[8], XVIII carte 3]**.

AUSTRASIE 1er royme d', 561-613. Issu du partage à la mort de Clotaire Ier **[VI, VI carte 2]**.

AUSTRASIE 2e royme d', 639-679. Issu du partage à la mort de Dagobert Ier **[VII, VII carte 1]**.

AUTRICHE Gu. de succon d', 1741-1748 **[XVIII, XVIII[3]]**.

AUTUN ✩ 532. Vict. définitive des Francs/Burgondes **[VI]**.

AUXERRE Paix d', 1412. Paix entre Armagnacs et Bourguignons qui sera rompue par le meurtre de Jean sans Peur 1419 **[XV, XV[1]]**.

AVARS Soumission des, 796. Par Charlemagne en Pannonie (actuellement Hongrie) **[VIII]**.

AVIGNON Papauté, 1309-1376 (ainsi que deux antipapes du Grand Schisme 1376-1415) **[XIII[6], XIV carte 1]**. ▷ *Comtat venaissin ; Tolentino, tr.*

AZINCOURT ✩ 1415. Déf. Fr./Angl. (au début de la 2e période de la gu. de Cent Ans). **[XV, XV[3]]**.

BAIE D'HUDSON ▷ *Canada fr.*

BAILÉN ✩ 1808. Capitulation du gal Dupont/Espagnols **[XVIII[8]]**.

BÂLE Tr. 1795. Fr/Prusse et Fr./Esp. Paix séparées pendant la 1re coalition **[XVIII[6]]**.

BAILLY Jean (1736-1793). Astronome ; député à la Constituante ; maire de Paris 1789-1791 **[XVIII[6]]**.

BARCELONE Tr. 1493. Charles VIII/Ferdinand II d'Aragon. Restitution du Roussillon à l'Aragon **[XV]**.

BARÈRE DE VIEUZAC Bertrand (1755-1841). Avocat ; pt de la Convention ; membre du Comité de salut public 1793-1794 **[XVIII[6]]**.

BARRAS Paul, comte de (1755-1829). Officier ; député à la Convention ; principal instigateur de la chute de Robespierre 1794 ; membre dominant du Directoire 1795-1799 **[XVIII[6,7]]**.

BARRICADES Journée des, 1588. Révolte des Ligueurs contre Henri III qui doit s'enfuir de Paris **[XVI[6]]**.

BÄRWALDE Tr. 1631. Richelieu/Suède. Soutien financier fourni à la Suède pendant la gu. de Trente Ans **[XVII[7]]**.

BASTILLE Prise de la, 1789. 1re action violente de la Révolution **[XVIII[6]]**. ▷ *Fédération, Fête de la.*

BAVIÈRE Annexion par Charlemagne 787 **[VIII]**.

BAYARD Pierre Terrail seigneur de, (1475-1524). Chef de gu. sous Charles VIII, Louis XII et François Ier **[XVI[3]]**.

BAZAINE François (1811-1888). Mal du second Empire ; cdt de l'armée du Rhin 1870 ; jugé responsable – par inaction – de la défaite condamné à mort et gracié **[XIX[7]]**.

BEAUGENCY Concile de, 1152. Réuni à la demande de Louis VII pour faire annuler son mariage avec Aliénor d'Aquitaine **[XII, XII[4]]**.

BEAULIEU Tr. 1576. Henri III – Catherine de Médicis/François d'Anjou, frère du roi (Paix de Monsieur). Fin de la 5e gu. de religion. Considéré par les catholiques comme une capitulation royale face aux protestants, il entraîne la formation de la Ligue **[XVI^{6}]**.

BEAUVAIS ✩ 1472. Résistance victorieuse de la ville contre Charles le Téméraire, où s'illustre Jeanne Hachette **[XV, XV^{4}]**.

BERGERAC Tr. 1577. Henri III (Paix du Roi)/Protestants. Fin de la 6e gu. de religion. Favorable aux protestants il préfigure l'éd. de Nantes **[XVI^{6}]**.

BERNARD (797-818). Fils de Pépin ; petit-fils de Charlemagne ; roi d'Italie 813-817 **[IX^{1}]**.

BERNARD saint (1091-1153). Moine à l'abbaye de Citeaux, puis fondateur de celle de Clairvaux 1115 **[XII, XII^{3}]**.

BERRY Duc de (1778-1820). 2^{d} fils de Charles X. Son assassin pense éteindre la dynastie, mais il aura un fils posthume : le comte de Chambord (« enfant du miracle »). **[XIX, t.g. XVII^{1}]** ▷ *Berry, duchesse de ; Chambord, comte de.*

BERRY Duchesse de (1798-1870). Mère du comte de Chambord ; exilée 1830 ; arrêtée alors qu'elle complote pour mettre son fils sur le trône 1832 **[XIX]** ▷ *Berry, duc de ; Chambord, comte de.*

BERTHE DE BOURGOGNE (964-1024). Reine Fr. 996-999. Fille de Conrad le Pacifique roi de Bourgogne-Provence **[X^{3}]** et de Mathilde de Fr. ; petite-fille de Louis IV ; + Robert II le Pieux 996, répudiée 999 **[XI]**.

BERTHE DE HOLLANDE (?-1094). Reine Fr. 1072-1092. Fille de Florent Ier comte de Hollande et Gertrude de Saxe ; + Philippe Ier 1072 = Louis VI, répudiée 1092 **[XI]**.

BERTRADE DE MONTFORT (1070-1118). Reine Fr. 1092-1105. Fille de Simon Ier de Montfort ; + Foulques d'Anjou ; + Philippe Ier 1092, répudiée 1105 **[XI]**.

BIEN PUBLIC Ligue du, 1465. 1re coalition féodale animée par Charles le Téméraire contre Louis XI **[XV, XV^{4}]**.

BILLAUD-VARENNE Jacques (1756-1819). Avocat ; membre du Comité de salut public 1793-1794 (un des principaux organisateurs de la Terreur) **[XVIII^{6}]**.

BLANCHE DE BOURGOGNE (1296-1326). Fille d'Othon comte de Bourgogne ; + Charles IV 1307, répudiée quand son mari accède au trône 1222 **[XIV]**.

BLANCHE DE CASTILLE (1188-1252). Reine Fr. 1223-1226 ; rég. 1226-1234 et 1249-1252. Fille d'Alphonse VIII roi de Castille ; petite fille d'Henri II d'Angl. et Aliénor d'Aquit. ; + Louis VIII 1200 = Louis IX **[XIII, XIII^{3}]**.

BLANCHE DE NAVARRE (?-1398). Reine Fr. 1349-1350. Fille de Philippe d'Evreux et Jeanne de Fr. ; sœur de Charles le Mauvais ; + Philippe VI de Valois 1349 **[XIV]**.

BLANDINE sainte. Chrétienne martyrisée à Lyon 177 **[II]**.

BLOCUS CONTINENTAL 1806. Décret de Napoléon Ier interdisant l'accès des ports continentaux aux navires et produits anglais (renforcé 1807, atténué 1809, levé de fait 1811) **[XVIII^{8}]**.

BLUM Léon (1872-1950). Député 1919-1940 ; chef du parti socialiste S.F.I.O. ; p^{t} du Conseil (Front populaire) 1936-1937 et mai 1938 ; interné 1940-1945 ; p^{t} du Conseil 1946-1947 **[XX]**.

BOLLÈNE ✩ 121 av. J.-C. Déf. Arvernes (Bituitus)/Romains **[11 av. J.-C.]**.

BOLOGNE Concordat de, 1516. François Ier/Léon X. Il fixe les droits respectifs de la papauté et de la royauté sur l'Église de Fr. Il remplace la Pragmatique Sanction de 1428 et restera en vigueur jusqu'au Concordat de 1801. **[XVI^{2}]**. ▷*Concordat.*

BONNE DE LUXEMBOURG (?-1349). Fille de Jean de L. Roi de Bohême ; + Jean II 1332 = Charles V **[XIV]**.

BOSON (?-887). Comte de Vienne ; beau-frère de Charles II le Chauve ; roi Vienne (puis Provence) 879-887 **[IX^{1}, X^{3}]**.

BOULANGER Georges (1837-1891). G^{al} ; ministre de la Gu. 1886-1887 ; député 1888. Très populaire, devenu le symbole du nationalisme, il renonce in extrémis à un coup d'État et s'exile 1889 **[XIX]**. ▷ *Schnaebelé.*

BOURBON Charles III duc de, dit « le Connétable de B. » (1490-1527). Connétable 1516 ; spolié par Louise de Savoie dans la succ^{on} de sa femme, il passe au service de Charles Quint 1523 **[XVI, XVI^{3}, t.g. XVI^{1}]**.

BOURBON Duc de (1692-1740). 7e prince de Condé ; Premier ministre de Louis XV 1723-1728 **[XVIII]**.

BOURGES 1101. Réunion du vicomté de Bourges et de Dun-le-Roi au domaine royal par Philippe Ier **[XI]**.

BOURGOGNE CISJURANE ▷ *Provence, roy^{me} de.*

BOURGOGNE TRANSJURANE ▷ *Bourgogne, roy^{me} de.*

BOURGOGNE Roy^{me} de (ou de Haute-Bourgone, ou Bourgogne transjurane), 888-947. Roy^{me} carolingien germanique, à l'origine du roy^{me} d'Arles **[X^{3}]**.

BOURGOGNE Roy^{me} de, 561-613. Issu du partage à la mort de Clotaire Ier **[VI, VI carte 2]**.

BOURGOGNE L'intervention de Robert II le Pieux en B. (1002-1016) permet d'éviter qu'elle ne passe sous obédience germanique **[XI, XI^{2}]**.

BOURGUIGNONS Partisans des ducs de Bourgogne – Jean sans Peur puis son fils Philippe le Bon – dans la gu. civile contre les Armagnacs 1407-1435 **[XV, XV$^{1-2}$]**.

BOUVINES ✩ 1214. Vict. de Philippe II Auguste/emp. Othon IV et les comtes de Flandre et de Boulogne **[XIII, XIII^{2}]**.

BRÉMULE ✩ 1119. Déf. Louis VI le Gros/Henri Ier d'Angl. **[XII^{2}]**.

BRETAGNE, 799. Fin de la conquête de l'Armorique par Charlemagne. Le rattachement au roy^{me} franc est fragile : révoltes de 818, 824, 845. La Bretagne restera de fait indépendante – vis-à-vis des Carolingiens, des Normands, des Anglo-Angevins, des Capétiens – jusqu'en 1532 **[IX, XV^{6}]**.

BRETAGNE (Grande-) Conquête romaine, 43-47 **[I]**.

BRÉTIGNY Tr. 1360. Dauphin Charles (V)/Henri III d'Angl. Abandon de l'Aquitaine à l'Angl. contre la libération conditionnelle de Jean II le Bon **[XIV, XIV^{3}]**.

BRIAND Aristide (1862-1932). Député « socialiste indépendant » 1902-1932 ; ministre – surtout des Affaires étrangères – et p^{t} du Conseil à de nombreuses reprises 1906-1932 **[XX]**.

BRIENNE Etienne Loménie de (1727-1794). Archevêque de Toulouse ; ministre de Louis XVI 1787-1788. Pour tenter de résoudre la crise financière il convoque les états généraux (pour 1789) mais il est remplacé par Necker avant leur réunion **[XVIII]**.

BRISSARTHE ✡ 866. Vict. Robert le Fort/Normands **[IX carte 3, t.g. X^{1}]**.

BRUMAIRE 18-, 1799. Coup d'État du g^{al} Bonaparte établissant le Consulat **[XVIII^{7}]**.

BRUNEHAUT (543-613). Reine Austrasie 567-575 ; rég. 575-613. + Sigebert Ier **[VI]**.

BURGONDES Origine et migration des ; invasion des, 436-444 **[V, carte 1]**.

CADOUDAL Georges (1771-1804). Participe à l'insurrection vendéenne 1793-1796 et 1799 ; échoue dans un complot contre Bonaparte 1804 **[XVIII^{7}]**.

CALAIS Siège et capitulation/Angl. 1346-1347 ; reprise par F. de Guise 1558 ; prise et occupation/Esp. 1596-1598 ; réoccupation fr. définitive 1598 (tr. Vervins) **[XIV, XIV^{3}, XVI^{3}, XVI^{6}]**.

CALONNE Charles de (1734-1802). Financier ; ministre des Finances de Louis XVI 1783-1787 **[XVIII]**.

CALVIN Jean (1509-1564). Théologien protestant ; auteur de *l'Institution chrétienne*, base de la Réforme fr. **[XVI^{4}]**.

CAMBACÉRÈS Jean-Jacques de (1753-1824). Juriste ; Conventionnel ; 2e consul ; ministre de Napoléon Ier ; principal rédacteur du Code civil **[XVIII$^{6, 7}$]**.

CAMBODGE fr., 1863-1954. Protectorat 1863 ; indépendance 1954 (accords de Genève) **[XIX, XX^{3}]**.

CAMBRAI Tr. 1529. François Ier/Charles Quint. Variante adoucie du tr. de Madrid de 1526. (Appelé « Paix des Dames » parce que négocié par Louise de Savoie et Marguerite d'Autriche) **[XVI, XVI^{3}]**.

CAMISARDS 1702-1705. Révoltés protestants dans les Cévennes **[XVII]**.

CAMPO-FORMIO Tr. 1797. Bonaparte/Autr. Fin de la 1re coalition **[XVIII^{7}, XVIII carte 3]**.

CANADA fr. (ou N^{elle} Fr.), 1534-1763. Exploration par J. Cartier 1534 ; fondation par Champlain de Port-Royal 1604 et Québec 1608 : début de l'expansion fr. ; cession à l'Angl. de l'Acadie, de Terre-Neuve et des territoires de la Baie d'Hudson 1713 (tr. Utrecht) ; cession à l'Angl. des autres possessions fr. (sauf St Pierre et Miquelon) : province de Québec et territoires des Grands Lacs 1763 (tr. Paris) **[XVI, XVIII^{4}, XVIII carte 2]**.

CANDIE (aujourd'hui Hêraklion, Crète) Expédition de, 1669. Échec d'une tentative pour secourir la ville assiégée/Turcs **[XVII]**.

CANOPE ✡ 1801. Déf. g^{al} Menou/Anglais. Fin de l'expédition d'Égypte **[XVIII^{7}]**.

CANUTS Révolte des, 1831. Réclamation salariale des ouvriers de la soierie à Lyon qui dégénère en émeute, réprimée par l'armée (m^{al} Soult) **[XIX]**.

CAPÉTIENS Passage des Carolingiens aux **[t.g. X^{1}]**.

CAPITULATIONS, 1536, 1673, 1740. Lois ottomanes, privilégiant les ressortissants de certains pays étrangers (notamment la Fr.) ; abolies 1923 **[XVI, XVIII]**.

CARACALLA Ed. 212. Donne la citoyenneté romaine aux sujets de l'Empire **[III]**.

CARAUSIUS Sécession de, 286. Fondation de l'Empire de la Mer **[III]**.

CARLOMAN II (864-884). Roi Aquitaine et Bourgogne 879-882 ; roi Fr. 882-884, Louis II//Charles le Gros **[IX, t.g. X^{1}]**.

CARNOT Lazare (1753-1823). Officier ; député à la Législative et à la Convention ; membre du Comité de salut public (défense nat^{le}) 1793-1795 ; membre du Directoire 1795-1797 ; ministre de la Gu. 1800 **[XVIII^{6}]**.

CARNOT Sadi (1837-1894). P^{t} de la République 1887-1894 ; assassiné. (Petit-fils du Conventionnel et mathématicien Lazare C., neveu du physicien Nicolas C.) **[XIX]**.

CAROLINGIENS [t.g. VIII^{1}, t.g. X^{1}].

CASSEL ✡ 1071. Déf. Philippe Ier/Robert le Frison dans la gu. de succ^{on} de Flandre **[XI]**.

CASTILLE Intervention en, 1366-1369. Du Guesclin, cdt les Grandes Compagnies, assure la victoire d'Henri de Transtamare sur son demi-frère Pierre le Cruel soutenu par les Anglais **[XIV]**.

CASTILLON ✡ 1453. Vict. Charles VII/Anglais (Talbot). Elle permet la reconquête de la Guyenne et marque la fin des hostilités de la gu. de Cent Ans **[XV, XV^{3}]**.

CATALAUNIQUES Champs ✡ 451. Vict. Gallo-Romains et fédérés (Aetius)/Huns (Attila), vers Troyes **[V]**.

CATEAU-CAMBRÉSIS Tr. 1559. Henri II/Philippe II d'Esp. et Élisabeth II d'Angl. Fin des gu. d'Italie et contre Charles Quint **[XVI, XVI^{3}]**.

CATHELINEAU Jacques (1759-1793). 1er chef de l'insurrection vendéenne **[XVIII^{6}]**.

CATHERINE DE MÉDICIS (1519-1589). Reine Fr. 1547-1559 ; rég. 1560-1564. Fille de Laurent II de Médicis et Madeleine de la Tour d'Auvergne ; + Henri II 1533 = François II, Charles IX, Henri III **[XVI, XVI^{5}, t.g. XVI^{1}]**.

CAVAIGNAC Louis (1802-1857). Gal ; gouvr de l'Algérie ; ministre de la Gu. (répression de l'insurrection parisienne de mai-juin) puis chef du gouvt 1848 **[XIX[3]]**.

C.E.C.A. (Communauté Européenne du Charbon et de l'Acier) Tr. 1951. Fr. – RFA – Italie – Belgique – Hollande – Luxembourg (Europe des Six) **[XX]**. ▷ *C.E.E.*

C.E.E. (Communauté Économique Européenne, ou Marché commun) 1957. Créée par le tr. de Rome entre les six pays de la CECA. Adhésions ultérieures : Gde Bretagne, Irlande, Danemark 1973 ; Grèce 1981 ; Espagne, Portugal 1986 **[XX]**. ▷ *C.E.C.A.*

CELLAMARE Prince de (1657-1733). Ambassadeur d'Esp. en Fr. 1715-1718 ; organisateur – à l'instigation de son ministre Albéroni – d'un complot déjoué contre le Régent Philippe d'Orléans **[XVIII[1]]**.

CENT ANS Gu. de. Deux périodes : 1336-1380 **[XIV, XIV[2,3], carte 1]** et 1415-1475 **[XV, XV[3], XV carte 1]**.

CENT-JOURS, 20 mars – 22 juin 1815. Du retour de Napoléon Ier de l'île d'Elbe à son abdication définitive **[XVIII[8]]**.

CÉSAR ▷ *Gaule.*

C.G.T. (Confédération Gale du travail) Fondation de la, 1895. 1re centrale syndicale fr. **[XIX]**.

CHALAIS Conspiration de, 1626. Dirigée contre Richelieu avec la complicité de Gaston d'Orléans **[XVII]**.

CHAMBORD Henri, comte de (1820-1883). Fils posthume (« l'enfant du miracle ») du duc de Berry ; petit-fils de Charles X ; héritier légitime du trône 1830-1883 ; mort sans postérité **[XIX, t.g. XVII[1]]** ▷ *Berry, duc et duchesse de.*

CHAMBORD Tr. 1552. Henri II/princes protestants all. Cession à la Fr. des trois évêchés de Metz, Toul et Verdun (reconnue par l'Empire au tr. Cateau-Cambrésis 1559 et confirmée au tr. Westphalie 1648) **[XVI, XVI[3]]**.

CHAMP-DE-MARS Manifestation du, 1791. Organisée par les Cordeliers pour réclamer la déchéance de Louis XVI, elle est réprimée par Bailly et La Fayette, et contribue à radicaliser la Révolution **[XVIII[6]]**.

CHARBONNERIE, 1821-1830. Société secrète d'opposition à la monarchie restaurée ; regroupe des républicains (La Fayette) et des bonapartistes **[XIX]**.

CHARETTE DE LA CONTRIE François (1763-1796). Lt de vaisseau ; un des chefs de l'insurrection vendéenne **[XVIII[6]]**.

CHARETTE DE LA CONTRIE Athanase (1828-1911). Gal ; petit-neveu du chef vendéen François de Ch. ; cdt des « zouaves pontificaux » **[XIX[5]]**.

CHARLEMAGNE (742-814). Roi Francs 768-814 (avec son frère Carloman 768-771) ; emp. d'Occident 800-814 ; Pépin le Bref//Louis II le Pieux. Fils de Pépin le Bref et Berthe au Grand Pied **[VIII, t.g. VIII[1], VIII[5], VIII carte 1, t.g. X[1]]**.

CHARLES II LE CHAUVE (823-877). Roi Fr. 843-877 (1er roi de « France ») ; emp. d'Occ. 875-877 ; Louis 1er//Louis II. Fils de Louis Ier le Pieux **[IX, t.g. X[1]]**.

CHARLES III LE SIMPLE (879-929). Roi Fr. 893-929 (règne effectif 898-922) ; Eudes//Robert Ier. Fils posthume de Louis II **[IX, X, t.g. X[1]]**.

CHARLES IV (1294-1328). Roi Fr. et Navarre 1322-1328 (dernier capétien direct) ; Philippe V//Philippe VI. Fils de Philippe IV le Bel et Jeanne de Navarre ; + Blanche de Bourgogne 1307 ; + Marie de Luxembourg 1322 ; + Jeanne d'Evreux 1325 **[XIV, XIV[2]]**.

CHARLES V (1338-1380). Rég. 1356-1360 ; roi Fr. 1364-1380 ; Jean II//Charles VI. Fils de Jean II et Bonne de Luxembourg ; + Jeanne de Bourbon 1350 = Charles VI **[XIV, XIV[3], t.g. XV[1]]**.

CHARLES VI LE FOU (1368-1422). Roi Fr. 1380-1422 (régence de ses oncles 1380-1388, puis d'Isabeau de Bavière et d'un conseil de régence 1392-1422) ; Charles V//Charles VII. Fils de Charles V et Jeanne de Bourbon ; + Isabeau de Bavière 1385 = Charles VII **[XIV, XV, t.g. XV[1]]**.

CHARLES VII (1403-1461). Roi Fr. 1422-1461 ; Charles VI//Louis XI. Fils de Charles VI et Isabeau de Bavière ; + Marie d'Anjou 1413 = Louis XI **[XV, XV[1,2,3]]**.

CHARLES VIII (1470-1498). Roi Fr. 1483-1498 (régence de sa sœur Anne de Beaujeu 1483-1491) ; Louis XI//Louis XII. Fils de Louis XI et Charlotte de Savoie ; + Anne de Bretagne 1491 **[XV, XV[6,7], t.g. XV[1]]**.

CHARLES IX (1550-1574). Roi Fr. 1560-1574 (régence de sa mère 1560-1564) ; François II//Henri III. Fils d'Henri II et Catherine de Médicis ; + Elisabeth d'Autriche 1570 **[XVI, t.g. XVI[1]]**.

CHARLES X (1757-1836). Roi Fr. 1824-1830 ; Louis XVIII//Louis-Philippe. Fils du dauphin Louis et Marie-Josèphe de Saxe ; + Marie-Thérèse de Savoie 1773 = duc d'Angoulême et duc de Berry ; frère de Louis XVI et Louis XVIII. (Son fils le duc d'Angoulême abdique avec lui en faveur du duc de Bordeaux, futur comte de Chambord) **[XIX, XIX[2], t.g. XVII[1]]**. ▷*Chambord, comte de.*

CHARLES LE GROS (839-888). Roi Fr. 884-887 ; Carloman II//Eudes. Fils de Louis le Germanique ; roi Alémanie 865-887 ; emp. d'Occident 881-887 **[IX, t.g. X[1]]**.

CHARLES Ier D'ANJOU (1227-1285). Fils de Louis VIII et Blanche de Castille ; frère de Louis IX ; comte d'Anjou Maine et Provence ; roi de Naples et Sicile 1266-1285 **[XIII, XIII[1,5]]**.

CHARLES Ier DE LORRAINE (953-992). 2d fils de Louis IV d'Outremer ; frère de Lothaire ; duc de Basse-Lorraine 977-991 **[X, X[2]]**.

CHARLES LE MAUVAIS (1332-1387). Prince de la famille royale ; roi Navarre 1349-1387 **[XIV, XIV[2,4]]**.

CHARLES MARTEL (688-741). Fils naturel de

Pépin de Herstal ; maire du palais d'Austrasie 714-719 puis du roy[me] franc 719-741 **[VIII, VIII[2,3], t.g. VIII[1], t.g. X[1]].**

CHARLES QUINT (1500-1558) Souverain des Pays-Bas 1506-1555 ; roi Esp. 1516-1556 ; emp. Autr. 1519-1556 ; Maximilien Ier//partage son fils Philippe II (Espagne + Pays-Bas), son frère Ferdinand II (empire). Fils de l'archiduc Philippe le Beau et Jeanne la Folle ; + Isabelle de Portugal = Philippe II **[XVI, XVI[3]].**

CHARLES LE TÉMÉRAIRE (1433-1477). Fils de Philippe le Bon ; duc de Bourgogne 1467-1477 **[XV, XV[3,4,5], t.g. XV[1]].**

CHARLOTTE DE SAVOIE (1445-1483). Reine Fr. 1461-1483. Fille de Louis II duc de Savoie ; + Louis XI 1451 = Anne de Beaujeu et Charles VIII **[XV].**

CHARTE constitutionnelle, 1814. Modifiée 1830. Monarchie constitutionnelle **[XIX[1,2]].**

CHOISEUL Duc de (1719-1785). Ambassadeur 1753-1758 ; Premier ministre de Louis XV 1758-1770 **[XVIII].**

CHOUANNERIE, 1793-1800. Révolte paysanne qui se superpose à l'insurrection vendéenne mais la déborde dans l'espace et le temps **[XVIII[6]].** ▷ *St-Nicaise.*

CHRÉTIENS Persécutions (en Gaule) : 177, 203, 236, 249-251, 258-260, 270-275 **[II, III, III[1]].**

CIMBRES Invasion des, 109-101 av J.-C. **[II av. J.-C., carte 1].**

CINQ-MARS et de THOU Conspiration de, 1642. Dirigée contre Richelieu avec la complicité de Gaston d'Orléans et l'appui des Espagnols **[XVII].**

CITEAUX Fondation de l'abbaye de, 1098 **[XI].** ▷ *Bernard, saint.*

CLAIRVAUX Abbaye cistercienne fondée en 1115 par saint Bernard **[XII].** ▷ *Bernard, saint.*

CLAUDE DE FRANCE (1499-1524). Reine Fr. 1515-1524. Fille de Louis XII et Anne de Bretagne ; + François Ier 1514 = Henri II **[XVI, t.g. XVI[1]].**

CLÉMENCE DE HONGRIE (?-1328). Reine Fr. 1315-1316. Fille de Charles Ier roi de Hongrie ; + Louis X 1315 = Jean Ier **[XIV].**

CLÉMENCEAU Georges (1841-1929). Député radical (extrême gauche) 1876-1893 ; p[t] du Conseil 1906-1909 et 1917-1920 **[XX, XX[1]].**

CLOTAIRE Ier (497-561). Roi Soissons 511-558 ; roi Francs 558-561. Fils de Clovis Ier **[VI, VI carte 1].**

CLOTAIRE II (584-629). Roi Neustrie 584-613. roi Francs 613-629. Fils de Chilpéric et Frédégonde **[VI, VII, VI carte 2].**

CLOVIS Ier (466-511). Roi Francs 481-511. Petit-fils de Mérovée ; fils de Childéric Ier ; + Clotilde 493 **[V].**

CLUNY Abbaye bénédictine fondée en 910 par Guillaume Ier duc d'Aquitaine **[X, XI carte 2].**

COALITIONS contre la Fr, de la Révolution à l'Empire **[carte XVIII[3]].**

COCHEREL ✡ 1364. Vict. Du Guesclin/Anglo-Navarrais (Charles le Mauvais) **[XIV, XIV[4]].**

COCHINCHINE fr., 1859-1954. Prise de Saïgon (Rigault de Genouilly) 1859 ; extension de la conquête 1859-1954 ; colonie ; république indépendante 1954 (sera intégrée dans le Viêt-nam unifié 1975) **[XIX, XX[3]].**

CŒUR Jacques (1395-1456). Marchand et banquier devenu ministre des Finances de Charles VII ; condamné pour malversations 1451 **[XV].**

COGNAC Ligue de, 1526. Alliance de François Ier, le pape Clément VII, Venise, Milan et Florence contre Charles Quint. Origine de la 2e gu. contre Charles Quint **[XVI[3]].**

COLBERT Jean-Baptiste (1619-1683). Secrétaire de Mazarin, puis principal ministre de Louis XIV 1661-1683 (Finances, Économie, Marine) **[XVII].**

COLLÈGE DE FRANCE Création en 1530 **[XVI].**

COLLOT D'HERBOIS Jean-Marie (1749-1796). Député à la Convention ; membre du Comité de salut public ; mort en déportation **[XVIII[6]].**

COMMERCE TRIANGULAIRE Commerce maritime Europe-Afrique (objets manufacturés), Afrique-Amérique (esclaves), Amérique-Europe (sucre) **[XVIII].**

COMMUNE Insurrection de la, 1871 **[XIX[8]].**

COMORES fr. Occupation de Mayotte 1843, du reste de l'archipel 1886-1898 ; rattachement administratif à Madagascar 1912 ; territoire d'outre-mer 1947 ; autonomie interne 1961 ; indépendance 1975, sauf Mayotte qui reste T.O.M. **[XIX].**

COMPAGNIES Grandes Pendant la gu. de Cent Ans, troupes de mercenaires devenus pillards, récupérées par Du Guesclin qui les utilise en Castille **[XIV].** ▷ *Castille.*

COMPIÈGNE Paix de, 604. Austrasie/Neustrie **[VI].**

COMPTES Chambre des Créée par Louis IX, elle émane de l'ancienne *curia regis* et préfigure la future Cour des comptes **[XIII].**

COMPTES Cour des Créée en 1807 par Napoléon Ier. Elle remplace la Chambre des comptes de la royauté **[XVIII[8]].**

COMTAT VENAISSIN Cession du, 1274. Vendu par Philippe III le Hardi à la papauté (Grégoire X) **[XIII, XIV carte 1].** ▷ *Tolentino, tr.*

CONCINI, m[al] d'Ancre (1575-1617). Protégé de Marie de Médicis ; Premier ministre de fait 1610-1617 ; assassiné sur ordre de Louis XIII **[XVII, XVII[2]].**

CONCORDAT, 1801. Bonaparte/Pie VII. Il rétablit la paix religieuse en Fr. et fixe les nouveaux rapports entre l'Église et l'État (en vigueur jusqu'en 1905) **[XVIII[7]].** ▷ *Bologne, concordat de.*

CONDÉ Princes de **[t.g. XVI[8]].**

CONFÉDÉRATION DU RHIN, 1806 **[XVIII[8]].**

CONGO fr., 1875-1958. Exploration par Savorgnan de Brazza 1875 ; colonie 1891 ; indépendance de la Rép. populaire du Congo (ou Congo-Brazzaville) 1958 **[XIX].**

CONSTANCE D'ARLES ou **DE PROVENCE** (?-1032). Reine Fr. 1003-1031. Fille du comte

Guillaume de Provence ; + Robert II le Pieux 1003 = Henri Ier **[XI].**

CONSTANCE DE CASTILLE (?-1160). Reine Fr. 1154-1160. Fille d'Alphonse VII roi de Castille ; + Louis VII 1154 **[XII].**

CONSTANTIN Ed. 313 (ou éd. de Milan). Accorde la liberté religieuse dans l'empire romain **[IV].**

CONSTANTINOPLE Sac de, 1204. Détournement de la 4e croisade contre l'empire byzantin à l'instigation de Venise **[XIII^{1}].**

CONSTITUANTE Assemblée, 1789-1791. Autoproclamée par les états généraux de 1789 **[XVIII^{6}].**

CONVENTION, 1792-1795. Assemblée parlementaire unique de la Ire République **[XVIII^{6}].**

CONSTITUTION de 1848. IIe République. Modifiée 1852 : second Empire **[XIX^{3}].**

CONSTITUTION de 1875. IIIe République **[XIX^{9}].**

CONSTITUTION de 1946. IVe République **[XX^{5}].**

CONSTITUTION de 1958. Ve République **[XX^{6}].**

CORBEIL Tr. 1258. Louis IX/Jacques Ier d'Aragon **[XIII, XIII^{4}].**

CORDELIERS, 1790. Club révolutionnaire d'abord rival de celui des Jacobins ; dominé par Danton, Marat, Hébert, Desmoulins, etc. ; organisateur de la manifestation du Champ-de-Mars 1791 ; fusionne avec les Jacobins 1794 **[XVIII^{6}].** ▷ *Champ-de-Mars.*

CORSE fr., 1768. Achat à la République de Gênes (mais résistance de Paoli à la prise de possession 1768-1769). Occupation anglaise 1794-1796 **[XVIII, XVIII^{6}].**

CÔTE D'IVOIRE fr., 1893-1960. Colonie 1893 ; achèvement de la conquête 1898 ; autonomie interne 1958 ; indépendance 1960 **[XIX].**

COURTRAI ✩ 1302. Déf. fr. (Robert d'Artois)/Flamands **[XIII^{8}].**

COUTHON Georges (1755-1794). Avocat ; député à la Législative et à la Convention ; membre du Comité de salut public 1793-1794 (instigateur de la loi du 22 prairial supprimant toutes les garanties aux accusés du Tribunal révolutionnaire) ; exécuté avec Robespierre **[XVIII^{6}].**

COUTRAS ✩ 1587. Vict. Henri IV/Ligueurs (duc de Joyeuse) **[XVI^{6}].**

CRÉCY ✩ 1346. Déf. Philippe VI/Anglais (Henri III) au début de la gu. de Cent Ans **[XIV, XIV^{3}].**

CRÉPY Tr. 1544. François Ier/Charles Quint. La Fr. renonce à la Savoie et au Piémont, l'Empire à la Bourgogne ; alliance contre les Turcs **[XVI^{3}].**

CRIMÉE Gu. de, 1853-1856 **[XIX, XIX^{4}].**

CROISADES, 1096-1270. 1re c. 1096-1099 **[XI, XI^{4}]** ; 2^{e}c. 1147-1149 **[XII, XII^{3}]** ; 3^{e}c. 1189-1192 **[XII, XII^{6}]** ; 4^{e}c. 1202-1204 ; 5^{e}c. 1217-1221 ; 6^{e}c 1228-1229 ; 7^{e}c. 1248-1254 ; 8^{e}c. 1270 **[XIII, XIII^{1}].** ▷ *Albigeois.*

CROQUANTS Révoltes des, 1594 à 1640. Révoltes paysannes localisées et sporadiques contre le fisc et les abus de l'administration **[XVI].**

DAGOBERT Ier (600-639). Roi Austrasie 622-629 ; roi Francs 629-639 ; Clotaire II//partage **[VII].**

DAHOMEY fr., 1892-1960. Conquête 1892-1894 ; colonie 1899 ; territoire d'outre-mer 1946 ; indépendance – Rép. pop. du Bénin – 1960. **[XIX].**

DALADIER Edouard (1884-1970). P^{t} du Conseil 1933, 1934, 1938-1939 (signataire de l'accord de Münich 1938) **[XX, XX^{1}].**

DAMIENS Attentat de, 1757. Contre Louis XV **[XVIII].**

DAMES Paix des ▷ *Cambrai, tr.*

DANTON Georges (1759-1794). Avocat ; principal animateur des Cordeliers ; membre de la Commune de Paris 1791, du Conseil exécutif 1792 ; chef de fait du gouv^{t} révolutionnaire jusqu'en juillet 1793 (remplacé par Robespierre au Comité de salut public) ; guillotiné. **[XVIII^{6}].**

DARLAN François (1881-1942). Amiral de la flotte 1939 ; ministre de la Marine 1940 ; vice-p^{t} du Conseil (g^{vt} de Vichy) 1941-1942 ; assassiné à Alger alors qu'il tente de se substituer au g^{al} de Gaule comme chef de la France libre **[XX^{2}].**

DAUPHIN Titre porté par l'héritier présomptif de la couronne de Fr., de 1349 (Charles V) à 1830 (duc d'Angoulême) **[XIV].** ▷ *Dauphiné.*

DAUPHINÉ Acheté par Philippe VI pour son petit-fils Charles (V) 1349 ; rattaché au roy^{me} 1456 **[XIV, XV].** ▷ *Dauphin.*

DÉCUMATES Champs [I, carte I^{1}].

DENAIN ✩ 1712. Vict. Villars/Impériaux et Hollandais (Prince Eugène) **[XVII^{14}].**

DÉVOLUTION Gu. de, 1667-1668 **[XVII, XVII^{9}].**

DIÊN BIÊN PHU ✩ 1954. Déf. fr./Viêt-nam. Elle entraîne la fin de la gu. d'Indochine **[XX^{3}].**

DIEU Paix de. Interdiction, pendant les gu. privées, de s'en prendre aux personnes et aux biens des non-combattants **[XI].** ▷ *Dieu, trève de.*

DIEU Trève de. Interdiction, pendant les gu. privées, de combattre les dimanches et jours de fêtes religieuses **[XI]** ▷ *Dieu, paix de.*

DIJON Tr. 1514. Conclut la déf. de la Fr. par la Ste Ligue (signé par La Trémoille, non ratifié par Louis XII) **[XVI, XVI^{2}].**

DJIBOUTI ▷ *Somalis.*

DOMINICAINS ou Frères prêcheurs, 1215. Ordre mendiant fondé par saint Dominique à Toulouse **[XIII].**

DOMITIENNE Voie (via Domitia). Voie romaine reliant l'Italie à la Provence (par le Montgenèvre), puis à l'Esp. **[carte II^{1}].** ▷ *Domitius.*

DOMITIUS G^al romain ; vainqueur des Allobroges 122 av. J.-C. **[11 av. J.-C.]**. ▷ *Domitienne, voie.*

DORMEILLES ✫ 600. Vict. Austriens/Neustriens **[VI]**.

DRAP D'OR Camp du, 1520. Entrevue infructueuse entre François Ier et Henri VIII d'Angl. **[XVI]**.

DREYFUS Affaire, 1894-1906. Violente crise de la société fr. provoquée par la condamnation – à tort – du capitaine Dreyfus pour espionnage **[XIX]**.

DUBOIS Guillaume (1656-1723). C^al ; précepteur, puis conseiller et ministre du rég. Philippe d'Orléans 1715-1723 **[XVIII, XVIII¹]**.

DU GUESCLIN Bertrand (1320-1380). Connétable 1370 **[XIV, XIV³,⁴]**. ▷ *Compagnies, G^des ; Castille.*

DUNES ✫ 1658. Vict. Turenne/Espagnols (Condé) **[XVII⁷]**.

DUPES Journée des, 1630 **[XVII, XVII⁵]**.

DUPLEIX Joseph (1697-1763). Gouv^r g^al de la Cie des Indes 1742-1754 **[XVIII]**.

ÉBROÏN (?-681). Maire du palais de Neustrie 657-681 **[VII, VII¹]**.

ECKMÜHL ✫ 1809. Vict. Napoléon Ier et Davout/Autrichiens (archiduc Charles) qui permet la prise de Vienne **[XVIII⁸, XVIII carte 3]**.

ÉCLUSE ✫ 1340. Destruction de la flotte fr./Anglais au début de la gu. de Cent Ans **[XIV, XIV³]**.

ÉDOUARD III (1312-1377). Petit-fils de Philippe IV le Bel ; roi Angl. 1327-1377 ; responsable de la gu. de Cent Ans **[XIV²,³]**.

ÉGAUX Conspiration des, 1796. Fomentée contre le Directoire par des communistes (Babeuf) et des terroristes (Darthé) pour revenir à la Constitution de 1793 – jamais appliquée – et au-delà abolir le droit de propriété ; déjouée par Carnot **[XVIII⁷]**.

ÉGYPTE Expédition d', 1798-1801 **[XVIII⁷]**.

ELBÉE Maurice d' (1752-1794). Officier ; un des chefs de l'insurrection vendéenne **[XVIII⁶]**.

ELEONORE d'Autriche ou de Habsbourg (1498-1558). Reine Fr. 1530-1547. Fille de Philippe le Beau et Jeanne la Folle ; sœur de Charles Quint ; + Manuel Ier roi de Portugal 1519 ; + François Ier 1530 **[XVI]**.

ELISABETH d'Autriche (1554-1592). Reine Fr. 1570-1574. Fille de l'emp. Maximilien II ; + Charles IX 1570 **[XVI]**.

ENGHIEN Duc d'. Exécution en 1804 **[XVIII⁶, t.g. XVI⁸]**.

ENTENTE CORDIALE. Alliance fr.-angl. 1843 (Louis-Philippe/Victoria) et 1904 (IIIe Rép./Edouard VII) **[XIX, XX]**.

ENTREMONT Capitale de la tribu gauloise des Salyens (près d'Aix-en-Provence) détruite par les Romains en 124 av. J.-C. **[11 av. J.-C.]**.

ERFURT Entretien d', 1808. Napoléon Ier/tsar Alexandre Ier, qui confirment et précisent leur entente de Tilsit **[XVIII⁸]**.

ESPAGNE Marche d'. Conquête par Charlemagne 795-801 ; révolte contre Louis le Pieux 815-826 **[VIII, IX]**.

ESPAGNE Gu. de succ^on d', 1702-1713 **[XVII¹⁴]**.

ESPAGNE Gu. d' (de Napoléon Ier), 1806-1813 **[XVIII⁸]**.

ESPAGNE Gu. d' (de la Régence), 1718-1720 **[XVIII¹]**.

ESTRESSE ✫ 930. Vict. Raoul Ier/Normands. **[X]**.

ETAMPES ✫ 604. Vict. Austriens/Neustriens **[VI]**.

ETAPLES Tr. 1492. Charles VIII/Henri VII d'Angl. Indemnisation pour la neutralité anglaise, en vue de la 1re gu. d'Italie **[XV]**.

ÉTAT PONTIFICAL Création de l', 757. Conquis sur les Lombards par Pépin le Bref et donné au pape Etienne II (« donation de Pépin ») **[VIII]**.

ÉTATS-UNIS D'AMÉRIQUE (U.S.A.). Gu. d'indépendance des, 1775-1782. Participation fr. 1778-1782 **[XVIII, XVIII⁵]**.

ÉTIENNE DE BLOIS (1097-1154). Petit-fils de Guillaume le Conquérant ; fils d'Étienne comte de Blois ; roi Angl. 1135-1154 par éviction de Mathilde **[XII⁴, t.g. XI⁵]**.

EUGÉNIE (1826-1920). Imp. Fr. 1853-1870. Fille du comte de Montijo (G^d d'Esp.) ; + Napoléon III 1853 **[XIX]**.

EUDES (860-898). Roi Fr. 888-898 ; Charles le Gros//Charles III le Simple. Fils de Robert le Fort **[X, t.g. X¹]**.

EUDES (?-735). Duc d'Aquitaine 714-735 **[VIII⁴]**.

ÉVÊCHÉS Les trois (Metz, Toul, Verdun). ▷ *Chambord, tr.*

EVIAN Accord d', 1962. Fr/F.L.N. algérien. Fin de la gu. et indépendance de l'Algérie. **[XX⁴]**.

EYLAU ✫ 1807. Napoléon Ier/Russes : résultat indécis **[XVIII⁸, XVIII carte 3]**.

FACHODA Incident de, 1898. Crise fr. angl. pendant la colonisation du Soudan **[XIX]**.

FALLOUX Loi, 1850. Autorise l'enseignement primaire et secondaire privé **[XIX³]**.

FAVRE Jules (1809-1880). Député d'opposition à Napoléon III ; ministre dans le gouv^t de Défense nat^le 1870-1871 **[XIX⁷]**.

FÉDÉRATION Fête de la, 1790. 1er anniversaire de la prise de la Bastille ; serment de Louis XVI à la Constitution (fin supposée de la Révolution) **[XVIII⁶]**.

FERRY Jules (1832-1893). Maire de Paris 1870 ; ministre de l'Instruction publique 1879-1882 ; p^t du Conseil 1880-1881 ; fondateur de l'enseignement obligatoire et gratuit ; principal instigateur de l'empire colonial (Tunisie, Congo, Madagascar, Tonkin) **[XIX]**.

FEUILLANTS Club des, 1791-1792. Regroupe des révolutionnaires modérés ayant quitté les Jacobins (Sieyes, Bailly, La Fayette, Barnave,...) **[XVIII^{6}]**.

FIESCHI Attentat de, 1835. Contre Louis-Philippe **[XIX]**.

FLANDRE Gu. de succ^{on} du comté de, 1071. Philippe Ier/Robert Ier le Frison **[XI]**.

FLANDRE Révolte de la, 1302-1312. Flamands/Philippe IV le Bel **[XIII, XIII^{8}]**.

FLANDRE Transport de : ▷ *Pontoise, tr.*

FLEIX Paix de, 1580. Henri IV/Ligueurs. Fin de la 7e gu. de religion **[XVI^{6}]**.

FLEURUS ✡ 1690. Vict. m^{al} de Luxembourg/Impériaux **[XVII^{13}]**.

FLEURUS ✡ 1794. Vict. Jourdan/Austro-Hollandais **[XVIII^{6}, carte XVIII^{3}]**.

FLEURY André de (1653-1743). C^{al} ; précepteur puis Premier ministre de Louis XV 1726-1743 **[XVIII]**.

FLOTTE Pierre (?-1302). Chancelier de Philippe IV le Bel 1295-1302 **[XIII^{6}]**.

FOCH Ferdinand (1851-1929). G^{al} 1914 ; chef d'état-major 1917 ; généralissime des armées alliées et m^{al} 1918 **[XX^{1}]**.

FOIRES de champagne (XIIe et XIIIe siècles). Lagny, Bar-sur-Aube, Provins, Troyes **[XII]**.

FONTAINE-FRANÇAISE ✡ 1595. Vict. Henri IV/Espagnols et Ligueurs **[XVI, XVI^{6}]**.

FORMIGNY ✡ 1450. Vict. Richemont/Anglais. Elle permet la reconquête de la Normandie **[XV, XV^{3}]**.

FORNOUE ✡ 1495. Vict. Charles VIII/Ligue de Venise (1re gu. d'Italie) **[XV^{7}]**.

FOY Max (1775-1825). G^{al} du Ier Empire, puis député d'opposition aux Bourbons ; ses obsèques se transforment en manifestation contre le pouvoir **[XIX]**.

FRANCFORT Tr. 1871. Fr./All. Fin de la gu. de 1870-1871 **[XIX^{7}]**.

FRANCISCAINS, 1209. 1er ordre mendiant, fondé par saint François à Assise **[XIII]**.

FRANÇOIS Ier (1494-1547). Roi Fr. 1515-1547 ; Louis XII//Henri II. Fils de Charles d'Angoulème et Louise de Savoie ; + Claude de Fr. 1514 = Henri II ; + Éléonore d'Autr. 1530 (sœur de Charles Quint) **[XVI, XVI^{2,3,4}, t.g. XVI^{1}]**.

FRANÇOIS II (1544-1560). Roi Fr. 1559-1560 ; Henri II//Charles IX. Fils d'Henri II et Catherine de Médicis ; + Marie Stuart 1558 (d'où roi d'Écosse 1558-1560) **[XVI, XVI^{5}, t.g. XVI^{1}, t.g. XVI^{8}]**.

FRANÇOIS II (1435-1488). Duc de Bretagne 1458-1488. Père d'Anne de Bretagne **[XV^{4}, XV^{6}]**.

FRANCS Invasion des. 1res incursions 258-285 ; invasion 420-430, 486 (Clovis) **[III, III^{2}, V]**.

FRÉDÉGONDE (545-597). Reine Neustrie 567-584 ; rég. 584-597. + Chilpéric Ier **[VI]**.

FRIBOURG Tr. 1516. François Ier/Suisses. Tr. dit de « la paix perpétuelle » **[XVI^{2}]**.

FRIEDLAND ✡ 1807. Vict. Napoléon Ier/Russes (Bennigsen). Fin de la 4e coalition **[XVIII^{8}, XVIII carte 3]**.

FRONDE 1648-1653 **[XVII, XVII^{8}]**.

FRONT POPULAIRE, 1935-1940. Alliance des partis de gauche – radicaux, socialistes, communistes – 1935 ; mise sur pied d'un programme et vict. électorale 1936 ; gouv^{ts} de F.P. 1936-1940 (principalement gouv^{t} Blum 1936-1937) **[XX]**.

FURNES ✡ 1297. Vict. Fr. (Robert d'Artois)/Flamands alliés des Angl. **[XIII^{8}]**.

GABELLE Impôt sur le sel établi en 1341, confirmé en 1383, aboli en 1790 **[XIV]**.

GALÈRE Ed. 311. Ed. de tolérance religieuse qui sera confirmé par l'éd. de Constantin (ou de Milan) 313. **[IV]**.

GAMBETTA Léon (1838-1882). Avocat ; chef de l'opposition à Napoléon III ; ministre de l'Intérieur 1870-1871 ; puis comme député, principal acteur de l'instauration de la IIIe République **[XIX, XIX^{7}]**.

GARNIER-PAGÈS Louis (1803-1878). Membre du gouv^{t} provisoire 1848 ; député d'opposition sous Napoléon III ; membre du gouv^{t} de la Défense nat^{le} 1870-1871 **[XIX^{3,7}]**.

GASTON DE FOIX (1489-1512). Neveu de Louis XII ; chef de l'armée d'Italie 1512 (« le Foudre d'Italie »). **[XVI^{2}]**.

GASTON D'ORLÉANS (1608-1660). Frère de Louis XIII ; héritier présomptif de la couronne 1610-1638 ; participe à tous les complots contre Richelieu **[XVII, XVII^{6}, t.g. XVII^{1}]**.

GAULE romaine. Conquête de la *Province* 125-117 av J.-C. ; conquête totale par César 58-51 av. J.-C. ; révolte 21, et tentative de libération 68-70 ; empire des Gaules 260-273 **[II av. J.-C., I av. J.-C., I, III, III^{3}]**.

GAULLE Charles de (1890-1970). G^{al} 1940 ; Secrétaire d'État 1940 ; chef de la « France libre » 1940-1944 (Londres, Alger) ; chef du gouv^{t} 1944-1946 ; p^{t} du Conseil puis p^{t} de la République 1958-1969 **[XX, XX$^{2, 4, 6}$]**.

GÊNES ✡ Échec d'une tentative de Charles VII pour s'emparer de la ville en 1447 **[XV]**.

GENÈVE Accords de, 1954. Fr./Viêt-nam. Fin de la gu. d'Indochine ; scission provisoire du Viêt-nam (Nord/Sud) ; indépendance du Cambodge et du Laos **[XX^{3}]**.

GEOFFROY PLANTAGENÊT (1113-1151). Comte d'Anjou, du Maine, puis duc de Normandie ; + Mathilde d'Angl. 1127 = Henri II d'Angl. **[XII, XII^{2,4}]**.

GERBEROY Tr. 1078. Guillaume le Conquérant donne le gouv^{t} du duché de Normandie à son fils Robert Courteheuse **[XI, XI^{3}, t.g. XI^{5}]**.

GERGOVIE ✡ 52 av. J. C. Vict. Gaulois (Vercingétorix)/Romains (César) **[I av. J.-C., carte 1]**.

GIRONDINS 1791-1793. Députés révolutionnaires représentant la bourgeoisie – Brissot, Vergniaud, Roland, Condorcet – ; au pouvoir en 1792 et responsables de la gu. étrangère ; éliminés par les Montagnards 1793 **[XVIII^{6}]**.

GISORS Tr. 1113. Louis VI le Gros/Henri Ier d'Angl. Le roi d'Angl. reçoit la suzeraineté sur la Bretagne et le Maine **[XII^{2}]**.

GOULET Tr 1200. Philippe II Auguste/Jean sans Terre. Fin de la gu. contre Richard Cœur de Lion **[XII^{7}]**.

GRANSON ✡ 1476. Déf. Charles le Téméraire/Suisses **[XV^{5}]**.

GRASSE Comte de (1722-1788). Chef de l'escadre qui participe à la gu. d'indépendance des U.S.A. 1780-1782 **[XVIII^{5}]**.

GRAVELINES ✡ 1558. Déf. m^{al} de Thermes/Espagnols **[XVI^{3}]**.

GRIMOALD (?-656). Fils de Pépin de Landen ; maire du palais d'Austrasie 643-656 **[VII, t.g. VIII^{1}]**.

GUERRE FOLLE 1485-1488. Révolte féodale contre la rég. Anne de Beaujeu **[XV, XV^{6}]**.

GUERRES MONDIALES 1914-1918 **[XX^{1}]** ; 1939-1945 **[XX^{2}]**.

GUERRES DE RELIGION 1562-1598 **[XVI, XVI^{6}]**.

GUERRE DES AMOUREUX 1580. 7e gu. de religion **[XVI^{6}]**.

GUERRES D'ITALIE 1495-1515. Sous Charles VIII, Louis XII, François Ier **[XV, XV^{7}, XVI, XVI^{2}]**. (Prolongées par les gu. contre Charles Quint).

GUERRES contre CHARLES QUINT 1521-1559. Sous François Ier et Henri II **[XVI, XVI^{3}]**.

GUESDE Jules (1845-1922). Député 1893-1898 et 1906-1922 ; ministre 1914-1916. Principal propagandiste – avec J. Jaurès – du socialisme en Fr. **[XIX]**.

GUILLAUME LE CONQUÉRANT (1027-1087). Fils naturel de Robert le Magnifique ; duc de Normandie 1035-1087 ; roi Angl. 1066-1087 **[XI, XI^{3}, t.g. XI^{5}]**.

GUINÉE fr., 1893-1958. 1er établissement fr. 1838 ; colonie 1893 ; territoire d'outre-mer 1946 ; indépendance 1958 **[XIX]**.

GUINEGATTE ✡ 1479. Louis XI/Flamands (Maximilien d'Autr.) : résultat indécis **[XV, XV^{5}]**.

GUINEGATTE ✡ 1513. Déf. fr./Angl. et Impériaux **[XVI^{2}]**.

GUISE Ducs de **[t.g. XVI^{8}]**.

GUIZOT François (1787-1874). Historien ; ministre 1830-1837 et chef du gouv^{t} 1840-1848 **[XIX]**.

HACHETTE Jeanne (1454- ?). S'illustre dans la défense de Beauvais contre Charles le Téméraire 1472 **[XV, XV^{4}]**.

HAÏTI Révolte et expédition d', 1791-1802 **[XVIII^{4}]**.

HANOVRE Ligue de, 1725. Alliance défensive Fr-Angl.-Prusse-Prov. Unies, réplique à l'alliance Esp.-Autr. ; rompue par le retournement de la Prusse 1726 **[XVIII]**.

HARELLE Révolte de la, 1381-1382. Révolte contre le fisc à Rouen **[XIV]**.

HASTINGS ✡ 1066. Vict. Guillaume le Conquérant/Harold. Début de la conquête de l'Angl. **[XI, XI^{3}]**.

HAUTEVILLE Frères de. Fondateurs du roy^{me} normand d'Italie du Sud 1033, et de Sicile 1060 **[XI]**.

HELIOPOLIS ✡ 1800. Vict. Kléber/Turcs **[XVIII^{7}]**.

HENRI Ier (1008-1060). Roi Fr. 1031-1060 ; Robert II le Pieux//Philippe Ier. Fils de Robert II le Pieux et Constance d'Arles ; + Mathilde nièce de l'emp. Henri II 1043 ; + Anne de Kiev 1049 = Philippe Ier **[XI, XI^{1}]**.

HENRI II (1519-1559). Roi Fr. 1547-1559 ; François Ier//François II. Fils de François Ier et Claude de Fr. ; + Catherine de Médicis 1533 = François II, Charles IX, Henri III **[XVI, XVI^{3,4}, t.g. XVI^{1}]**.

HENRI III (1551-1589). Roi Fr. 1574-1589 (dernier Valois) ; Charles IX//Henri IV. Fils d'Henri II et Catherine de Médicis ; élu roi Pologne 1573 ; + Louise de Lorraine 1575 **[XVI, XVI^{6}, t.g. XVI^{1}]**.

HENRI IV (1553-1610). Roi Navarre 1572-1610 ; roi Fr. 1589-1610 ; Henri III//Louis XIII. Fils d'Antoine de Bourbon et Jeanne d'Albret reine Navarre ; + Marguerite de Valois 1572 (annulation 1599) ; + Marie de Médicis 1600 = Louis XIII **[XVI, XVI^{6,7}, t.g. XVI^{1}, t.g. XVII^{1}]**.

HENRI Ier BEAUCLERC (1068-1135). 3e fils de Guillaume le Conquérant ; roi Angl. 1100-1135 ; duc de Normandie 1106-1135 **[XI^{3}, t.g. XI^{5}]**.

HENRI II PLANTAGENÊT (1133-1189). Fils de Geoffroy Pl. et Mathilde d'Angl. ; duc de Normandie ; comte d'Anjou et du Maine ; roi Angl. 1154-1189 ; + Aliénor d'Aquit. 1152 = Richard Cœur de Lion, Jean sans Terre **[XII, XII$^{4, 5}$, t.g. XI^{5}]**.

HILAIRE saint (303-367). Évêque de Poitiers ; docteur de l'Église ; principal adversaire de l'arianisme **[IV]**.

HOHENLINDEN ✡ 1800. Vict. Moreau/Autrichiens. Fin de la 2e coalition **[XVIII^{7}, XVIII carte 3]**.

HOLLANDE Gu. de, 1672-1679 **[XVII, XVII^{10}]**.

HONGRIE « Le maître de » ▷ *Pastoureaux*.

HONGROIS Incursions des, 926-954. Principalement en Bourgogne et Champagne **[X]**.

HOSPITALIERS de St Jean de Jérusalem (puis *Chevaliers de Rhodes*, puis *Ch. de Malte*). Ordre de moines-soldats fondé en Palestine 1113 ; réfugiés – après la chute de St-Jean-d'Acre – à Chypre, puis Rhodes, puis Malte, puis Rome **[XIII^{7}]**.

HOUGUE La ✡ 1692. Déf. navale Tourville/Anglo-hollandais **[XVII^{13}]**.

HUGUES CAPET (941-996). Roi Fr. 987-996 ; Louis V//Robert II. Fils de Hugues le G^{d} ; duc de Fr. 956-987 ; + Adélaïde de Poitou 970 = Robert II **[XI, t.g. X^{1}]**.

HUGUES LE GRAND (?-956). Fils de Robert Ier ; duc de Fr. (le « faiseur de rois ») **[X, t.g. X[1]].**

HUNS Invasion des, 451. Attila est vaincu par Aetius aux champs Catalauniques **[V].**

IENA et AUERSTEDT ✡ 1806. Le même jour vict. Napoléon Ier (Iéna) et Davout (Auerstedt)/Prussiens (Frédéric-Guillaume III et duc de Brunswick) **[XVIII[8], XVIII carte 3].**

INDES Empire fr. des ▷ *Indes Orientales, Cie des ; Sept Ans, gu. de.*

INDES ORIENTALES Cie fr. des. Cie commerciale constituant un quasi-protectorat sur la moitié orientale du continent indien **[XVIII, XVIII[4]].**

INDOCHINE fr., 1859-1954. « Union indochinoise » comprenant la colonie de Cochinchine, les protectorats d'Annam, du Tonkin, du Cambodge et du Laos (voir à ces noms). **[XIX].**

INDOCHINE Gu. d', 1946-1954 **[XX[3]].**

INGEBURGE DE DANEMARK (1175-1236). Reine Fr. 1193-1223. Fille de Valdemar roi de Danemark ; + Philippe II Auguste 1193 (répudiée 1193, réhabilitée 1212) **[XII].**

IRÉNÉE saint (130-205). Docteur de l'Église ; 2e évêque de Lyon 178-205 **[II].**

ISABEAU DE BAVIÈRE (1371-1435). Reine Fr. 1385-1422 ; chef du conseil de régence 1392-1422. Fille d'Étienne II duc de Bavière ; + Charles VI 1385 = Charles VII **[XIV, XV, XV[1,2,3]].**

ISABELLE D'ARAGON (?-1271). Reine Fr. 1270-1271. Fille de Jacques Ier roi d'Aragon ; + Philippe III le Hardi 1262 = Philippe IV **[XIII].**

ISABELLE DE HAINAUT [1170-1190). Reine Fr. 1180-1190. Descendante des Carolingiens, fille de Baudoin V de Hainaut ; + Philippe II Auguste = Louis VIII **[XII].**

ITALIE Campagnes d', de Bonaparte 1796-1797 et 1800 **[XVIII[7]].**

ITALIE Campagne d', de Napoléon III 1859 **[XIX[5]**].

IVRY ✡ 1590. Vict. Henri IV/Ligueurs (duc de Mayenne) **[XVI[6]].**

JACOBINS Club des, 1789. 1er club révolutionnaire ; il se radicalise progressivement – scission des Feuillants, puis départ des Girondins 1792 – pour devenir avec Robespierre l'inspirateur et l'auxiliaire du gouvt montagnard 1793-1794 **[XVIII[6]].**

JACQUERIE, 1358. Révolte paysanne contre la noblesse dans le Beauvaisis, écrasée par Charles le Mauvais **[XIV].** ▷ *Charles le Mauvais.*

JANSÉNISME Publication posthume de *l'Augustinus* de C. Jansen 1640 ; condamnation par le pape 1642 + 1653 ; signature imposée au clergé du « formulaire » 1656 (refusée par les religieuses de Port-Royal et quelques évêques) ; publication des *Lettres provinciales* de Pascal 1656 ; relégation des religieuses de Port-Royal de Paris à P.R. des Champs 1664 ; « Paix de l'Église » par le pape Clément IX 1669 ; résurgence du jansénisme 1701 (Quesnellisme) ; démolition de Port-Royal-des-Champs 1710 **[XVII].**

JARNAC ✡ 1569. Vict. Henri III/protestants (Louis de Condé prisonnier et assassiné) **[XVI[6], t.g. XVI[8]].**

JAURÈS Jean (1859-1914). Professeur de philosophie ; puis député et journaliste ; principal propagandiste – avec J. Guesde – du socialisme en Fr. Fervent pacifiste, il est assassiné à la veille de la gu. de 1914 **[XIX].**

JEAN Ier (1316). Roi Fr. et Navarre 1316 ; Louis X//Philippe V. Fils posthume de Louis X et Clémence de Hongrie, il ne vit que quelques jours **[XIV, XIV[2]].**

JEAN II LE BON (1319-1364). Roi Fr. 1350-1364 ; Philippe VI de Valois//Charles V. Fils de Philippe VI et Jeanne de Bourgogne ; + Bonne de Luxembourg 1332 = Charles V ; + Jeanne de Boulogne 1350. Prisonnier en Angl. 1356-1360 **[XIV, XIV[3], t.g. XV[1]].**

JEAN SANS PEUR (1371-1419). Fils de Philippe le Hardi ; duc de Bourgogne 1404-1419 **[XV[1], t.g. XV[1], XV[2]].**

JEAN SANS TERRE (1167-1216). Fils d'Henri II d'Angl. et Aliénor d'Aquitaine ; roi Angl. 1199-1216 **[XII, XIII, XIII[2], t.g. XI[5]].**

JEANNE D'ARC (1412-1431). Intervention dans la gu. de Cent Ans 1429-1431 **[XV, XV[3]].**

JEANNE DE BOULOGNE (1326-1361). Reine Fr. 1350-1361. Fille de Guillaume comte de Boulogne et d'Auvergne ; + Philippe de Bourgogne ; + Jean II le Bon 1350 **[XIV].**

JEANNE DE BOURBON (1338-1377). Reine Fr. 1364-1377. Fille de Pierre Ier duc de Bourbon et Isabelle de Valois : + Charles V 1350 = Charles VI **[XIV].**

JEANNE DE BOURGOGNE (1292-1329). Reine Fr. 1316-1322. Fille d'Othon comte de Bourgogne ; + Philippe V 1307 **[XIV].**

JEANNE DE BOURGOGNE (1293-1348). Reine Fr. 1328-1348. Fille de Robert II duc de Bourgogne ; + Philippe VI de Valois 1313 = Jean II **[XIV].**

JEANNE D'EVREUX (?-1371). Reine Fr. 1325-1328. Fille de Louis comte d'Évreux ; + Charles IV **[XIV].**

JEANNE DE FRANCE (1464-1505). Reine Fr. 1498. Fille de Louis XI et Charlotte de Savoie (sœur d'Anne de Beaujeu et Charles VIII) ; + Louis XII 1476, répudiée 1498 (sainte Jeanne de Fr. fondatrice des Annonciades) **[XVI].**

JEANNE DE NAVARRE (1270-1304). Reine Fr. 1285-1304. Fille d'Henri Ier de Navarre ; +

Philippe IV le Bel 1284 = Louis X, Philippe V, Charles IV ; reine Navarre 1274-1304 **[XIII]**.

JEMMAPES ✡ 1792. Vict. Dumouriez/Autrichiens **[XVIII⁶, carte XVIII³]**.

JERUSALEM Occupation par les Croisés, 1099-1187 et 1228-1244 **[XI⁴, XII⁶, XIII¹]**.

JOFFRE Joseph (1852-1931). G^al 1902 ; cdt en chef de l'armée fr. 1914-1916 ; m^al 1916 **[XX¹]**.

JOSÉPHINE (1763-1814). Imp. Fr. 1804-1809. Fille du l^t Tascher de la Pagerie ; + A. de Beauharnais 1779 = Eugène et Hortense ; + g^al Bonaparte 1796, divorce 1809 **[XVIII, t.g. XVIII⁹]**.

KIERZY-SUR-OISE Capitulaire de, 877. Institue l'hérédité des fiefs **[IX]**.

LA FAYETTE Marquis de (1757-1834) **[XVIII⁵,⁶, XIX²]**. ▷ *Charbonnerie.*

LAFFAUX ou LATOFAO ✡ 596. Vict. Neustriens/Austrasiens **[VI]**.

LAFFEMAS Barthélemy de (1545-1612). Ministre d'Henri IV (Commerce, Industrie) 1602-1610 **[XVI⁷]**.

LA GARDE-FREYNET. Occupation par les Sarrasins 890-973 **[IX, X³]**.

LA HAYE Tr. 1795. Fr./Hollande. Paix séparée pendant la 1re coalition **[XVIII⁶]**.

LAMARTINE Alphonse de (1790-1869). Député 1833 ; membre du gouv^t provisoire 1848 **[XIX³]**.

LAMBETH Tr. 1217. Prince Louis (VIII)/barons anglais. Fin de la gu. contre Jean sans Terre **[XIII, XIII²]**.

LAOS fr., 1893-1954. Protectorat 1893 ; indépendance 1954 (accords de Genève) **[XIX, XX³]**.

LA-ROCHE-AUX-MOINES ✡ 1214. Vict. prince Louis (VIII)/Anglais (Jean sans Terre) **[XIII²]**.

LA ROCHELLE Siège et capitulation, 1627-1628 **[XVII, XVII³]**.

LA ROCHE JAQUELEIN Henri de (1772-1794). Officier ; un des chefs de l'insurrection vendéenne **[XVIII⁶]**.

LAVAL Pierre (1883-1945). P^t du Conseil 1931-1932 et 1935-1936 ; ministre puis chef du gouv^t du m^al Pétain (Vichy) 1940 et 1942-1944 ; principal artisan de la collaboration avec l'All. nazie ; condamné à mort et exécuté. **[XX²]**.

LAW John (1671-1729). Banquier ; ministre des Finances du Régent 1718-1720. La spéculation sur ses « assignats » s'achève en banqueroute **[XVIII]**.

LECZINSKI Stanislas (1677-1766). Roi Pologne 1704-1709 et 1733-1735 ; duc souverain de Lorraine et Bar 1738-1766 ; beau-père de Louis XV **[XVIII²]**.

LEDRU-ROLLIN Alexandre (1807-1874). Membre du gouv^t provisoire 1848 ; participe à l'insurrection avortée de 1849 **[XIX³]**.

LÉGER saint (616-678). Évêque d'Autun ; adversaire politique d'Ébroïn **[VII¹]**.

LÉGISLATIVE Assemblée, 1791-1792. Assemblée parlementaire unique inscrite dans la Constitution de 1791, et dernière de la monarchie **[XVIII⁶]**.

LEIPZIG ✡ 1813 (« bataille des Nations »). Déf. Napoléon Ier/Autrichiens, Prussiens, Russes, Suédois **[XVIII⁸, XVIII carte 3]**.

L'HOSPITAL Michel de (1504-1573). Chancelier pendant la régence de Catherine de Médicis 1560-1568 **[XVI]**.

LIBAN Intervention au, 1860. Pour protéger les chrétiens massacrés par les Druzes et les musulmans **[XIX]**.

LIBAN fr. Province retirée à la Turquie par le tr. de Versailles 1918. Mandat fr. 1920-1944 ; Occupé par Angl. et « France libre » 1941-1944 ; indépendance officielle 1944, effective 1946 **[XX]**.

LIGUE Sainte, 1511. Coalition – à l'instigation du pape Jules II – contre les ambitions italiennes de Louis XII **[XVI, XVI²]**.

LIGUE Sainte, 1572-1596. Parti para-militaire catholique pendant les gu. de religion ; dirigé par Henri de Guise puis par son frère Charles de Mayenne **[XVI, XVI⁶, t.g. XVI⁸]**.

LIGUGÉ Monastère de, 360. 1er monastère de Gaule, fondé par saint Martin **[IV, IV carte 1]**.

LIMES Construction, en 74-96, d'une ligne de fortifications romaines contre les invasions germaniques **[I, I carte 1, II]**.

LOCARNO Accords de Tr. 1925. Fr.-Angl.-All.-Italie-Belgique-Pologne-Tchécoslovaquie. Ils marquent la rentrée de l'All. sur la scène internationale **[XX, XX¹]**.

LODI Pont de ✡ 1796. Vict. Bonaparte/Autrichiens, qui permet la prise de Milan **[XVIII⁷, XVIII carte 3]**.

LOMBARD Roy^me. Conquête par Charlemagne, 773-781 **[VIII]**.

LONGJUMEAU Paix de, 1568. Charles IX/Condé. Ne fut qu'une trêve de six mois pendant les gu. de religion **[XVI⁶]**.

LORRAINE fr. Lutte pour la Lorraine entre la Fr. et la Germanie 895-987 ; occupation fr. 1631-1697 ; rattachement à la Fr. 1766 **[X, X carte 1, X², XVII, XVII⁴, XVIII²]**.

LORRIS Charte de, 1155. Charte d'affranchissement accordée par Louis VII à L. et qui servit de modèle à de nombreuses communes paysannes **[XII]**.

LORRIS Paix de, 1243. Soumission de Raymond VII de Toulouse à Louis IX **[XIII]**.

LOTHAIRE (941-986). Roi Fr. 954-986 ; son père Louis IV d'Outremer//son fils Louis V **[X, t.g. X¹]**.

LOTHAIRE Ier (795-855). Fils de Louis Ier le Pieux ; emp. d'Occident 840-855 ; roi Lotharingie 843-855 **[IX[1]]**.

LOUIS Ier LE PIEUX (778-840). Roi Francs et emp. d'Occident 814-840 ; son père Charlemagne//démembrement de l'Empire (Charles le Chauve en « France »). **[IX, IX[1], t.g. X[1]]**.

LOUIS II LE BÈGUE (846-879). Roi Fr. 877-879 ; son père Charles II le Chauve//partage entre ses fils Louis III et Carloman II **[IX, t.g. X[1]]**.

LOUIS III (863-882). Roi Fr. 879-882 avec son frère Carloman II ; son père Louis II le Bègue//Carloman II **[IX, t.g. X[1]]**.

LOUIS IV D'OUTREMER (921-954). Roi Fr. 936-954 ; Raoul Ier//son fils Lothaire. Fils de Charles III le Simple **[X, t.g. X[1]]**.

LOUIS V (967-987). Roi Fr. 986-987 (dernier carolingien fr.) ; son père Lothaire//Hugues Capet **[X, t.g. X[1]]**.

LOUIS VI LE GROS (1081-1137). Roi Fr 1108-1137 ; Philippe Ier//Louis VII. Fils de Philippe Ier et Berthe de Hollande ; + Lucienne de Rochefort 1104, répudiée 1107 ; + Adélaïde de Savoie 1115 = Louis VII **[XII, XII[1,2]]**.

LOUIS VII (1120-1180). Roi Fr. 1137-1180 ; Louis VI le Gros//Philippe II Auguste. Fils de Louis VI et Adélaïde de Savoie ; + Aliénor d'Aquitaine 1137, annulation 1152 ; + Constance de Castille 1154 ; + Adèle de Champagne 1160 = Philippe II Auguste **[XII, XII[3,5]]**.

LOUIS VIII [1187-1226). Roi Fr. 1223-1226 ; Philippe II Auguste//Louis IX. Fils de Philippe II Auguste et Isabelle de Hainaut ; + Blanche de Castille 1200 = Louis IX **[XIII, XIII[2,3]]**.

LOUIS IX, saint Louis (1214-1270). Roi Fr. 1226-1270 (régence de sa mère 1226-1234 et 1249-1252) ; Louis VIII//Philippe III le Hardi. Fils de Louis VIII et Blanche de Castille ; + Marguerite de Provence 1234 = Philippe III le Hardi **[XIII, XIII[1,4]]**.

LOUIS X LE HUTIN (1289-1316). Roi Fr. 1314-1316 ; Philippe IV le Bel//Philippe V. Fils de Philippe IV le Bel et Jeanne de Navarre ; roi Navarre 1304-1316 ; + Marguerite de Bourgogne 1305 ; + Clémence de Hongrie 1315 = Jean Ier **[XIV, t.g. XIV[1]]**.

LOUIS XI (1423-1483). Roi Fr. 1461-1483 ; Charles VII//Charles VIII. Fils de Charles VII et Marie d'Anjou ; + Marguerite d'Écosse 1436 ; + Charlotte de Savoie 1451 = Anne de Beaujeu et Charles VIII **[XV, XV[4,5], t.g. XV[1]]**.

LOUIS XII (1462-1515). Roi Fr. 1498-1515 ; Charles VIII//François Ier. Fils du poète Charles d'Orléans et Marie de Clèves ; + Jeanne de Fr. 1476 (fille de Louis XI) ; + Anne de Bretagne 1499 = Claude de Fr. : + Marie d'Angl. 1514 **[XV[6,7], XVI, XVI[2], t.g. XV[1], t.g. XVI[1]]**.

LOUIS XIII (1601-1643). Roi Fr. 1610-1643 (régence de sa mère 1610-1614) ; Henri IV//Louis XIV. Fils d'Henri IV et Marie de Médicis ; + Anne d'Autriche 1615 = Louis XIV **[XVII, XVII[5], t.g. XVII[1]]**.

LOUIS XIV (1638-1715). Roi Fr. 1643-1715 (régence de sa mère 1643-1651) ; Louis XIII//Louis XV. Fils de Louis XIII et Anne d'Autr. ; + Marie-Thérèse d'Autr. Infante d'Esp. 1660 ; + Françoise d'Aubigné (Mme de Maintenon) 1683 **[XVII, XVII[7 à 14], t.g. XVII[1]]**.

LOUIS XV (1710-1774). Roi Fr. 1715-1774 (régence de Philippe d'Orléans 1715-1723) ; Louis XIV//Louis XVI. Fils de Louis duc de Bourgogne et Marie-Adélaïde de Savoie ; + Marie Leczinska 1725 **[XVIII, t.g. XVII[1]]**.

LOUIS XVI (1754-1793). Roi Fr. 1774-1792 ; Louis XV//Ire République. Fils du dauphin Louis et Marie-Josèphe de Saxe (frère de Louis XVIII et Charles X) ; + Marie-Antoinette 1770 **[XVIII, XVIII[6], t.g. XVII[1]]**.

LOUIS XVIII (1755-1824). Roi Fr. 1814-1824 ; Napoléon Ier//Charles X. Fils du dauphin Louis et Marie-Josèphe de Saxe ; + Louise de Savoie 1771 ; frère de Louis XVI et Charles X **[XIX, XIX[1], t.g. XVII[1]]**.

LOUIS-PHILIPPE Ier (1773-1850). Lt Gal du royme 1830 ; roi Fr. 1830-1848 ; Charles X//IIe République. Fils de Louis-Philippe « Egalité » et de Louise de Bourbon ; + Marie-Amélie de Bourbon 1809 **[XIX, XIX[2,3], t.g. XVII[1]]**.

LOUIS D'ORLÉANS (1372-1407). Frère de Charles VI le Fou. Son assassinat par Jean sans Peur provoque la gu. Armagnacs/Bourguignons **[XV, XV[2], t.g. XV[1]]**.

LOUISE DE LORRAINE (1553-1601). Reine Fr. 1575-1589. Fille de Nicolas de Lorraine et Marguerite d'Egmont ; + Henri III 1575 **[XVI]**.

LOUISE DE SAVOIE (1476-1531). Rég. 1515 et 1525. Fille de Philippe II duc de Savoie et Marguerite de Bourbon ; + Charles d'Angoulème 1488 = François Ier **[XVI, XVI[3], t.g. XVI[1]]**.

LOUISE DE SAVOIE (1753-1810). Fille de Victor-Amédée III roi Sardaigne ; + Louis XVIII 1771 **[XIX]**.

LOUISIANE fr. Prise de possession par Cavelier de la Salle 1682 ; exploitée par la Cie des Indes 1717-1731, puis colonie de la Couronne ; cédée par moitiés à l'Esp. 1762 et à l'Angl. 1763 ; la moitié occidentale, rétrocédée par l'Esp. 1801 est vendue aux U.S.A. 1803 **[XVIII[4,7], XVIII carte 2]**.

LOUVOIS François Le Tellier, marquis de (1639-1691). Collaborateur puis successeur de son père comme ministre de Louis XIV (Guerre, Postes, Bâtiments) 1665-1691 **[XVII]**.

LUCIENNE DE ROCHEFORT (?). Reine Fr. 1104-1107. Fille de Guy de Rochefort ; + Louis VI le Gros 1104, répudiée 1107 **[XII]**.

LUNÉVILLE Tr. 1801. Fr./Autriche. Fin de la 2e coalition **[XVIII[7]]**.

LUYNES Duc de (1578-1621). Compagnon puis Premier ministre de fait de Louis XIII 1617-1621 **[XVII, XVII[2]]**.

LYAUTEY Louis (1854-1934). Carrière militaire essentiellement coloniale ; g^{al} 1906 ; résident g^{al} au Maroc 1912-1925 ; ministre de la Gu. 1916-1917 ; m^{al} 1921 **[XX^{1}]** ▷ *Maroc.*

LYON Fondée par les Romains 43 av. J.-C. ; incendiée 65 ; pillée et incendiée 197 **[I av. J. C., I, II].**

LYON Tr. 1601. Henri IV/Charles Emmanuel de Savoie. Fin de la gu. contre la Savoie **[XVI, XVII carte 1].**

MAC-MAHON Patrice de (1808-1893). M^{al} du second Empire (Malakoff, Magenta, Sedan) ; P^{t} de la République 1873-1879 ; instigateur de la politique cléricale et conservatrice de « l'ordre moral » **[XIX, XIX^{4,7}].**

MADAGASCAR fr. 1883-1960. Prise de Tamatave 1883 ; prise de Tananarive et protectorat 1895 ; colonie 1896 ; conquête totale (Galliéni) 1896-1905 ; indépendance 1960 **[XIX].**

MADEMOISELLE, Grande ▷ *Montpensier, duchesse de.*

MADRID Tr. 1526. François Ier/Charles Quint. Accepté par François Ier pour permettre sa libération mais qu'il rejette aussitôt libre **[XVI^{3}].**

MADRID Tr. 1720. Fr./Esp. Fin de la gu. contre l'Esp. sous la Régence **[XVIII^{1}].**

MAGENTA ✡ 1859. Vict. Fr.-Piémont (Napoléon III et Mac-Mahon)/Autr. **[XIX^{5}].**

MAILLOTINS 1382. Révoltés parisiens contre le fisc **[XIV].**

MAINTENON Françoise d'Aubigné, marquise de (1635-1719). Petite-fille d'Agrippa d'Aubigné ; + Scarron 1652 ; préceptrice des enfants royaux de Mme de Montespan ; + Louis XIV (1683 ?) **[XVII].**

MAIRES DU PALAIS, 650-750. Détenteurs du pouvoir sous les « rois fainéants » : Pépin de Landen, Pépin de Herstal, Ébroïn, Grimoald, Charles Martel **[VII, VII^{1}, VIII, VIII^{1}].**

MALAKOFF ✡ 1855. Vict. Mac-Mahon/Russes. La prise de la tour M. entraine la chute de Sébastopol et la fin de la gu. de Crimée **[XIX^{4}].**

MALET Conjuration du g^{al}, 1812. Tentative de coup d'État contre le 1er Empire (alors que Napoléon est en Russie) **[XVIII^{8}].**

MALTE Chevaliers de ▷ *Hospitaliers.*

MANTAILLE Assemblée de, 879. Création du roy^{me} de Vienne **[IX^{1}, X^{3}].**

MARCHÉ COMMUN ▷*C.E.C.A. ; C.E.E.*

MARAT Jean-Paul (1743-1793). Journaliste révolutionnaire (*l'Ami du peuple*) ; principal responsable des massacres de septembre 1792 ; député à la Convention il obtient l'élimination des Girondins ; assassiné par Charlotte Corday **[XVIII^{6}].**

MARCEL Étienne (1315-1358). Prévôt des marchands ; chef du soulèvement de Paris contre le dauphin Charles (futur V) 1358 **[XIV]** ▷ *Maréchaux, Massacre des.*

MARÉCHAUX Massacre des, 1358. Assassinat des maréchaux de Champagne et de Normandie, conseillers du dauphin, lors du soulèvement de Paris par Etienne Marcel **[XIV].**

MARENGO ✡ 1800. Vict. Bonaparte et Kellermann/Autrichiens. Fin de la 2e campagne d'Italie **[XVIII^{7}, XVIII carte 3].**

MARGUERITE DE BOURGOGNE (1290-1315). Reine Fr. 1315. Fille de Robert II duc de B. et d'Agnès de Fr. ; petite-fille de Louis IX ; + Louis X 1305, assassinée sur ordre de son mari **[XIV].**

MARGUERITE D'ÉCOSSE (1425-1445). Fille de Jacques Ier roi d'Ecosse ; + Louis XI 1436 **[XV].**

MARGUERITE DE PROVENCE (1221-1295). Reine Fr. 1234-1270. Fille de Raymond Bérenger comte de Provence ; + Louis IX 1234 = Philippe III le Hardi **[XIII].**

MARGUERITE DE VALOIS (1553-1615). Reine Fr. 1589-1599 (« la reine Margot »). Fille d'Henri II et Catherine de Médicis ; + Henri IV 1572, annulation 1599 ; (assignée à résidence à Usson 1587-1605) **[XVI, t.g. XVI^{1}].**

MARIE-AMÉLIE DE BOURBON (1782-1866). Reine Fr. 1830-1848. Fille de Ferdinand Ier Roi Deux-Siciles ; + Louis-Philippe Ier 1809 **[XIX].**

MARIE D'ANGLETERRE (1497-1534). Reine Fr. 1514-1515. Fille d'Henri VII roi Angl. ; + Louis XII 1514 ; + duc de Suffolk 1515 **[XVI].**

MARIE D'ANJOU (1404-1463). Reine. Fr. 1422-1461. Fille de Louis II duc d'Anjou et roi Naples-Sicile ; + Charles VIII 1413 = Louis XI **[XV].**

MARIE-ANTOINETTE (1755-1793). Reine Fr. 1774-1792. Fille de François Ier emp. Autr. et Marie-Thérèse reine Hongrie ; + Louis XVI 1770 **[XVIII].**

MARIE DE BRABANT (?-1321). Reine Fr. 1274-1285. Fille d'Henri III duc de Brabant ; + Philippe III le Hardi 1274 **[XIII].**

MARIE LECZINSKA (1703-1768). Reine Fr. 1725-1768. Fille de Stanislas Leczinski roi Pologne puis duc de Lorraine, et Catherine Opalinska ; + Louis XV 1725 **[XVIII, t.g. XVII^{1}].**

MARIE-LOUISE (1791-1847). Imp. Fr. 1810-1815. Fille de François II emp. Autr. et Marie-Thérèse de Naples ; + Napoléon Ier 1810 = duc de Reichstadt **[XVIII, t.g. XVIII^{9}].**

MARIE DE LUXEMBOURG (1305-1324). Reine Fr. 1322-1324. Fille de l'emp. Henri VII ; + Charles IV 1322 **[XIV].**

MARIE DE MÉDICIS (1573-1642). Reine Fr. 1600-1610 ; rég. 1610-1614. Fille de François Ier de Toscane et Jeanne d'Autriche ; + Henri IV 1600 = Louis XIII ; en exil 1631-1642 **[XVI, XVII, XVII^{2,5}, t.g. XVI^{1}, t.g. XVII^{1}].**

MARIE STUART (1542-1587). Reine Fr. 1559-1560. Fille de Jacques V roi Écosse et Marie

(1627-1693). Fille de Gaston d'Orléans, cousine de Louis XIV. Participe activement à la Fronde **[XVII⁸, t.g. XVII¹]**.

MONTREUIL-SUR-MER Tr. 1300. Philippe IV le Bel/Edouard Ier d'Angl. Fin de la gu. contre l'Angl. liée à la révolte flamande **[XIII⁸]**.

MONTLHÉRY ✡ 1465. Bat. indécise entre Louis XI et les féodaux révoltés de la ligue du Bien public **[XV, XV⁴]**.

MONTMORENCY Duc, Anne de (1493-1567). Mal 1522 ; connétable 1538 **[XVI³]**. ▷ *St-Quentin*.

MONTMORENCY et GASTON D'ORLÉANS Rébellion de, 1632. Contre Richelieu **[XVII⁶]**.

MONTOIRE Entrevue de, 1940. Pétain/Hitler. Accord sur une politique de « collaboration » entre Fr. et All. **[XX²]**.

MONTSÉGUR Chute de, 1244. Fin de la croisade contre les Albigeois **[XIII, XIII³]**.

MORAT ✡ 1476. Déf. Charles le Téméraire/Suisses **[XV⁵]**.

MORÉE Campagne de, 1828. Intervention fr. (gal Maison) contre les Turcs pendant la gu. d'indépendance de la Grèce **[XIX]**.

MORNY Duc de (1811-1865). Fils naturel d'Hortense de Beauharnais et du gal de Flahaut. Petit-fils de Talleyrand ; demi-frère, conseiller et ministre de Napoléon III. Principal responsable de la gu. du Mexique **[XIX⁶]**.

MORTEMER ✡ 1054. Déf. Henri Ier/Guillaume le Conquérant **[XI]**.

MOULIN Jean (1899-1943). Préfet ; chef du Conseil nal de la Résistance 1943 ; assassiné par les All. **[XX²]**.

MOULINS Ordonnance de, 1566. Réorganisation de la justice par M. de l'Hospital **[XVI]**.

MÜNICH Accords de, Tr., 1936. Daladier-Chamberlain-Hitler-Mussolini. Annexion par l'All. du pays des Sudètes (Allemands de Tchécoslovaquie) **[XX]**.

MURET ✡ 1213. Vict. Simon de Montfort/Albigeois et Aragonais **[XIII, XIII³]**.

NANTES Ed. 1598. Modifié par les éd. Montpellier 1622, et Alès 1629 ; révoqué par l'éd. Fontainebleau 1685 **[XVI, XVI⁶, XVII, XVII³]**.

NAPLES-SICILE Roy^me angevin de, 1266-1462 **[XIII⁵, XIV⁶, XV⁷]**.

NAPOLÉON Ier Bonaparte (1769-1821). Gal 1793 ; Premier consul 1799-1804 ; emp. 1804-1815 ; Ire République//Louis XVIII. Fils de Charles Bonaparte et Létizia Ramolino ; + Joséphine Tascher de la Pagerie 1796 ; + Marie-Louise 1810 = duc de Reichstadt **[XVIII, XVIII⁶·⁷·⁸, t.g. XVIII⁹]**.

NAPOLÉON III, Charles-Louis-Napoléon Bonaparte (1808-1873). Pt de la IIe République 1848-1852 ; emp. 1852-1870 ; Louis-Philippe//IIIe République. Fils de Louis Bonaparte et Hortense de Beauharnais ; neveu de Napoléon Ier ; + Eugénie de Montijo 1853 **[XIX, XIX³ à ⁷, t.g. XVIII⁹]**.

NARBONNE Fondation de la colonie romaine, 118 av. J.-C. **[II av. J.-C.)**.

NARBONNE Assemblée de, 27 av. J.-C. Organisation administrative de la Gaule **[I av. J.-C.]**.

NARBONNE Prise de, 759. Pépin le Bref/Sarrasins : fin de la reconquête de la Septimanie **[VIII³]**.

NAVARIN ✡ 1827. Vict. navale anglo-franco-russe/Turcs pendant la gu. d'indépendance de la Grèce **[XIX]**.

NECKER Jacques (1732-1804). Banquier ; ministre des Finances de Louis XVI 1776-1781, 1788-1789 et 1789-1790 **[XVIII]**.

NEUSTRIE 1er roy^me de, 561-613. Issu du partage à la mort de Clotaire Ier **[VI, VI carte 2]**.

NEUSTRIE 2e roy^me de, 639-679. Issu du partage à la mort de Dagobert Ier **[VII, VII carte 1]**.

NICE et SAVOIE Annexion en 1860 (tr. de Turin) **[XIX⁵]**.

NIMÈGUE Tr. 1679. Louis XIV/Prov.-Unies – Esp. – Empire. Fin de la gu. de Hollande **[XVII, XVII¹⁰]**.

NÎMES Fondation de la colonie romaine en 19 av. J.-C. **[I av. J.-C.]**.

NOGARET Guillaume de (?-1313). Chancelier de Philippe IV le Bel 1302-1313 **[XIII⁶]**.

NORMANDS Invasion des, 799-911. Premières incursions (Ré, Noirmoutier) 799 ; invasion 841 (prise de Rouen) à 911 (intégration dans le roy^me par la création du duché de Normandie) **[VIII, IX, X]**. ▷ *Rollon*.

NOSSI-BÉ Occupation 1840. Rattachement administratif à Madagascar 1896 **[XIX]**.

NOUVELLE-CALÉDONIE fr. Occupation 1853 ; colonie pénitentiaire 1864-1896 ; territoire d'outre-mer 1946. **[XIX]**.

NOVARE ✡ 1513. Déf. La Trémoille/Suisses **[XVI²]**.

NONENCOURT Réconciliation de, 1177. Louis VII/Henri II d'Angl. **[XII⁵]**.

NOYON Tr. 1516. François Ier/Charles Quint **[XVI²]**.

NYMPHENBOURG Tr. 1741. Coalition contre l'Autr. au début de la gu. de succ^on d'Autr. **[XVIII³]**.

ORLÉANS Roy^me d', 511-524. Issu du partage à la mort de Clovis Ier **[VI, VI carte 1]**.

ORLÉANS Délivrance en 1429. Jeanne d'Arc/Anglais **[XV, XV³]**.

ORMÉE Gouvt de l', 1651-1653. Assemblée révolutionnaire à Bordeaux pendant la Fronde **[XVII⁸]**.

ORSINI Attentat d', 1858. Contre Napoléon III **[XIX]**.

O.T.A.N. Organisation du traité de l'Atlantique Nord, 1949. Alliance défensive entre les U.S.A., le Canada et les pays européens occidentaux **[XX]**.

OUCHE ✡ 500. Vict. Clovis/Burgondes. **[V]**.

PALATINAT Dévastation du, 1689. Par le mal de Duras sur ordre de Louvois **[XVII[13]]**.

PANAMA Scandale de, 1889. Faillite de la Sté de construction du canal (de Lesseps et banques israélites) qui révèle la corruption de la presse et de nombreux parlementaires, décourage l'épargne et renforce l'antisémitisme **[XIX]**.

PARIS Capitale du royme (Clovis Ier) 486 **[V]**.

PARIS 1er royme de, 511-558. Issu du partage à la mort de Clovis Ier **[VI, carte VI[1]]**.

PARIS 2e royme de, 561-567. issu du partage à la mort de Clotaire Ier **[VI, carte VI[2]]**.

PARIS Tr. 1259. Louis IX/Henri III d'Angl. Échange territorial **[XIII, XIII[4]]**.

PARIS Tr. 1763. Fr.-Angl.-Esp.-Portugal. Fin de la gu. de Sept Ans : perte du 1er empire colonial fr. **[XVIII, XVIII[4]]**.

PARIS Tr. 1814 et 1815. Fin des gu. napoléoniennes **[XVIII[8]]**.

PARLEMENT Ancienne *curia regis* réorganisée par Louis IX **[XIII]**.

PAS-DE-SUSE ✡ 1629. Vict. Louis XIII/Charles-Emmanuel de Savoie **[XVII[4]]**.

PASTOUREAUX Révolte des, 1250-1251. Croisade populaire – dirigée par « le maître de Hongrie » – qui dégénère en révolte paysanne contre le clergé, les nobles, les juifs **[XIII]**.

PATAY ✡ 1429. Vict. Jeanne d'Arc et Richemont/Anglais **[XV, XV[3]]**.

PAVIE ✡ 1525. Déf. François Ier fait prisonnier /Espagnols **[XVI, XVI[3]]**.

PÉPIN Ier (803-838). Fils de Louis Ier le Pieux ; roi Aquitaine 817-838 **[IX]**.

PÉPIN LE BREF (714-768). Maire du palais 741-751 ; roi Francs 751-768 (1er roi carolingien) ; Childebert III//Charlemagne. Fils de Charles Martel **[VIII, VIII[2,4], t.g. VIII[1], t.g. X[1]]**.

PÉPIN Donation de ▷ *État pontifical.*

PÉPIN DE HERSTAL ou LE JEUNE (640-714). Petit-fils de Pépin de Landen ; maire du palais d'Austrasie 680-687 puis du royme Franc 687-714 **[VII, VII[1], t.g. VIII[1]]**.

PÉPIN DE LANDEN ou LE VIEUX (580-639). Maire du palais de Dagobert Ier 622-639 ; ancêtre des Carolingiens **[VII, t.g. VIII[1]]**.

PÉRONNE Tr. 1200. Philippe II-Auguste/Baudoin IX comte de Flandre. Partage de la Flandre **[XII]**.

PÉRONNE Entrevue de, 1468. Louis XI/Charles le Téméraire **[XV, XV[3]]**.

PERPÉTUELLE Paix ▷ *Fribourg, tr.*

PESTE Grande, 1347-1348 **[XIV]**.

PÉTAIN Philippe (1856-1951). Gal 1914 ; défenseur de Verdun 1916 ; cdt en chef de l'armée fr. 1917 ; mal 1918 ; chef du gouvt avec pleins pouvoirs 1940 ; chef de l'« État français » 1940-1944 (collaboration avec l'All. nazie) ; condamné à mort et gracié 1945 ; mort en captivité **[XX, XX[1,2]]**.

PIGNEROL Prise de, 1630. Conservé jusqu'en 1696 **[XVII[4], XVII carte 1]**.

PHILIPPE Ier (1052-1108). Roi Fr. 1060-1108 (régence de son oncle Baudoin de Flandre 1060-1066) ; Henri Ier//Louis VI. Fils d'Henri Ier et Anne de Kiev ; + Berthe de Hollande 1072 ; = Louis VI ; répudiée 1092 ; + Bertrade de Montfort 1092, répudiée 1105. **[XI]**.

PHILIPPE II AUGUSTE (1165-1223). Roi Fr. 1180-1223 ; Louis VII//Louis VIII. Fils de Louis VII et Adèle de Champagne ; + Isabelle de Hainaut 1180 = Louis VIII ; + Ingeburge de Danemark 1193 (répudiée de 1193-1212) ; + Agnès de Méranie 1196, répudiée 1200 **[XII, XII[6,7], XIII, XIII[2,3]]**.

PHILIPPE III LE HARDI (1245-1285). Roi Fr. 1270-1285 ; Louis IX//Philippe IV le Bel. Fils de Louis IX et Marguerite de Provence ; + Isabelle d'Aragon 1262 = Philippe IV le Bel ; + Marie de Brabant 1274 **[XIII, XIII[5], t.g. XIV[1]]** ▷ *Philippe le Hardi, duc de Bourgogne.*

PHILIPPE IV LE BEL (1268-1314). Roi Fr 1285-1314 ; Philippe III le Hardi//Louis X. Fils de Philippe III le Hardi et Isabelle d'Aragon ; + Jeanne de Navarre = Louis X, Philippe V et Charles IV ; roi Navarre 1284-1304 **[XII, XIII, XIII[5 à 8], t.g. XIV[1]]**.

PHILIPPE V (1294-1322). Rég. 1316 ; roi Fr. et Navarre 1316-1322 ; Jean Ier//Charles IV. Fils de Philippe IV le Bel et Jeanne de Navarre ; + Jeanne de Bourgogne 1307 **[XIV, XIV[1], XI[1]]**.

PHILIPPE V (1683-1746). Roi Esp. 1700-1746 (1er Bourbon d'Esp.). Petit-fils de Louis XIV ; arrière-petit-fils de Philippe IV d'Esp. **[XVIII[1], t.g. XVII[1]]**.

PHILIPPE VI DE VALOIS (1293-1350). Rég. 1328 ; roi Fr. 1328-1350 (1er Valois) ; Charles IV//Jean II. Fils de Charles de Valois et Marguerite de Sicile ; + Jeanne de Bourgogne 1313 = Jean II ; + Blanche de Navarre 1349 **[XIV, XIV[2]]**.

PHILIPPE D'ORLÉANS, le Régent (1674-1723). Rég. pendant la minorité de Louis XV 1715-1723. Fils de Philippe d'Orl. et de Charlotte princesse palatine ; + Françoise-Marie de Bourbon 1692 ; neveu et gendre de Louis XIV **[XVIII, XVIII[1], t.g. XVII[1]]**.

PHILIPPE LE HARDI (1342-1404). Frère de Charles V ; duc de Bourgogne 1364-1404 **[XV[2], t.g. XV[1]]**. ▷ *Philippe III le Hardi.*

PICQUIGNY Trêve de, 1475. Louis XI/Edouard IV d'Angl. Dernier acte officiel de la gu. de Cent Ans **[XV, XV[3,4]]**.

PLACARDS Affaires des, 1534. Affiches anticatholiques posées par les premiers protestants **[XVI[4]]**.

PLANTAGENÊT ▷ *Geoffroy P. ; Henri II P.*

PLOMBIÈRES Entrevue de, 1858. Napoléon III/Cavour. Promesse d'intervention militaire fr. contre l'Autr. au profit de l'unification italienne **[XIX[5]]**.

POINCARÉ Raymond (1860-1934). Député 1887-1902 ; ministre 1893-1895 ; sénateur 1903-1913 ; p^{t} de la République 1913-1920 ; p^{t} du Conseil 1922-1924 et 1926-1929 **[XX, XX^{1}]**.

POITIERS ✡ 732. Vict. Charles Martel/Sarrasins **[VIII, VIII^{3}]**.

POITIERS ✡ 1356. Déf. Jean II (prisonnier)/Anglais (Prince Noir) **[XIV, XIV^{3}]**.

POLIGNAC Prince de (1780-1847). Ambassadeur 1820-1829 ; ministre puis p^{t} du Conseil 1829-1830 : sa politique « ultra »-réactionnaire déclenche la révolution de 1830 **[XIX^{2}]**.

POLOGNE Gu. de succ^{on} de, 1733-1738. Fr.-Esp./Russie-Autr.-Saxe **[XVIII, XVIII^{2}]**.

POLYNÉSIE fr. ▷ *Tahiti*.

POMPIDOU Georges (1911-1974). Premier ministre 1962-1968 ; p^{t} de la République 1969-1974 **[XX]**.

PONTOISE Tr. 1312 (dit « transport de Flandre »). Philippe IV le Bel/Robert III de Béthune comte de Flandre. Annexion de la Flandre wallonne – Lille, Douai, Béthune – pour non-exécution par les Flamands du tr. d'Athis-sur-Orge de 1305 **[XIII, XIII^{8}]**.

PORT-ROYAL-DES-CHAMPS Démolition 1710 **[XVII]** ▷ *Jansénisme*.

POSTUMUS (?-267). Usurpateur romain ; fondateur et chef de l'Empire des Gaules 260-267 **[III, III^{3}]**.

POTHIN saint (87-177). 1er évêque de Gaule (Lyon) **[II]**.

PRAGMATIQUE SANCTION de Bourges, 1438. Ordonnance de Charles VII qui limite les pouvoirs du pape sur l'Église de Fr. Elle sera remplacée en 1516 par le concordat de Bologne moins défavorable à la papauté **[XV]**.

PRAGUERIE 1440. Révolte féodale contre Charles VII **[XV]**.

PRATTELN ✡ 1444. Vict. dauphin Louis (XI)/Suisses **[XV]**.

PRESBOURG Tr. 1805. Napoléon Ier/Autr. Paix séparée avec l'Autr. après Austerlitz. Fin de la 3e coalition **[XVIII^{8}]**.

PRINCE NOIR Edouard (1330-1376). Fils d'Edouard III d'Angl. ; prince de Galles ; prince d'Aquitaine 1363-1372 **[XIV^{3}]**. ▷ *Poitiers* ✡ 1356.

PROVENCE Roy^{me} de (d'abord « Bourgone Cisjurane » ou roy^{me} de Vienne) 879-947. Roy^{me} carolingien à l'origine du roy^{me} d'Arles **[X^{3}]**. ▷ *Boson ; Arles, roy^{me} d'.*

PYRAMIDES ✡ 1798. Vict. Bonaparte/Mamelouks. Termine la conquête du delta du Nil et permet la prise du Caire **[XVIII^{7}]**.

PYRÉNÉES Tr. 1659. Fr. (Mazarin)/Esp. Fin de la gu. contre l'Esp. qui prolongeait la gu. de Trente Ans **[XVII, XVII^{7}]**.

QUÉBEC ▷ *Canada fr.*

QUESNELLISME 1709. Résurgence du jansénisme **[XVII]**. ▷ *Jansénisme*.

QUIBERON Débarquement de, ✡ 1795. Échec d'une petite armée d'émigrés royalistes pendant la gu. de Vendée **[XVIII^{7}]**.

QUIETISME 1695-1699 **[XVII, XVII^{12}]**.

RAMILLIES ✡ 1706. Déf. Villeroi/Malborough pendant la gu. de succ^{on} d'Esp. Elle entraîne l'évacuation des Pays-Bas. **[XVII^{14}]**.

RAOUL Ier (?-936). Roi Fr. 923-936 ; Robert Ier// Louis IV d'Outremer. Gendre de Robert Ier ; oncle d'Hugues Capet **[X, t.g. X^{1}]**.

RASTADT Tr. 1714. Louis XIV/Empire. Fin de la gu. de succ^{on} d'Esp. **[XVII, XVII^{14}]**. ▷ *Utrecht, tr.*

RATISBONNE Trêve de, Tr. 1684. Louis XIV/ Autr.-Esp. Fin de la gu. contre l'Esp. au Luxembourg et trêve de 20 ans (elle sera rompue par la gu. de la Ligue d'Augsbourg 1688) **[VII]**.

RAVACHOL Attentats anarchistes de, 1892 **[XIX]**.

RAYMOND VI (1156-1222) et **RAYMOND VII** (1197-1249). Comtes de Toulouse, principaux chefs des Albigeois **[XIII^{3}]**.

REYNAUD Paul (1878-1966). P^{t} du Conseil 1940 ; il fait rentrer le m^{al} Pétain dans son gouv^{t} **[XX^{2}]**.

RÉFORME (protestante). Lutte contre la **[XVI, XVI^{4}]**.

RÉGALE Droits du roi – administratifs et fiscaux – sur les évêchés vacants **[XVII^{11}]**.

RÉGENT ▷ *Philippe d'Orléans*.

REIMS Roy^{me} de, 511-555. Issu du partage à la mort de Clovis Ier **[VI, VI carte 1]**.

REINE Paix de la ▷ *St-Germain, tr.*

RENÉ Ier (1409-1480). Cousin et beau-frère de Charles VII ; duc d'Anjou et comte de Provence 1434-1480 ; roi Naples 1435-1480 **[XV^{7}, t.g. XV^{1}]**.

RÉPARATIONS ALLEMANDES prévues par le tr. Versailles 1918 **[XX^{1}]**.

RÉPUBLIQUES ▷ *Constitutions*.

RÉUNIONS Politique des. Appropriation par Louis XIV des « dépendances » des territoires et villes acquis par des traités. Elle commence par l'occupation de Strasbourg 1681 **[XVII]**.

RHÉNANIE Démilitarisation all. et occupation par les Alliés (tr. Versailles) 1918 ; évacuation progressive (suite au tr. Locarno) 1926-1930 ; remilitarisation par Hitler 1936 **[XX]**.

RHIN Confédération du, 1806 **[XVIII^{8}]**.

RHODES Chevaliers de ▷ *Hospitaliers*.

RIBEMONT Tr. 880. Fr. (Louis II)/Germanie (Charles le Gros). Rétrocession à la Germanie de la Lorraine occidentale acquise par le tr. Mersen 870 **[IX, IX^{1}]**.

RICHARD Ier CŒUR DE LION (1157-1199). Roi Angl. 1189-1199. Fils d'Henri II d'Angl. et Aliénor d'Aquitaine **[XII, XII^{6,7}, t.g. XI^{5}]**.

RICHELIEU Armand du Plessis, c^{al} de (1585-1642). Évêque de Luçon 1606 ; secrétaire d'État 1616-1617 ; c^{al} 1622 ; Premier ministre de Louis XIII 1624-1642 **[XVII, XVII$^{3 \text{ à } 7}$]**.

RICHEMONT (1393-1458). Connétable 1425 ; duc de Bretagne 1457-1458 **[XV, XV^{3}]**. ▷ *Patay ; Formigny.*

RIVOLI ✡ 1797. Vict. Bonaparte/Autr. Elle permet la prise de Mantoue et ouvre la marche sur Vienne **[XVIII^{7}, XVIII carte 3]**.

ROBERT Ier (865-923). Roi Fr. 922-923 ; Charles III le Simple//Raoul Ier. Fils de Robert le Fort ; frère d'Eudes ; instigateur de la déposition de Charles III le Simple **[X, t.g. X^{1}]**.

ROBERT II LE PIEUX (970-1031). Roi Fr. 996-1031 ; Hugues Capet//Henri Ier. Fils d'Hugues Capet et Adélaïde de Poitou ; + Suzanne Béranger 988 ; + Berthe de Bourgogne 996 ; + Constance d'Arles 1003 = Henri Ier **[XI, XI^{1,2}]**.

ROBERT COURTEHEUSE (1054-1134). Fils aîné de Guillaume le Conquérant ; duc de Normandie 1087-1106 **[XI, XI^{3,4}, t.g. XI^{5}]**.

ROBERT LE FORT (?-866). Ancêtre des Robertiens et Capétiens ; vainqueur des Normands à Brissarthe (tué) **[IX, t.g., X^{1}, IX carte 3]**.

ROBERT LE MAGNIFIQUE (?-1035). Duc de Normandie 1027-1035. Père de Guillaume le Conquérant **[XI]**.

ROBERT SANS TERRE (?-1075). Fils de Robert II le Pieux et de Constance d'Arles ; frère d'Henri Ier ; duc de Bourgogne 1034-1075 **[XI, XI^{2}]**.

ROBERTIENS (pré-capétiens) : Robert le Fort, Eudes, Raoul Ier, Robert Ier, Hugues le Grand **[t.g. X^{1}]**.

ROBESPIERRE Maximilien de (1758-1794). Avocat ; député à la Constituante 1789 ; président du club des Jacobins 1790 ; député à la Convention 1792 ; remplace Danton au Comité de salut public juillet 1793 ; chef de fait du gouv^{t} montagnard 1793-1794 ; renversé et guillotiné 9-10 thermidor **[XVIII^{6}]**.

ROCHAMBEAU comte de (1725-1807). Cdt du corps expéditionnaire fr. pendant la gu. d'indépendance des U.S.A. 1780-1782 **[XVIII^{5}]**.

ROCROI ✡ 1643. Vict. Condé/Espagnols **[XVII, XVII^{7}]**.

ROI Paix du ▷ *Bergerac, tr.*

ROIS FAINÉANTS, 639-751. Derniers rois mérovingiens **[VII, VIII]**. ▷ *Maires du palais.*

ROLLON (860-933). Chef des normands ; fait 1er duc de Normandie par Charles III le Simple au tr. St-Clair-sur-Epte 911 **[X]**.

ROME Intervention fr. à, 1849. Le g^{al} Oudinot enlève la ville aux républicains romains, au profit du pape **[XIX^{3}]**.

ROME Tr. 1957 **[XX]**. ▷ *C.E.E.*

ROMORANTIN Ed. 1560. Ed. de M. de l'Hospital interdisant l'établissement de l'Inquisition en Fr. **[XVI]**.

RONCEVAUX ✡ 778. Déf. Francs (Rolland)/Basques **[VIII]**.

ROOSEBEKE ✡ 1382. Vict. Charles VI/Flamands **[XIV]**.

ROUSSILLON Conquis par Louis XI/Catalans (révoltés contre l'Aragon) 1462 ; rendu par Charles VIII à l'Aragon 1492 ; reconquis/Esp. 1642 et acquis officiellement au tr. Pyrénées 1659 **[XV, XVII^{7}, XVII carte 1]**.

RUHR Occupation fr.-belge de la, 1921-1925 **[XX, XX^{1}]**.

RUSSIE Campagne de, 1812 **[XVIII^{8}]**.

RYSWICK Tr. 1697. Louis XIV/Angl. – Empire – Prov.-Unies – Esp. Fin de la gu. de la Ligue d'Augsbourg **[XVII, XVII^{13}]**.

St-AUBIN-DU-CORMIER ✡ 1485. Vict. Anne de Beaujeu (rég.)/féodaux révoltés (« guerre folle ») **[XV^{6}]**.

St-CLAIR-SUR-EPTE Tr. 911. Charles III le Simple/Rollon. Création du duché de Normandie **[X]**.

St-BARTHÉLÉMY, 1572. Massacre des protestants à l'instigation de Charles IX **[XVI, XVI^{6}]**.

St-GERMAIN Tr. 1570 (dit « paix de la Reine »). Catherine de Médicis/protestants. Fin de la 3e gu. de religion **[XVI^{6}]**.

St-GERMAIN Tr. 1679. Louis XIV et Suède/Brandebourg. Il complète le tr. Nimègue en faveur de la Suède et renforce son alliance avec la Fr. **[XVII^{10}]**.

St-GOTTHARD ✡ 1664. Vict. Impériaux et Fr./Turcs **[XVII]**.

St-ILDEFONSE Tr. 1796. Directoire/Esp. L'Esp. met sa flotte à la disposition de la Fr. (dans l'espoir de récupérer Gibraltar). **[XVIII^{7}]**.

St-JEAN D'ACRE Chute de, ✡ 1291. Fin des états latins d'Orient fondés par les Croisés **[XIII]**.

St-JEAN-DE-LOSNE ✡ 1636. Arrêt de l'offensive des Impériaux en Bourgogne **[XVII^{7}]**.

SAINT-JUST Louis (1767-1794). Député puis p^{t} de la Convention ; membre du Comité de salut public 1793-1794 ; exécuté avec Robespierre **[XVIII^{6}]**.

St-NICAISE Attentat de la rue, 1800. Contre Bonaparte 1er Consul. Perpétré par des royalistes (chouans), il est mis par opportunité sur le compte des « exclusifs » républicains **[XVIII^{7}]**.

St-QUENTIN ✡ 1557. Déf. Montmorency (prisonnier)/Espagnols **[XVI^{3}]**.

SALIQUE Loi. Code des francs saliens dont un article – excluant les femmes de l'héritage de la « terre salique » – a été abusivement étendu à la succession au trône **[XI^{2}, XIV^{1}]**.

SALUT PUBLIC Comité de, 1793-1795. Organe principal du gouv^{t} révolutionnaire **[XVIII^{6}]**.

SALZ Paix de, 803. Charlemagne/Saxe **[VIII]**.

SARRASINS Invasion des. Invasion principale 719-739 ; raids sur la Corse, Nice... 806-813 ;

occupation de La Garde-Freynet 890-973 **[VIII, VIII², IX, X²]**. ▷ *Septimanie.*

SAUNTEL mont ✡ 782. Déf. Francs/Saxons **[VIII]**.

SAVOIE Gu. de, 1600-1601. Henri IV/Charles-Emmanuel Ier. Se conclut par le tr. Lyon **[XVI, XVII carte 1]**.

SAVOIE et NICE Annexion de, 1860 (tr. Turin) **[XIX⁵]**.

SAXE Campagnes de, 717-803. Charles Martel et Charlemagne/Saxons **[VIII]** ▷ *Salz, paix de ; Sauntel.*

SCHISME d'Occident (le « grand schisme »), 1378-1417 **[XIV⁵, XIV carte 1]**. ▷ *Avignon.*

SCHNAEBELÉ Affaire, 1887. Incident diplomatique fr./all. rapidement réglé, mais qui accroît la tension entre les deux pays et la popularité du gal Boulanger **[XIX]**.

SÉCURITÉ SOCIALE Création en 1945 **[XX]**.

SEDAN ✡ 1870. Déf. et capitulation Napoléon III et Mac-Mahon/Allemands **[XIX, XIX⁷]**. ▷ *Bazaine.*

SÉNÉGAL fr. 1638-1960. 1er établt 1638, St-Louis-du-S. 1659, Gorée 1677 gérés par les Cies des Indes et du S. (occupations angl. 1758-1779 et 1809-1817) ; essor de la colonie (Faidherbe) 1854-1865 ; création de Dakar 1857 ; autonomie 1958 ; indépendance 1960 **[XVIII⁴·⁵, XIX]**.

SENLIS Tr. 1493. Charles VIII/Maximilien d'Autr. Cession à l'Empire de l'Artois et du comté de Bourgogne pour prix de sa neutralité, en vue de la 1re gu. d'Italie **[XV]**.

SEPT ANS Gu. de, 1756-1763. Fr.-Autr.-Russie-Suède/Angl.-Prusse-Hanovre. **[XVIII, XVIII⁴]**.

SEPTEMBRE Massacres de, 1792. Exécution massive des suspects détenus – surtout nobles, prêtres – au début de l'invasion étrangère **[XVIII⁶]**.

SEPTIMANIE (Languedoc-Roussillon) Conquête de la, 752-759. Charles Martel/Sarrasins **[VIII]**.

SERGENTS DE LA ROCHELLE 1821. Membres de la Charbonnerie ; soupçonnés de préparer un complot (en fait inexistant) et exécutés **[XIX]**.

SEXTIUS Gal romain ; vainqueur des Salyens et fondateur d'Aix-en-Provence 123 av. J.-C. **[II av. J.-C.]**. ▷ *Entremont.*

SFORZA Ludovic, dit « le More » (1451-1508). Duc de Milan 1494-1500. Allié puis adversaire de Charles VIII et Louis XII **[XV⁷]**.

SIMON DE MONTFORT (1160-1218). Chef militaire de la croisade contre les Albigeois **[XIII³]**.

SOISSONS ✡ 486. Vict. Francs (Clovis)/Gallo-romains (Syagrius) **[V]**.

SOISSONS ✡ 923. Vict. Robertiens (Robert Ier tué)/Carolingiens (Charles III le Simple prisonnier) **[X]**.

SOISSONS Royme de, 511-558. Issu du partage à la mort de Clovis Ier **[VI, VI carte 1]**.

SOISSONS Rébellion du comte de, 1641. Dirigée contre Richelieu avec la complicité de Gaston d'Orléans **[XVII]**.

SOLFÉRINO ✡ 1859. Vict. franco-piémontaise (Napoléon III)/Autrichiens (François-Joseph) **[XIX⁵]**.

SOMALIS Côte fr. des, 1884-1976. Protectorat 1884 et création de Djibouti 1888 ; colonie 1896 ; territoire d'outre-mer 1946 ; indépendance 1976 **[XIX]**.

SORBONNE 1er collège de l'Université de Paris, fondé en 1253 par R. de Sorbon, chapelain de Louis IX **[XIII]**.

SOUDAN fr., 1880-1958. Conquête (Galliéni) 1880-1895 ; colonie 1904 ; indépendance 1958 (République du Mali) **[XIX]**.

SOULEUVRES Trève de, 1475. Louis XI/Charles le Téméraire **[XV, XV⁴]**.

STOFFLET Nicolas (1751-1796). Garde-chasse ; un des chefs de l'insurrection vendéenne **[XVIII⁶]**.

STRASBOURG Annexion en 1681. Début de la politique des « réunions » de Louis XIV **[XVII]**.

SUÈVES Déf. des, 58 av. J.-C. Vaincus en Alsace par César, les Suèves (Arioviste) quittent la Gaule **[I av. J.-C.]**.

SUGER (1081-1151). Abbé de St-Denis ; ami de Louis VI ; précepteur puis conseiller de Louis VII ; Rég. 1147-1149 **[XII]**.

SULLY Maximilien de Béthune, duc de (1560-1641). Conseiller puis ministre d'Henri IV 1596-1610 ; membre du conseil de régence 1610-1616 ; mal 1634 **[XVI⁷]**.

SUZANNE BÉRENGER (?-1003). Fille de Bérenger roi d'Italie ; + Arnoul comte de Flandre ; + Robert II le Pieux 988, répudiée 992 **[XI]**.

SYAGRIUS (430-486). Dernier gouvr de l'état gallo-romain, vaincu par Clovis à Soissons 486 **[V]**.

SYRIE fr. 1920-1946. Province ottomane, insurgée avec soutien angl. 1916 ; indépendance 1918-1920. Mandat fr. 1920-1946 (révoltes dont Djebel druze 1925-1927) ; occupation angl. et Fr. libre 1941-1946 ; indépendance 1946 **[XX]**.

TAHITI (Polynésie fr.). Occupation 1842 ; protectorat 1842-1880 ; colonie 1881-1957 ; territoire d'outre-mer 1958 **[XIX]**.

TAILLEBOURG ✡ 1242. Vict. Louis IX/Henri III d'Angl. et le comte de la Marche **[XIII]**.

TARASCON Tr. 1291. Philippe IV le Bel/Alphonse III d'Aragon. Fin de la gu. contre l'Aragon et partage du royme de Naples-Sicile **[XIII, XIII⁵]**.

TEMPLE Ordre du. Ordre de moines-soldats fondé en 1118 à Jérusalem **[XIII⁷]**.

TEMPLIERS Affaire des, 1307-1314 **[XIII, XIII⁷]**.

TERRAY Abbé (1715-1778). Ministre des finances du dernier gouvt de Louis XV – le

« triumvirat » Maupeou, Terray, d'Aiguillon – 1770-1774 **[XVIII]**.

TERRE-NEUVE ▷ *Canada fr.*

TERREUR, sept. 1793 – juillet 1794. Régime d'exception instauré par le Comité de salut public et qui prend fin le 9 thermidor **[XVIII^{6}]**.

TERTRY ✡ 687. Vict. des Austrasiens (Pépin de Herstal)/Neustriens (Thierry III) **[VII^{1}, VII carte 1]**.

TETRICUS Sénateur, consul puis usurpateur romain ; chef de l'empire des Gaules 269-273 **[III, III^{3}]**.

TEUTONS Invasion des, 109-102 av. J.-C. **[II av. J.-C., carte 1]**. ▷ *Marius.*

THERMIDOR 9 ET 10 (27 et 28 juillet 1794). Chute de Robespierre et fin de la Terreur **[XVIII^{6}]**.

THIERS Adolphe (1797-1877). Avocat ; historien ; ministre sous Louis-Philippe ; député d'opposition sous Napoléon III ; « chef du pouvoir exécutif » 1871-1873 (écrasement de la Commune, redressement du pays, libération du territoire) **[XIX^{7,8}]**.

THOUARS Trêve de, 1206-1214. Philippe II Auguste/Jean sans Terre **[XIII, XIII^{2}]**.

TILSIT Tr. 1807. Napoléon Ier/Alexandre Ier. Paix avec la Russie et la Prusse à la fin de la 4e coalition **[XVIII^{8}]**.

TINCHEBRAY ✡ 1106. Vict. Henri Beauclerc/Robert Courteheuse **[XI^{3}, t.g. XI^{5}]**.

TOLBIAC ✡ 496. Vict. Francs (Clovis)/Alamans (date controversée, de 494 à 506) **[V]**.

TOLBIAC ✡ 612. Vict. Bourgogne/Austrasie **[VI]**.

TOLENTINO Tr. 1797. Bonaparte/Pie VI. Le pape reconnaît le rattachement à la Fr. d'Avignon et du comtat Venaissin, effectif depuis 1791 **[XVIII^{7}]**.

TONKIN fr. 1873-1954. Occupation d'Hanoï (F. Garnier) 1873-1874 puis 1882 ; protectorat 1883-1954 ; république indépendante du Viêt-nam (Nord) 1954 ; unification avec le Viêt-nam (Sud) 1975 **[XIX, XX^{3}]**.

TOUL ✡ 612. Vict. Bourgogne/Austrasie **[VI]**.

TOURS Trève de, 1444-1448. Fr./Angl. Mise à profit pour réorganiser l'armée, elle prélude à la fin de la gu. de Cent Ans **[XV, XV^{3}]**.

TRAFALGAR ✡ 1805. Déf. de la flotte fr.-esp. (de Villeneuve)/Anglais (Nelson) **[XVIII^{8}]**.

TRANSPORT DE FLANDRE ▷ *Pontoise, tr.*

TRENCAVEL chef albigeois **[XIII^{3}]**.

TRENTE ANS Gu. de, 1618-1648 (en All.). Participation fr. à partir de 1635, prolongée contre l'Esp. jusqu'en 1659 **[XVII, XVII^{7}]**.

TRIPLE ENTENTE Tr. 1907. Fr. – Angl. – Russie. Alliance défensive face à la Triplice All.-Autr.-Italie de 1882 **[XX^{1}]**.

TRIPLICE (ou Triple Alliance) Tr. 1882. All.-Autr.-Italie. Alliance défensive dirigée essentiellement contre la Fr. **[XX^{1}]**.

TROCADERO Prise du, 1823. Duc d'Angoulême/insurgés libéraux esp. **[XIX]**. ▷ *Vérone, congrès de.*

TROCHU Louis (1815-1896). G^{al} du second Empire, gouv^{r} de Paris puis p^{t} du gouv^{t} de Défense nat^{le} 1870-1871 **[XIX^{7}]**.

TROYES Tr. 1420. Isabeau de Bavière et Bourguignons/Angl. Il fait du roi d'Angl. l'héritier de la couronne de Fr. **[XV, XV^{2,3}]**.

TUNISIE fr., 1881-1956. Conquête et protectorat 1881 ; autonomie interne 1955 ; indépendance 1956 ; république 1957. (Abandon par la Fr. de la base de Bizerte 1963) **[XIX, XX^{4}]**.

TURGOT Baron de l'Aulne (1727-1781). Économiste ; ministre des Finances de Louis XVI 1774-1776 **[XVIII]**.

TURIN Tr. 1696. Louis XIV/Savoie. Paix séparée pendant la gu. de la Ligue d'Augsbourg **[XVII, XVII^{13}]**.

TURIN Siège, ✡ 1706. Déf. Philippe d'Orléans (futur Rég.)/Austro-piémontais **[XVII^{14}]**.

TURIN Tr. 1859. Fr./Piémont. Confirme l'entrevue de Plombières **[XIX^{5}]**.

TURIN Tr. 1860. Fr./Piémont. Suite du tr. 1859 : confirme l'annexion de la Savoie et de Nice **[XIX^{5}]**.

UNIVERSITÉ de Paris, 1215. Établissement des premiers statuts sous Philippe II Auguste **[XIII]**. ▷ *Sorbonne.*

UTRECHT Tr. 1713. Louis XIV/Angl.-Prusse-Prov.-Unies, Portugal, Savoie. Fin de la gu. de succ^{on} d'Esp. **[XVII, XVII^{14}]**. ▷ *Rastadt.*

VAILLANT Attentat de, 1893. Contre la Chambre des députés **[XIX]**.

VAL-DES-DUNES ✡ 1047. Vict. Guillaume le Conquérant et Henri Ier/barons normands révoltés **[XI]**.

VALENÇAY Tr. 1813. Napoléon Ier/Ferdinand VII. Fin de la gu. d'Esp. Restauration de Ferdinand VII détenu à Valençay depuis 1808 **[XVIII^{8}]**.

VALMY ✡ 1792. Vict. Dumouriez et Kellermann/Prussiens et Autrichiens (duc de Brunswick) **[XVIII^{6}]**.

VALTELINE (Grisons) Intervention fr. en, 1621-1626. Richelieu/Habsbourg **[XVII, XVII^{4}]**. ▷ *Monçon, tr.*

VARAVILLE ✡ 1058. Déf. Henri Ier/Guillaume le Conquérant **[XI]**.

VA-NU-PIEDS Révolte des, 1639-1640. Révolte armée des paysans normands, écrasée par le m^{al} de Gassion **[XVII]**.

VARENNES Fuite de Louis XVI, 1791 **[XVIII^{6}]**.

VENDÉE Gu. de, 1793-1796. Insurrection royaliste et catholique contre le gouv^{t} révolutionnaire (Principaux chefs : Bonchamps, Cathelineau, Lescure, d'Elbée, La Rochejaquelein, Charette, Stofflet) **[XVIII[6]].**

VENDÉMIAIRE 13, (5 octobre) 1795. Insurrection armée de royalistes parisiens réprimée par Barras et Bonaparte **[XVIII[6]].**

VENISE Ligue de, 1495. Coalition de princes italiens contre Charles VIII pendant la 1re gu. d'Italie **[XV[7]].**

VÊPRES SICILIENNES, 1282. Révolte à l'instigation de l'Aragon contre les Français de Sicile : elle provoque la gu. contre l'Aragon 1282-1287 **[XIII, XIII[5]].**

VERCEIL ✫ 101 av. J.-C. Vict. Marius/Cimbres **[II av. J.-C., carte 1].**

VERCEIL Paix de, 1495. Charles VIII/Ludovic Sforza duc de Milan. Fin de la 1re gu. d'Italie **[XV[7]].**

VERCINGÉTORIX (72-45). Chef des Arvernes et des Gaulois coalisés contre les Romains. Victorieux de César à Gergovie puis vaincu et prisonnier à Alésia, 52 av. J.-C. **[I av. J.-C., carte 1].**

VERDUN Tr. 843. Entre les trois fils de Louis Ier le Pieux : Lothaire, Louis le Germanique, Charles le Chauve. Démembrement de l'empire franc **[IX, IX[1], IX cartes 1, 2].**

VERDUN Prise en 984 par Lothaire **[X, X[2]].**

VERGENNES Charles de (1717-1787). Diplomate ; ministre des Affaires étrangères de Louis XVI 1774-1787 **[XVIII].**

VERGER Tr. du (ou de Sablé) 1488. Rég. Anne de Beaujeu/François II duc de Bretagne. Imposé par la rég. aux féodaux vaincus de la « gu. folle » **[XV[6]].**

VÉRONE Congrès de, 1822. Fr.-Autr.-Prusse-Russie. Décision d'intervention contre les libéraux espagnols **[XIX].** ▷ *Trocadéro.*

VERSAILLES Tr. 1783. Fr.-Esp./Angl. Fin de la gu. d'indépendance des U.S.A. **[XVIII, XVIII[5]]** (Le même jour, tr. Paris entre les U.S.A. et l'Angl.).

VERSAILLES Tr. 1919. Fin de la 1re Gu. mondiale 1914-1918 : tr. imposé à l'All. par les Alliés (ultérieurement non ratifié par les U.S.A.) **[XX[1]].**

VERVINS Tr. 1598. Henri IV/Philippe II d'Esp. Fin des gu. de religion **[XVI, XVI[6]].**

VEXIN 1034. Henri Ier rattache le Vexin au duché de Normandie **[XI].**

VÉZERONCE ✫ 524. Vict. Francs/Burgondes **[VI].** ▷ *Autun.*

VICTORINUS (?-269). Usurpateur romain ; chef de l'empire des Gaules 267-269 **[III, III[3]].**

VIENNE Tr. 1738. Fr./Autr. (ultert Esp. Sardaigne). Fin de la gu. de succon de Pologne **[XVIII, XVIII[2]].**

VIENNE Tr. 1809. Napoléon Ier/Autr. Paix avec l'Autr. à la fin de la 5e coalition **[XVIII[8]].**

VIENNE Congrès de, 1814-1815. Réorganisation de l'Europe après l'ère napoléonienne **[XVIII[8]].**

VIENNE Royme de ▷ *Provence, royme de.*

VILLERS-COTTERÊTS Ordonnance de, 1539. Création de l'état civil. Remplacement du latin par le français dans les actes administratifs **[XVI].**

VISCONTI Valentine (1370-1408). Fille de Gian Galeazzo V. duc de Milan et Isabelle de Fr (fille de Jean II) ; + Louis d'Orléans (frère de Charles VI) 1389 = le poète Charles d'Orléans ; grand-mère de Louis XII **[XVI[2], t.g. XV[1]].**

VITRY-EN-PERTHOIS Incendie et massacre de, 1144. Ordonné par Louis VII pendant la gu. contre Thibaud de Champagne **[XII].**

VIVIANI René (1863-1925). Pt du Conseil (gouvt d'« Union sacrée ») 1914-1915 **[XX[1]].**

VOUILLÉ ✫ 507. Vict. Francs (Clovis)/Wisigoths (Alaric) **[V, V carte 2].**

WAGRAM ✫ 1809. Vict. Napoléon Ier/Autrichiens (archiduc Charles). Fin de la 5e coalition **[XVIII[8], XVIII carte 3].**

WALLON Amendement, 1875. Confirme comme république (IIIe) le régime établi en 1870 **[XIX, XIX[9]].**

WASSY Massacre de, 1562. Massacre de protestants qui marque le début des gu. de religion **[XVI, XVI[6]].**

WATERLOO ✫ 1815. Déf. finale de Napoléon Ier/Anglais (Wellington) et Prussiens (Blucker). Fin de la 7e coalition **[XVIII[8], XVIII carte 3].**

WESTPHALIE Tr. 1648. Louis XIV/Empire. Fin de la gu. de Trente Ans contre l'Empire (la gu. continue contre l'Esp.) **[XVII, XVII[7]].**

WISIGOTHS Invasion des, 412-418 **[V, V carte 1].**

WISIGOTHS Gu. des Francs contre les, 507-536 **[V, VI].**

ZOUAVES PONTIFICAUX 1860-1870. Corps de volontaires (gal de Charette) qui participe à la défense de l'État pontifical pendant l'unification italienne **[XIX[5]].**

ZÜRICH Tr. 1859. Fr.-Piemont/Autr. Fin de la gu. d'Italie contre l'Autr. **[XIX[5]].**

Achevé d'imprimer en Mai 1988,
sur les presses de MAURY-Imprimeur S.A., 45330 Malesherbes
N° d'impression : K87/22442H
Dépôt légal : Juin 1988